나는 원래 행복하다

The Depression Cure: The 6-Step Program to Beat Depression without Drugs
by Stephen S. Ilardi

Copyright ⓒ 2009 by Stephen S. Ilardi
Korean translation copyright ⓒ 2012 by Words & Book Publishing, Co.
All rights reserved.
First published in the United Stated by Da Capo Press, a Member of the Perseus Books Group.
This Korean edition published by arrangement with the Perseus Books Group, Boston, through Duran Kim Agency, Seoul.

이 책의 한국어판 저작권은 **듀란킴 저작권 에이전시**를 통한 저작권자의 독점계약으로 도서출판 **말글빛냄**에 있습니다.
신 저작권법에 의해 한국 내에서 보호를 받는 저작물이므로 무단전재와 복제를 금합니다.

The Depression Cure

나는 원래 행복하다

스티븐 S. 일라디 지음 . 채은진 옮김

우울증 없는 행복한 삶을 위한 힐링 심리학

안타깝게도 우리의 멋진 최신 도구들은 언제나 우리들을 서로 단절시키는 결과도 함께 가져왔다. 많은 사람들이 주변 세상과 단절된 채 iPod에서 흘러나오는 음악만 들으며 걷는다. 우울증이 불러오는 가장 큰 비극 중 하나는, 이렇게 이미 고립되어 가고 있는 사람들을 더욱 더 주변 세상으로부터 멀어지게 만든다는 점이다. 활력과 희망, 수면, 즐거움, 친구들, 일, 그리고 때로는 목숨까지 앗아가는 심각한 질병인 우울증. 기본적인 생활방식의 변화가 과연 강력한 항우울제보다 더 효과적으로 이 파괴적인 병을 물리쳐줄 수 있을까?

말글빛냄

프롤로그

우울증은 치명적인 질병이다. 우울증은 우리에게서 에너지와 잠, 기억력, 집중력, 활력, 기쁨을 앗아가고, 우리를 사랑하거나 일하거나 즐길 수 없게 만들며, 심지어는 살고자 하는 의지마저 빼앗아버리기도 한다. 나는 임상심리학자로서 수많은 환자들이 우울증의 파괴적인 영향들을 극복할 수 있도록 도왔다. 나는 이 위험한 적을 결코 과소평가할 생각은 없다. 20년 전 듀크대학병원Duke Medical Center 정신의학과에 처음 발을 들였던 날부터 나는 이 병과 싸우는 데 전념해왔고 이 병을 너무나 잘 알고 있기 때문에, 모든 사람에게 적용되는 치료법을 약속할 수는 없다.

그러나 이 한 가지 사실만큼은 확신을 가지고 말할 수 있다. 우울증은 물리칠 수 있는 적이라는 사실이다. 이 책에 소개된 6단계 프로그램은 내가 오랜 시간 임상 연구와 치료에 종사하면서 목격한 가장 유망한 우울증 치료법이다. 대담한 주장이라는 점은 알고 있다. (재능 있는 대학원생들의 도움을 받아) 이 프로그램을 개발한 몇 년 전이었다면 결코 이런 말을 하지는 못했을 것이다. 그러나 내가 이런 주장을 펴는 데는 세 가지 중요한 근거가 있다.

- 이 프로그램, 즉 "생활개선요법Therapeutic Lifestyle Change(TLC)" 프로그램은 내가 일하는 대학의 치료 연구에서 놀라운 효과를 보였다. 환자들은 무작위로 나뉘어 TLC 프로그램이나 기존의 지역사회 기반 치료 프로그램(주로 약물 치료)에 참여했는데, 지역사회 기반 프로그램 참여자들 중 증세가 호전된 사람은 18%뿐이었다. 반면 TLC 프로그램에 참여한 환자들의 반응률은 4배 이상 높았다. 실제로, 프로그램 전체를 충실히 실천한 모든 환자들이 호전을 보였다. 대다수가 이전에 항우울제 복용에서 큰 효과를 보지 못한 사람들이었다.
- TLC 프로그램의 6가지 요소들(오메가-3 지방산, 몰입할 수 있는 활동, 운동, 일광 노출, 사회적 지지, 충분한 수면)은 모두 항우울제의 속성을 지니고 있다. 이미 수많은 책에 실려 있는 내용이다. 그러나 이렇게 각기 다른 요소들을 하나의 통합적인 프로그램으로 결합시킨 접근법은 TLC가 유일하다. TLC는 어느 한 가지 요소를 따로 적용했을 때

보다 훨씬 효과가 큰 종합적이고 단계적인 프로그램이다.
- 가장 중요한 점은, TLC가 현대에 만연한 우울증을 근원에서부터 다루고 있다는 사실이다. 인간은 형편없는 영양 상태로, 실내에 앉아서, 잠도 제대로 자지 못하고, 사회적으로 고립된 채, 정신없이 돌아가는 21세기를 살아가도록 만들어져 있지 않다. 이 프로그램은 심각하게 어긋난 생활방식을 따르고 있는 현대인들에게 이미 오래 전에 실행되었어야 할 상식적인 개선책을 제시한다.

최근 몇 년 간 나는 이 생활 개선을 기반으로 한 우울증 치료법에 관해 수많은 환자들, 치료 전문가들, 정신과 의사들, 학생들, 그 외의 많은 사람들과 이야기를 나누었다. 내가 가장 많이 받는 질문은 이 프로그램이 어떤 사람들에게 도움이 되느냐는 것이다.

나의 대답은 '모든 사람'이다. 이렇게 대답하면 대개는 웃는다. 대부분의 사람들이 내가 농담을 한다고 생각한다. 그러나 사실 나는 상당히 진지하다. 최소한 네 부류의 사람들이 TLC 프로그램을 통해 도움을 얻을 수 있고, 사실상 모든 사람이 적어도 한 부류에는 속한다.

- 처음에 이 프로그램은 임상적인 우울증으로 고통 받는 사람들에게 도움을 주기 위해 고안되었다(여기에는 이미 다른 치료를 받고 있는 사람들도 포함된다). TLC 프로그램은 그 자체만으로도 효과가 높지만, 항우울제 복용이나 전통적인 심리치료와 병행할 수도 있다.
- 본격적인 우울증 진단을 받은 사람만 TLC 프로그램에서 도움을 얻

을 수 있는 것은 아니다. 이 치료 절차는 단순히 기분이 우울하거나 비교적 가벼운 우울증 증상을 겪고 있는 사람에게도 도움이 될 수 있다.

- 이 프로그램은 앞으로 우울증의 위험을 최소화하고 싶은 사람에게도 보호책을 제공한다.
- 〈무엇이 여성을 분노하게 하는가 The Dance of Anger〉 등의 베스트셀러를 집필한 심리학자 해리엇 러너 Harriet Lerner는 몇 년 전 TLC 프로그램에 관해 내가 미처 생각하지 못했던 점을 이야기해주었다. 이미 충분히 건강한 사람에게도 각 단계가 이로운 영향을 준다는 것이었다. "당신의 프로그램은 단지 우울증에만 해당되는 것이 아니에요. 누구나 유익하게 활용할 수 있는 프로그램입니다."

그녀의 말이 맞다. 이 프로그램의 핵심 요소들이 신체적 정신적으로 미치는 좋은 영향들에 관한 수많은 연구 결과들이 있다. 체중이 감소하고, 활력이 증가하고, 혈압이 낮아지고, 심장이 건강해지고, 면역 기능이 강화되고, 염증이 줄고, 정신이 맑아지고, 행복감이 높아진다는 것이다. 이러한 부수적 "효과들" 때문에라도 TLC 프로그램은 실천해 볼 만한 가치가 있다.

프로그램을 시작하기 전에 우선 건강검진을 받도록 하자. 내가 캔자스대학교University of Kansas에서 임상 연구를 할 때도, 누구든 전체 프로그램을 시작하기 전에 반드시 먼저 의사에게 검진을 받게 한다. 의아할 수도 있겠지만 여기에는 그럴만한 이유가 있다. 첫째로, 언제든 새로운 운동 프로그램을 시작하기 전에는 의사와 상의하는 것이 좋다. 고용량의 영양보충제를 복용하거나 일광 노출 시간을 늘리기 전에도 마찬가지다. 이런 일들은 TLC 프로그램의 핵심 요소들이기 때문에, 시작하기 전에 의사의 허락을 받는 것이 중요하다.

둘째로, 우울증은 당뇨병, 수면무호흡증, 갑상선질환, 심장병, 만성염증, 호르몬 불균형을 비롯한 여러 가지 질병에 의해 유발될 수 있고, 이런 숨어 있는 건강 문제들을 고려하지 않으면 효과적으로 치료하기가 매우 어려울 수 있다. 셋째로, 어떤 약물들은(심지어는 흔히 사용되는 일부 정신과 약물들도) 우울증을 유발할 가능성이 있는데, 의사가 이런 가능성을 없애는 데 도움을 줄 수 있다.

다음 장에서부터는 생활개선요법(TLC) 프로그램을 단계별로 자세히 설명하려 한다. 그리고 이 프로그램을 통해 우울증을 완전히 극복한 수많은 사람들의 이야기도 소개하려 한다. TLC 프로그램을 한 단계씩 생활화함으로써 독자들도 치유의 삶을 시작하길 바란다.

프롤로그 5

Part 01 우울증 바로 알기 Understanding Depression

01 우울증 극복의 열쇠는 생활의 변화   014
항우울적인 생활방식 | 생활개선이 필요한 시대

02 우울증이란 무엇인가   039
증상과 진단 | 우울증과 뇌 | 위험 요인 | 우울증 극복의 가장 큰 어려움

03 현재까지의 우울증 치료법   060
항우울제는 과연 얼마나 효과적인가 | 이보다 더 좋을 순 없다? | 치료는 소파에서만 이루어지는 게 아니다 | 극단적인 치료법 | 생활개선이 필요한 이유

Part 02 생활개선요법의 여섯 단계
Therapeutic Lifestyle Change — The Six Steps

04 뇌가 좋아하는 음식   084
뇌의 대부분은 지방으로 이루어져 있다 | 오메가-3와 오메가-6 | 화학적 불균형 | 균형 회복 | 오메가-3의 종류 | 오메가-3, 어떻게 복용해야 할까 | 자주 묻는 질문들

05 생각하지 말고 행동하라   111
고민은 짧게 | 습관 고치기: 반추하는 시간 인식하기 | 습관 고치기: 관심 돌리기 | 무엇이든 지나치면 독이 된다

06 운동은 강력한 항우울제   136
운동의 딜레마 | 운동의 이점 | 운동을 더 쉽게 할 수 있을까? | 1단계: 유산소 운동의 범위 알기

| 2단계: 운동 선택하기 | 3단계: 운동량과 시간, 빈도 정하기 | 4단계: 운동을 즐겁게 | 5단계: 일정표 만들기 | 6단계: 일정하게 그러나 융통성 있게 | 7단계: 도움이 필요할 때

07 빛의 놀라운 치유력 158

빛이 주는 선물, 세로토닌 | 체내 시계가 맞아야 행복하다 | 계절성 우울증(SAD) | 빛 치료법 | 언제 빛을 받는 게 좋을까 | 자주 묻는 질문들 | 비타민 D 처방

08 친구와 함께 190

관계는 생각보다 다양하다 | 친구 | 먼 곳에 사는 친구들 | 해로운 관계 | 배우자 | 선행이 주는 행복 | 동물 돌보기 | 공동체 찾기 | 결론

09 건강한 수면 습관 220

나에게 필요한 수면 시간 정하기 | 건강한 수면 습관 10가지 | 과면증 | 그래도 해결되지 않는다면

Part 03 실생활에 어떻게 적용할 것인가
Making The Change

10 종합적인 실천 방법 244

시작하기 전에: 의사와 상의하기 | 호전 상황 점검: 12주 자가진단 | 우울증 없는 삶

11 생각만큼 실천이 쉽지 않을 때 260

의도와 실천 | TLC로 충분한 효과를 얻지 못했을 때 | 항우울적인 생활개선을 한 단계 더 높이기

부록 – 우울증 자가진단 척도 283

감사의 글 287

Part 01

Understanding Depression

우울증 바로 알기

01
The Epidemic and the Cure
우울증 극복의 열쇠는 생활의 변화

"뭐가 잘못된 건지 모르겠어요. 그냥 눈을 감은 채로 다시는 깨어나지 않았으면 좋겠어요. 마치 내 인생이 전부 사라지고 있는데 내가 할 수 있는 일이 아무것도 없는 것 같은 기분이에요. 모두들 계속 내게 '기운 내'라고 말합니다. 그게 얼마나 잔인한 말인지 모르는 걸까요? 내가 이러고 싶어서 이러겠어요? 어떤 때는 이유도 없이 눈물이 쏟아져 나와요. 그러면 사람들은 나를 미친 사람 보듯 쳐다보죠. '저 사람 좀 봐. 쯧쯧, 불쌍해라' 하면서…." 필은 의자에서 몸을 숙이고 두 손으로 머리를 감싼 채 말을 잇지 못했다. 그는 진료실 바닥의 한 곳을 응시하며 작은 목소리로 말했다. "죄송해요." 그는 마치 주문을 외우듯 이 말만 반복했다.

우울증이 얼마나 파괴적인 영향을 미치는지 너무 잘 알고 있는 나조차도 필이 몇 달 전까지 어떤 모습이었을지 상상하기가 어려웠다. 전화로 필의 첫 번째 상담 예약을 한 그의 부인은 그를 "자신감 넘치고 쾌활한 사람"이라고 설명했다. 그는 사업도 성공적으로 운영했고, 결혼 생활에도 만족했고, 두 아이를 무척 사랑했다고 한다. 부인은 이렇게 말했다. "선생님이 그때의 필을 보셨다면, 모든 것을 다 가진 사람이라고 생각하셨을 거예요." 그러나 그런 그가 인생의 전성기에 우울증으로 무너졌다. 단 몇 달 사이에 그는 활력을 잃었고 기억력과 성욕, 자신감, 편안한 잠, 집중력을 잃었다. 그는 더 이상 능률적으로 일할 수 없게 되었고, 친구들이나 가족과도 완전히 멀어졌다. 최근에 들어서는 삶의 의지조차 사라져 버렸다.

내가 만난 많은 환자들처럼 필도 나를 찾아오기 전 몇 달 동안 항우울제를 복용하고 있었다. 그러나 안타깝게도 약은 큰 도움이 되지 못했다. 생각보다 흔한 일이다. 약이 확실히 도움이 되는 경우도 있지만, 약을 복용하는 우울증 환자들 가운데 효과를 보는 사람은 절반도 되지 않는다. (그리고 성 기능 장애나 체중 증가 등의 부작용 때문에 복용을 중단하는 사람들도 많다.)

최근 몇 년 간 항우울제 복용은 크게 증가했지만 미국 내 우울증 발병률은 감소하지 않았다. 오히려 증가했다. 최근의 연구 결과에 따르면, 미국 인구의 약 4분의 1(7천만 명 이상)이 인생의 어느 시점에 심각한 우울증에 부딪힌다고 한다. 우울증 발병률은 수십 년 간 계속 증가했다. 현재 우울증 발병률은 2세대 전에 비해 약 10배나 높다. 현대인들이 이렇게나 우울증에 취약해진 이유가 뭘까? 무엇이 변한 것일까?

분명 유전자의 문제는 아니다. 집단의 유전자 풀이 그렇게 빠르게 변화할 수는 없기 때문이다. 무언가 다른 요인이 있을 것이다. 내가 생각하기에 그 다른 요인은 생활방식이다. 다음을 살펴보자.

- 미국에서 현대의 우울증 확산으로 타격을 입지 않은 유일한 집단은 암만교도Amish들이다. 여전히 18세기의 생활방식을 고수하고 있는 암만교도들은 우울증 발병률이 일반 국민들에 비해 현저하게 낮다.
- 우울증 발병 위험은 산업화된 사회 전역(영국, 독일, 호주, 뉴질랜드, 한국 등)에서 최근 수년 간 끊임없이 증가했다. 단지 미국에서만 일어나고 있는 현상이 아니다.
- 개발도상국들(제3세계)은 서구에 비해 우울증의 발병률이 매우 낮다. 그러나 전통적인 생활방식에서 미국적인 생활방식으로 바뀌어가고 있는 여러 나라에서 우울증의 확산이 가속화되기 시작했다.
- 서구의 연구자들이 현대의 수렵−채집인들(예컨대 뉴기니 고지대의 칼룰리Kaluli 족*)에게서 정신질환이 나타나는지를 조사했는데, 놀랍게도 그런 부족들에게서는 임상적인 우울증이 거의 전혀 발견되지 않았다. 그들은 우리의 조상과 비슷한 생활을 하고 있다. 그들은 우리가 당연하게 여기는 물질적인 안락이나 의료 기술의 혜택을 누리지

---

*칼룰리 족은 수렵, 채집, 재배가 결합된 생활을 하고 있다.

못한 채 고된 생활을 하고 있지만, 우리 주변에서 수많은 사람들의 삶을 망가뜨리고 있는 우울증의 영향은 거의 받지 않는다. (인류학자 에드워드 쉬펠린Edward Schieffelin이 거의 십 년 동안 칼룰리 족과 함께 생활하면서 2천 명 이상의 남성, 여성, 아이들에게 그들이 느낀 슬픔이나 우울함에 관해 물어보았는데, 우울증이라는 진단을 내릴 수 있을 만한 사람은 한 명뿐이었다.)

이런 비교 문화 연구를 통해 우리는 한 가지 사실을 확인할 수 있다. 생활방식이 "현대적인" 사회일수록 우울증 발병률이 높다는 사실이다. 복잡해 보이지만 답은 간단하다. 인간의 몸은 산업화 이후의 환경에 맞게 만들어져 있지 않다는 것이다. 농업을 발명하고 가축을 기르기 시작한 약 1만 년 전까지 지구상의 모든 인간은 수렵과 채집으로 식량을 구해 생활했다. 인간은 인류 역사의 대부분을 수렵-채집인으로 살았다.

그리고 우리의 유전자는 여전히 이 역사를 반영하고 있다. 수렵-채집인 선조들이 살던 시대로부터 유전자는 크게 변하지 않았다. 우리의 유전자는 지금도 그 고대 환경에 맞춰져 있고 사실상 여전히 석기시대의 몸을 만들어내고 있다. 그런데 안타깝게도 석기시대의 몸이 현대의 환경을 만나면 건강에 엄청난 악영향이 미칠 수 있다.

걷잡을 수 없이 확산되고 있는 비만을 생각해 보자. 현재 미국의 성인 중 무려 65%가 임상적으로 과체중이다. 왜일까? 우리의 식욕이 여전히 석기시대에 맞춰져 있기 때문이다. 수렵-채집인 조상들은 늘 계절에 따라 식량 공급량의 변동이 심한 환경에서 언제든 기아가 닥쳐올 수 있다는 두려움을 안고 살아야 했다. 그렇기 때문에 단 것, 탄수화물, 기름진 음식을 갈구했으며, 구하기 힘들고 영양분이 풍부한 음식이 손에 들어오면 폭식을 했다.

우리의 뇌에는 여전히 이런 감각이 입력되어 있다. 그래서 우리도 고열량 식품을 마음껏 먹고 싶은 욕구를 억누르기가 거의 불가능한 것이다. 우리가 예컨대 치즈케이크 한 조각(달고 탄수화물과 지방이 많은 음식)을 맛보면, 우리의 석기시대 뇌는 만일에 대비해 열량을 많이 비축해두는 즐거움을 기억해낸다. 아무리 많은 에너지가 이미 비축되어 있어도 상관없다.

지난 수십 년 사이 우리는 인류 역사상 처음으로 고열량 식품을 언제든지 구할 수 있게 되었다. 그러나 우리의 뇌는 이런 끊임없는 풍요 속에서도 식욕을 조절하도록 만들어지지 않았기 때문에, 일일 열량 섭취량은 엄청나게 치솟았다. 음식이 보이면 우리의 뇌는 그냥 거절하지 못한다. 게다가 이런 넘치는 영양과 더불어, 자동차나 가전제품들이 발달하고 우리가 점차 TV 앞에만 앉아 있게 됨에 따라 일일 열량 소모량은 급격하게 줄었다. 현대의 비만 확산은 최근의 생활방식 변화를 보면 충분히 이해가 된다.

다시 지난 2세기 동안 생활방식의 변화를 거부해온 암만교도들의 경우를 살펴보자. 최근의 연구에 따르면 그들의 비만율은 불과 4% 정도다. 그리고 현대의 수렵-채집인들은 비만율이 0에 가깝다.

그런데 비만의 확산과 마찬가지로 우울증의 확산도 정말 사람들의 생활방식 변화 때문일까? 그럴 가능성이 있다는 주장을 뒷받침해주는 많은 과학적 증거들이 있다. 이 증거들은 비교 문화 연구에서 나타난 사실보다 훨씬 더 설득력이 있다. 지금부터 살펴보겠지만, 이 증거들이 내포하고 있는 중요한 의미들은 앞으로 우울증을 이해하고 치료하는 방식을 완전히 바꿔놓을 수도 있다.

항우울적인 생활방식

여러 가지 면에서 볼 때 현대 미국인들은 세계 역사상 가장 행복한 사람들로 손꼽혀야 한다. 유아 사망이나 기아, 의료 혜택, 평균 수명, 물질적인 풍요 등의 비율을 따져보면 미국인들은 (평균적으로) 거의 가장 형편이 좋다고 할 수 있다. 그렇다면 우울증에 걸릴 가능성도 미국인이 가장 낮아야 하는 것이 아닐까? 최소한, 훨씬 더 힘든 생활을 하고 있는 현대의 수렵-채집인들보다는 우울증 발병률이 낮아야 하지 않을까? 어쨌거나 그들은 우울증의 강력한 유발 요인이 될 수 있는 유아 사망이나 심각한 질병, 불의의 습격 등 비극적인 사건을 겪을 가능성이 미국인보다 훨씬 높으니 말이다.

그러나 이런 끔찍한 사건들을 겪으면서도 수렵-채집인들은 임상적인 우울증에 걸리는 일이 거의 없다. 어떤 이유에서인지 그들은 일반 미국인들보다 회복력이 강하다. (다행스러운 일이다. 그들이 그렇게 회복력이 강하지 않았다면 인류는 아마 먼 옛날에 멸종해버렸을 것이다.)

그런데 수렵-채집인들은 어떻게 인생의 역경을 그토록 잘 헤쳐 나아갈 수 있는 것일까? 몇 년 전 이 수수께끼와 싸우기 시작했을 때 나는 몇 번이고 이런 의문을 떠올렸다. 해답을 찾기 위해 수많은 책들을 읽은 후 얻게 된 결론은, 깨닫고 나서 보니 아무도 이 사실을 알아차리지 못했다는 게 놀라울 정도로 너무나 명백했다.* 수렵-채집인들의 생활방식은 매우 항우울적이다. 수렵-채집인들은 우울증의 발병을 막는 많은 일들을 일상생활 속에서 자연스럽게 하고 있다. 그들은 그 어떤 약보다 강력하게 뇌를 변화시키는 일들을 하고 있다. 즉, 그들은 치유의 삶을 살고 있다.

대부분의 인류 역사에 걸쳐 누구나 이런 고대 생활방식의 요소들이 가져다주는 항우울 효과의 혜택을 받았다. 선조들은 오늘날의 우리가 겪는 것보다 훨씬 더 힘든 상황도 잘 이겨낼 수 있었다. 그러나 지난 몇 백 년 사이 과학기술이 무서운 속도로 발전했고 고대 생활방식의 많은 보호적 요소들이 점차 사라졌다. 그 결과 우울증 발병률은 통제할 수 없을 정도로 치솟기 시작했다. 우리의 석기시대 뇌는 홀로 실내에 앉아 잠을 빼앗긴 채 패스트푸드로 배를 채우며 스트레스에 시달리는 21세기 생활에 잘 대처해 나가도록 만들어져 있지 않기 때문이다.

앞으로 이 책에서는, 우리가 되찾아야 할 생활방식의 여섯 가지 주된 요소들이 얼마나 강력한 항우울 효과를 지니고 있는지 살펴볼 것이다.

---

*적어도 내가 관련 과학 서적들을 검토해 본 바로는 누군가 이 사실을 알아차렸음을 확인할 수 없었다. 다만, 과학 기자 로버트 라이트Robert Wright는 1995년 〈타임〉지 기사 "절망의 진화The Evolution of Despair"에서 그 가능성을 암시했다.

· 오메가-3 지방산

· 몰입할 수 있는 활동

· 운동

· 일광 노출

· 사회적 지지

· 수면

이 여섯 가지 요소는 내가 몸담고 있는 캔자스대학교 임상 연구팀이 개발한 획기적인 우울증 치료법, 즉 생활개선요법(TLC)의 핵심을 이루고 있다. TLC는 우울증을 치료하는 자연스러운 접근법으로, 부작용도 없고 보험 서류를 제출할 필요도 없다. 우리가 행한 예비 임상 실험에서 TLC는 이례적인 결과를 보였다. 일반적으로 약물 치료에서 나타나는 것보다 훨씬 뛰어난 결과였다. 우리 연구에 참여한 환자들 중 TLC에 호의적인 반응을 보인 비율은 "기존의" 항우울제 치료에 호의적인 반응을 보인 비율보다 *3배 이상* 높았다. 그리고 우리는 TLC 프로그램 전체를 실천한 환자들이 크게 호전되지 않은 경우를 아직까지 보지 못했다.

오메가-3 지방산

우리의 뇌가 대부분 지방으로 이루어져 있다는 사실을 아는가? 우스갯소리처럼 들리겠지만 사실이다. 인간의 뇌는 수분을 제외하고 약 60%가 지방이다. 지방 분자(지방산이라고도 한다)는 뇌 세포의 구성과 신경 섬유의 보호에 있어서 중요한 역할을 한다. 다행히 우리 몸은 뇌에 필요한 지방 분자들 중 상당 부분을 만들어낼 수 있다. 그러나 우리 몸이 스스로 생산할 수 없는 유형의 지방들도 있다. 이런 지방들은 음식물의 섭취를 통해서만 얻을 수 있다. 가장 중요한 식이지방 중 한 가지는 오메가-3 지방산이라 불리는 것으로, 뇌의 구성과 기능에 꼭 필요한 요소다.

오메가-3 지방산은 주로 생선, 야생 짐승, 견과, 씨앗, 잎줄기채소 등에 함유되어 있다. 모두 수렵-채집인의 식이에서 흔히 볼 수 있는 식량자원들이다. 우리의 선조들은 우리보다 오메가-3 지방산을 5~10배 더 많이 섭취했다. 오메가-3 지방산은 지난 1세기 사이에 미국인의 식이에서 점차 사라져갔다.

예컨대 우리의 증조부나 증조모가 살던 시대에 소들은 방목되어 오메가-3의 원천인 야생식물을 먹었다. 놀랍게도 소는 우리 몸에 좋은 식량자원이었다. 그러나 현재의 소들은 대부분 곡물을 먹고 자라기 때문에 유익한 오메가-3 지방산을 거의 함유하고 있지 않다. 곡물을 먹고 양어장에서 자라는 생선(현재 미국에서 소비되고 있는 대부분의 생선)도 마찬가지다.

뇌가 제대로 기능하기 위해서는 오메가-3 지방산이 꾸준히 공급되어야 하기 때문에, 음식을 통해 이 지방산을 충분히 섭취하지 않는 사람들은 우울증을 비롯한 여러 정신 질환에 걸릴 위험이 점점 높아진다. 전 세계적으로 오메가-3 섭취율이 가장 높은 나라들은 대개 우울증 발병률이 가장 낮다.

임상 연구자들은 우울증 치료에 오메가-3 보충제를 이용하기 시작했는데, 지금까지 결과는 매우 고무적이다. 일례로 최근 영국에서는 8주 동안 항우울제를 복용한 후에도 회복되지 않은 우울증 환자들을 대상으로 한 연구를 실시했다. 연구에 참여한 환자들은 모두 처방대로 계속 약을 복용했고, 일부는 오메가-3 보충제도 함께 복용했다. 보충제*를 복용한 환자들 중 약 70%가 회복되기 시작한 반면 항우울제만 계속 복용한 환자들 중에서는 약 25%만 회복세를 보였다. 이 연구의 결과로 볼 때 오메가-3 지방산은 지금까지 발견된 가장 효과적인 항우울 물질 중 하나일 수도 있다.

몰입할 수 있는 활동

우울증은 '반추'라는 유해한 사고과정, 즉 부정적인 생각들을 마음속에서 몇 번이고 곱씹는 습관과 밀접하게 연관되어 있다. 아마도 우리는 누구나 때때로 반추를 할 것이다. 반추는 속상한 일이 있을 때 인간이 취하게 되는 지극히 자연스러운 반응이다. 짧은 시간 동안이라면 반추는 유용할 수도 있다. 무엇이 잘못되었고 어떻게 하면 앞으로 상황을 바로잡을 수 있을지 생각해내는 데 도움이 되기 때문이다.

문제는 오랫동안 같은 생각을 계속 되풀이할 때 생긴다. 이런 경우 반추는 나쁜 기분을 더욱 키워 견딜 수 없을 만큼 괴롭게 만든다. 안타깝게도, 우울증을 앓는 사람들은 날마다 말 그대로 몇 시간씩 반추를 멈추지

---

*연구에 참여한 환자들은 무작위로 나뉘어 각기 다른 복용량에 따라 오메가-3 보충제를 복용했다. 여기에 제시된 결과는 TLC 프로그램에서 권장하는 복용량인 1일 1,000mg을 복용한 환자들의 결과다.

못한다.

내가 TLC 프로그램에 참여한 환자들에게 처음으로 반추라는 개념에 관해 이야기했을 때 그 방 안에 있던 많은 사람들은 마치 한꺼번에 불이라도 켜진 것처럼 앞 다투어 말하기 시작했다. "저 늘 그래요!" 한 환자가 외쳤다. "그러면 꼭 기분이 더 안 좋아지죠." 다른 한 명이 바로 맞장구쳤다. "늘 반추를 하지 않는 사람들도 있다는 말인가요? 저는 누구나 다 그러는 줄 알았어요." 또 한 사람은 공감한다는 듯 미소를 짓고 있다가 이렇게 말했다. "이름까지 있다니 놀랍네요. 그런데 어떻게 하면 멈출 수 있죠?"

정말 어떻게 하면 멈출 수 있을까? 우선, 사람은 바쁘지 않을 때, 어떤 일에 몰두하고 있지 않을 때만 반추를 한다. 교통 체증으로 꼼짝 못하거나, 지루한 TV 방송을 보거나, 혼자 식사를 하거나, 허공을 멍하니 바라볼 때…, 주로 이럴 때 우리의 머릿속은 반추로 가득 찬다. 모두 현대인들에게 익숙한 상황들이다.

다른 사람과 이야기를 나눌 때는 부정적인 생각들을 곱씹을 틈이 없다. 그런데 그 외에도 뭔가 몰두할 만한 일로 주의를 돌리면 반추를 멈추는 데 효과가 있다. 때에 따라서는 아주 간단할 수도 있다.

최근 우리의 TLC 프로그램에 참여한 40대의 회계사 데이나는 우리에게 이런 이야기를 들려주었다. "지난번 모임에서 반추에 관한 이야기를 하셨는데, 실제로 그날 모임이 끝난 후 차를 몰고 주차장을 빠져나가다가 문득 제가 반추를 하고 있다는 걸 깨달았어요. 부정적인 생각들이 머릿속에서 계속 맴돌고 있었던 거죠. 제가 그렇게 자주 반추를 하고 있는지는 몰랐거든요. 어쨌든 저는 차를 세우고 주차장에 가만히 앉아서 어떻게 하면 멈출 수 있을까 생각했어요. 떠오르는 방법이라고는 라디오를 켜고 집중할 수 있을 만한 음악을 찾는 것뿐이어서 그렇게 했는데, 효과가 있더라고요. 집까지 운전하며 가는 내내 한 번도 반추를 하지 않았어요. 예전 같았으면 아마 그런 부정적인 생각들에 계속 시달리다가 비참한 기분으로 집에 도착했겠지만, 이젠 어떻게 하면 생각을 다른 곳으로 돌릴 수 있는지 알 것 같아요. 드디어 조금 감정을 조절할 수 있게 된 것 같은 기분이에요."

제5장에서는 반추와 우울증의 연관 관계를 더 자세히 살펴볼 예정이다. 또한 반추 습관을 고치는 데 도움이 되는 몇 가지 핵심적인 방법들도 소개할 것이다.

운동

수렵-채집인들은 놀라울 정도로 몸 상태가 좋다. 그들은 일류 운동선수들 못지않게 규칙적으로 날마다 몇 시간씩 운동을 한다. 그들은 매일 10~15 킬로미터를 걸어 식량과 물을 구하고, 부족의 나머지 사람들에게 이 식량과 물을 가져다주기 위해 다시 그만큼의 거리를 걷는다. 그들은 스스로 집을 만들고, 무게가 수십 혹은 수백 킬로그램 되는 통나무를 일상적으로 들어 나른다. 그리고 몇 시간씩 의식을 올리며 춤을 추기도 한다.

사실상 수렵-채집인들의 생활은 들어올리기, 나르기, 전력질주, 등반, 걷기, 스트레칭, 도약 등을 날마다 수도 없이 반복하는 격렬한 교차 훈련과도 같다. 반면 현대인들은 지나치게 앉아서만 생활하고 있어서 대다수는 걱정스러울 정도로 몸 상태가 엉망이다. 많은 사람들이 소파에서 냉장고까지 정도의 거리 밖에 뛰지 못한다. 안타까운 일이 아닐 수 없다. 운동은 매우 강력한 항우울제 역할을 하기 때문이다.

연구자들은 우울증 치료 과정에서 유산소운동과 졸로프트Zoloft(가장 흔히 처방되는 항우울제)의 효과를 직접 비교했다. 적은 양(일주일에 3번 30분씩 힘차게 걷기)만으로도 운동을 한 환자들은 약을 복용한 환자들만큼 호전을 보였다. 그런데 놀랍게도, 졸로프트를 복용한 환자들은 운동을 한 환자들에 비해 이후 10개월 사이에 다시 우울증에 걸릴 확률이 3배나 높게 나타났다.

운동의 항우울 효과를 기록한 연구서적은 현재 백 권이 넘게 출판되었다. 걷기, 자전거 타기, 조깅, 웨이트트레이닝 등 다양한 운동들이 모두 효과적인 것으로 밝혀졌다. 이런 운동들이 어떻게 효과를 내는지도 점점 밝혀지고 있다. 운동은 뇌를 변화시킨다. 운동은 세로토닌과 같은 중요한 뇌 화학물질들의 활동 수준을 높여준다(졸로프트나 프로작Prozac, 렉사프로Lexapro 등의 대중적인 약들이 이 세로토닌의 농도를 높여주는 역할을 한다). 또한 운동은 BDNF라 불리는 중요한 성장 호르몬이 뇌에서 생성되는 양을 증가시킨다. 우울증이 찾아오면 이 호르몬의 농도가 급격히 떨어지기 때문에, 시간이 흐름에 따라 뇌의 일부분들이 위축되기 시작하고 학습 능력과 기억력이 손상된다. 그러나 운동은 이 흐름을 뒤집어주고, 다른 그 무엇도 대신할 수 없는 방법으로 뇌를 보호해준다.

  수줍은 미소가 인상적인 21세의 대학생 클로에는 2년 전 우리의 TLC 프로그램에 참여한 환자였다. 첫 모임 때 자기소개를 하면서 그녀는 이렇게 말했다. "저는 거의 평생 동안 (간헐적으로) 우울증과 싸우며 살아왔어요." 어머니에게서 버림받고, 알코올에 중독된 무책임한 아버지 밑에서 자란 클로에는 유년기와 사춘기 내내 외로움과 슬픔이 늘 자신을 따라다녔다고 고백했다. 집을 떠나 대학에 입학한 후 상황은 오히려 더 나빠졌다. 임상적인 우울증 증세가 나타나기 시작한 것이다. 치료를 시작할 무렵 그녀는 수업에도 출석하지 않고 대부분의 시간을 아파트에 홀로 숨어서 지냈다.

  치료 초기에 나는 클로에에게 운동의 치료적 가치에 대해 이야기했지만, 그녀는 운동을 즐겨본 적도 없고 헬스클럽 같은 곳도 매우 싫어한다고 말했다. 나는 그녀가 즐길 수 있을 만한 신체 활동을 찾도록 돕는 것이 우리의 목표라는 점을 다시 한 번 강조해 그녀를 안심시켰다. "어렸을 때는 자전거 타는 걸 좋아했던 것 같아요." 그녀는 옛 기억을 더듬어 이야기했다. "하지만 그런 것도 안 한 지 오래됐어요." 약간의 격려에 힘입어 그녀는 집에 가서 오래된 자전거를 캠퍼스로 가져오기로 했다. 그 다음 주에 클로에는 조금씩 밖에서 자전거를 타기 시작했다. 주로 아파트 주변의 거리들을 돌아다니는 정도였다. 그러나 오래 지나지 않아 그녀는 매일 자전거를 타고 온 동네를 다니게 되었다. 한 시간 넘게 자전거를 타는 날도 많았다.

몇 주 사이에 클로에는 조금 기분이 나아지고 활력이 생기고 잠들기가 편해졌다고 느끼기 시작했다. 여전히 우울증에 사로잡혀 있기는 했지만, 이렇게 조금이나마 상태가 나아지자 한 가닥 희망이 보이는 것 같았다. 그래서 그녀는 증세가 계속되어도 꾸준히 자전거를 탔고, 상태는 조금씩 나아져갔다. 활력이 생기자 그 다음 주에 그녀는 용기를 내어 같은 아파트 단지에 사는 여학생들과 쇼핑을 하러 나갔다. 클로에는 자신이 즐거워하고 있음을 깨닫고 스스로도 놀랐다. 곧 그녀에게는 선순환이 반복되었다. 운동을 하자 활력이 생겼고, 활력이 생기자 기분이 나아졌고, 기분이 나아지자 사교 활동이 늘었고, 사교 활동이 늘자 운동량이 늘었고(그녀는 사람들과 만날 때마다 자전거를 타고 갔다), 운동량이 늘자 더욱 더 활력이 생겼다.

신체 활동의 이로운 효과들을 알게 될수록 점점 더 분명해지는 사실이 있다. *운동은 곧 약이라는 사실이다.* 말 그대로다. 마치 한 알의 약처럼 운동은 중요한 뇌 화학물질과 호르몬의 활동에 영향을 주어 확실히 뇌의 기능을 변화시킨다. 매우 중요한 사실이지만 사람들은 이 사실을 자주 잊어버린다. 우울증이 화학적 불균형과 관련되어 있다고 하면 사람들은 대개 이렇게 말한다. "그렇다면 우울증이 있는 사람들은 약(또 다른 화학물질)을 먹어야 불균형을 바로잡을 수 있겠군요." 충분히 나올 수 있는 가정이지만 대단히 잘못된 생각이다. 약으로만 우울증 환자의 뇌 이상을 바로잡을 수 있는 것은 아니다. 운동도 뇌에 엄청난 변화를 불러일으킨다. 가장 강력한 항우울제들이 일으키는 것 못지않게 큰 변화다.

제6장에서는 이런 중대한 효과를 가져다줄 운동 프로그램을 시작하고

지속하는 방법을 소개할 예정이다. 독자들은 '과제'처럼 느껴지지 않는 운동 방법과 실제로 즐길 수 있는 운동 일정을 찾게 될 것이다. 중단하지 않고 계속하려면 부담 없이 즐길 수 있는 운동이 가장 좋지 않겠는가? 그리고 나는 처음부터 이 점만큼은 분명하게 말해 둘 수 있다. 항우울 운동은 대부분의 사람들이 생각하는 것보다 훨씬 더 실천하기 쉬우며, 많은 돈을 들여 헬스클럽 회원권을 살 필요도 없다. 친구와 산책을 하거나 공원에서 자전거를 타는 것만큼 쉬울 수도 있다. 인간은 원래 신체 활동을 즐기도록 만들어져 있다.

햇빛

어둡고 황량한 겨울철에는 수많은 미국인들과 유럽인들이 해마다 거의 연례행사처럼 우울증을 앓는다. SAD(계절성우울증seasonal affective disorder)라는 이름으로 불리는 이런 증세는, 거주 지역에 따라 11월부터 2월이나 3월까지 낮이 짧고 춥고 흐린 날들이 이어지면서 빛에 노출되는 시간이 줄어듦으로 인해 유발된다. 자연히 SAD는 겨울에 햇빛이 부족한 북반구 지역 사람들에게 특히 큰 타격을 입힌다(예컨대 뉴잉글랜드 주민들은 플로리다 주민들에 비해 우울증에 시달리는 경우가 훨씬 더 많다).

단순히 맑은 날 외출하면 기분이 밝아진다고 볼 수도 있겠지만, 빛에 노출되는 시간과 우울증 사이에는 더욱 깊은 연관 관계가 있다. 그리고 이 관계는 인간의 체내 시계와 관련이 있다. 뇌는 우리가 날마다 받는 빛의 양을 측정해서 이 정보를 바탕으로 우리의 체내 시계를 재설정한다. 빛을 충분히 받지 못하면 체내 시계는 결국 어긋나게 되고, 그렇게 되면 활력이나 수면 시간, 식욕, 호르몬 농도 등을 조절하는 중요한 '24시간 주기 리듬circadian rhythm'이 무너지게 된다. 이런 중요한 생물학적 리듬이 무너지면 임상적인 우울증이 유발될 수 있다.

자연 일광은 실내조명보다 훨씬 밝기 때문에(평균적으로 100배 이상 밝다), 30분 동안만 햇빛을 받아도 체내 시계를 재설정하기에 충분하다. 구름이 많이 낀 날에도 대부분의 실내보다 실외가 몇 배는 더 밝아서, 몇 시간 동안 밖에서 빛을 받으면 24시간 주기 리듬을 잘 유지할 수 있다. 그러나 해가 뜰 때부터 질 때까지 실내에서 생활하면 체내 시계가 어긋나기 시작한다.

수천 년 전의 조상들은 매일 온종일 밖에서 생활했기 때문에, 기분을 북돋우고 SAD를 예방하기에 충분한 양의 빛을 늘 받고 살았다. 현대의 수렵-채집인들도 마찬가지다. 몇 세대 전의 사람들만 해도 대개 날마다 최소한 몇 시간씩은 야외에서 보냈다. 그러나 오늘날 우리의 상황은 다르다. 굳이 밖으로 나가려 하지 않는 경향이 점점 더 강해지고 있다. 그리고 나가고 싶어도 규칙적으로 밖에서 몇 시간씩 보낼 만큼 여유로운 사람은 그리 많지 않다.

다행히, 충분한 양의 햇빛을 받는 일이 현실적으로 불가능할 경우(예컨대 낮이 짧은 겨울철)에는 기분을 끌어올리고 체내 시계를 재설정하는 데 효과적인 첨단 도구를 이용할 수 있다. 제7장에서는, 1년 내내 적절한 양의 빛을 받고 기분과 24시간 주기 리듬을 조화롭게 유지하는 방법들(자연적인 방법과 첨단 도구를 이용한 방법 모두)을 소개할 예정이다.

사회적 지지

현대의 수렵-채집 부족들을 직접 찾아가 연구하는 인류학자들이 그들의 생활을 관찰하면서 예외 없이 발견하는 한 가지 특징이 있다. *수렵-채집인들은 홀로 시간을 보내는 일이 거의 없다는 점이다.* 일반적으로 한 마을의 구성원 수는 50~200명밖에 안 되지만 그들이 행하는 거의 모든 일들이 사회활동의 일환으로 보인다. 그들은 사냥이나 요리, 식사, 놀이, 식량 마련, 수면, 몸단장 등의 활동을 모두 가까운 친구들이나 사랑하는 사람들과 함께 한다. 외로움이나 사회적 고립은 그들에게는 미지의 개념이나 다름없다.

우리의 생활방식과는 완전히 다르다. 우리는 가장 소중한 사람들과 잠깐 얼굴을 마주할 시간도 내기 어려울 때가 많다. 이전 세대들에 비해 친구나 이웃, 친척들과 함께 보내는 시간이 훨씬 적을뿐더러, 교회나 회당, 혹은 로터리클럽이나 걸스카우트 같은 시민단체의 사람들과 교류하는 일은 더더욱 드물다.

슬프게도 현재 많은 미국인들이 여가 시간 대부분을 혼자 집에 틀어박혀 TV나 컴퓨터 앞에 앉아서 보낸다. 그들은 매주 몇 시간씩 교통 체증 속에 혼자 앉아 있고, 식사도 혼자 할 때가 많다. 게다가 이제는 온라인을 통해 쇼핑도 혼자 할 수 있다.

기술의 발전은 우리의 사회적 고립을 심화시키고 있다. 일례로 몇 달 전까지만 해도 나는 동네 비디오 대여점에서 우연히 친구나 이웃을 만나 즐겁게 이야기를 나누곤 했다. 그러나 이제 더 이상 그런 일은 일어나지 않는다. 온라인 사이트에 접속해서 주문하기만 하면 곧장 집으로 DVD

가 배달되기 때문이다. 내가 학생들을 가르치고 있는 대학교 캠퍼스에서도(즉, 밖으로 나와 사람들 사이를 걸어 다녀야 하는 장소에서도) 많은 사람들이 주변 세상과 단절된 채 iPod에서 흘러나오는 음악만 들으며 걷는다. 안타깝게도 우리의 멋진 최신 도구들은 언제나 우리들을 서로 단절시키는 결과를 낳는 것 같다.

우울증이 불러오는 가장 큰 비극 중 하나는, 이렇게 이미 고립되어 가고 있는 사람들을 더욱 더 주변 세상으로부터 멀어지게 만든다는 점이다.

언제나 눈을 내리뜨고 있던 중년의 이혼녀 제인은 우리가 TLC 프로그램에서 만난 환자들 중에서도 특히 사회적으로 고립된 환자 중 한 명이었다. 그녀는 매번 눈에 띄지 않게 조용히 모임에 참석해 자신의 발을 내려다보면서 거의 들리지 않는 목소리로 (누군가 말을 걸 때만) 말하곤 했다. 1년 전 우울증이 그녀의 삶을 장악해버린 이후로 그녀는 점점 더 은둔했고, 친구들이나 사랑하는 사람들을 멀리했으며, 성인이 되어 근처에 살고 있는 자녀들조차 만나려 하지 않았다. 그러나 처음 몇 번의 TLC 모임을 통해 제인에 대해 조금씩 더 알게 되면서 동료 치료사와 나는 그녀가 우울증을 앓기 전에는 활기차고 사회적으로 자신감 넘치는 여성이었음을 분명히 느낄 수 있었다. 치료를 시작하고 몇 주 째에 우리는 그녀에게 다시 가까이 지내 볼 수 있을 것 같은 친구들이나 사랑하는 사람들을 생각해 보라고 조심스럽게 권했고, 그녀는 생각해 보겠다고 약속했다. 마침 얼마 후 제인의 딸이 그녀에게 일주일 동안 매일 밤 퇴근 후에 두 살 된 손자를 돌봐줄 수 있는지 물었다. 그녀는 망설였지만 그러겠다고 대답했다.

 이 "손자 요법"이 시작된 후 며칠 만에 제인은 기분이 조금 좋아지고 약간의 활력이 되살아나는 것을 느꼈다. 변화는 미미했지만 그녀는 "왠지 삶이 그렇게까지 끔찍하지는 않은 것 같은" 느낌이 들었다고 말했다. 그래서 그녀는 그 다음 주에도 자발적으로 손자를 계속 돌봤고, 기분과 활력의 회복도 천천히 계속되었다.

 제인은 사회적 접촉과 기분이 이토록 분명하게 연관되어 있다는 사실에 놀랐지만 자신이 직접 경험한 일을 부정할 수 없었다. 우리의 격려에 힘입어 그녀는 다른 사람들(옛 친구, 이웃, 직장 동료, 딸)과도 다시 가까이 지내기 시작했다. 그녀는 이 과정을 통해 예전의 자신과 다시 친해지는 법을 알게 되고, 우울증으로 세상과 단절되기 전에 자신이 어떤 사람이었는지를 재발견하고 있는 것 같은 기분이라고 말했다. 점차 나아지는 상태에 자극을 받은 제인은 TLC 프로그램의 다른 부분들도 실천해 보기로 했다. 그녀는 규칙적으로 운동을 하고, 오메가-3 보충제를 복용하고, 날마다 햇빛을 받기 위해 노력하기 시작했다. 이런 노력들은 시간이 흐름에 따라 더 큰 진전을 불러왔다. 수면 시간과 집중력, 식욕, 자신감이 모두 서서히 회복되기 시작했다. 치료를 시작하고 14주가 지나자 제인의 우울증은 완전히 회복되었다.

 이 연구에서 알 수 있는 사실은 분명하다. 우울증과 인간관계가 매우 중요하게 연관되어 있다는 사실이다. 협력적인 인간관계가 결여되어 있는 사람은 우울증에 걸릴 위험이 크고, 한 번 겪은 우울증을 지속적으로 겪게 될 위험도 크다. 다행히 인간관계의 질과 깊이를 향상시키기 위해 할 수 있는 일들은 굉장히 많으며, 그런 일들을 통해 우리는 우울증을 이겨내고 재발의 위험을 줄일 수 있다. 제8장에서는 당신의 사회적인 협력 관계가 얼마나 견고한지 판단해 볼 수 있는 기회를 마련하고, 인간관계의 질을 높이는 전략들을 소개하려 한다.

수면

이미 경험을 통해 알고 있겠지만, 수면과 기분은 밀접하게 연관되어 있다. 며칠만 잠을 제대로 못 자도 대부분의 사람들은 쾌활함이 눈에 띄게 줄고 짜증이 늘기 시작한다. 수면 부족이 며칠 동안 혹은 몇 주 동안 지속되면 또렷한 사고가 불가능해질 수 있다. 경우에 따라서는 건강에 심각한 문제가 생길 수도 있다. 수면장애는 우울증을 일으키는 가장 강력한 요인 중 하나다. 그리고 대부분의 기분장애는 최소한 몇 주 동안 수면 부족이 지속된 후에 발생한다는 증거도 있다.

수면 부족이 우울증을 유발할 수도 있지만 우울증이 수면 부족을 유발할 수도 있다. (결국 악순환인 셈이다.) 우울증 환자 중 80%는 어떤 형태로든 수면장애를 겪는다. 밤에 잠들기가 어렵다는 사람들도 있지만, 수면 상태를 '유지'하기가 훨씬 더 어렵다는 사람들이 대부분이다. 한밤중에 잠에서 완전히 깨어 날이 밝을 때까지 뒤척이는 경우가 많은 것이다. 게다가 우울증은 수면의 '질'에도 영향을 미쳐서, 피로 회복에 가장 도움이 되는 가장 깊은 수면 단계(서파수면 slow-wave sleep이라 불린다)를 앗아가 버린다.

충분한 수면이 중요하다는 사실은 명백하지만 우리들 대부분은 그 중요한 것을 좀처럼 얻지 못한 채 살아간다. 현대인의 문제다. 수렵-채집인들은 매일 밤 약 10시간씩 잠을 잔다(그들의 수면 주기는 자연의 어둠과 빛이 오고 가는 주기와 밀접하게 연관되어 있다). 19세기에는 미국의 성인들도 평균적으로 족히 9시간씩은 잠을 잤다. 그러나 지금은 어떤가? 우리의 평균 수면 시간은 고작 6.7시간이다. 당연히 우리는 대부분 늘 졸린 상태로 걸어 다니면서 오직 카페인이나 여타 흥분제로 수면 부족을 가리고 있다(현재 미국인 약 90%가 매일 카페인을 섭취하고 있다).

제9장에서 다루겠지만, 다행히 수면의 질과 양을 개선할 수 있는 방법은 많다. 이 전략들은 기분의 침체를 비롯한 우울증의 여러 증상들을 개선하는 데 도움을 줄 수 있을 뿐만 아니라, 심한 우울증을 초래하는 만성적인 수면장애도 예방해줄 수 있다.

● 생활개선이 필요한 시대

우리의 생활방식은 우리의 기분에 큰 영향을 줄 수 있다. 단순한 사실이지만, 우울증 극복과 관련해서 이 사실이 갖는 의미는 매우 깊다. 앞서 말한 생활방식의 여섯 가지 요소들이 한 데 모이면 그 어떤 항우울제 못지않은 효과를 발휘할 수 있다. 이 요소들은 뇌에도 중요한 변화를 일으킬 수 있다. 현대의 수렵-채집인들에게는 각각의 요소들이 충족되어 있고, 그렇기 때문에 그들은 그토록 고된 생활을 하면서도 거의 우울증에 걸리지 않는다. 수렵-채집인 선조들의 시대 이후로 세상은 엄청나게 변화했지만, 이 보호적인 생활방식의 요소들은 1세기 전까지만 해도 미국인의 삶에 (약하게나마) 여전히 존재하고 있었다. 그러나 최근 수십 년 사이에 이 요소들은 점차 사라졌고 그에 발맞춰 우울증 발병률은 급등했다. 미국뿐만 아니라 전 세계적인 현상이다.

몇 년 전 처음으로 이 요소들을 종합하기 시작했을 때 나는 우울증 환자들(당시 내가 지금보다 전통적인 방식의 심리요법으로 치료하고 있던 사람들)에게 이 항우울적인 생활방식의 요소들을 일상생활에서 실천하라고 권했다. 대부분의 환자들이 이 방식에 놀라울 정도로 의욕을 보였고 임상 결과 또한 놀라웠다. 약물이나 전통적인 치료요법으로 차도가 나타나지 않았던 환자들도 빠르게 회복되기 시작했다.

이토록 극적인 임상 결과에 나는 깜짝 놀랐다. 생활방식의 변화를 기반으로 한 전략이 일부 우울증 환자들에게 도움이 될 것이라고 생각하기는 했지만 얼마나 큰 효과가 있을지는 몰랐기 때문이다. 다만 생활개선요법의 이 원칙들을 바탕으로 내가 처음 치료했던 환자를 지켜보는 과정에서도 그 효과가 엿보이기는 했다.

키가 크고 말씨가 상냥한 40대 중반의 남성 빌은 4년 넘게 심한 우울증을 앓고 있었다. 몇 차례 잠깐씩 회복되었던 시기를 제외하고 그는 십대 초반부터 지속적으로 우울증에 시달렸다. 나와 함께 치료를 시작했을 때 그는 이미 1년 이상 약(설존Serzone)을 복용하고 있었지만 이렇다 할 차도는 보이지 않는 상태였다.

치료 초기에 그는, 규칙적으로 운동을 하고 있지는 않지만 과거에 운동을 하면 잠깐이나마 기분이 조금 나아지는 것 같은 느낌을 받았다고 말했다. 당시 나는 운동과 우울증에 관한 연구서적에 몰두해 있던 터라, 그가 무심코 꺼낸 말을 듣고 그에게 운동을 권해 보기로 했다. "빌, 규칙적으로 운동을 해 보는 게 어떻겠어요? 운동이 우울증 증상을 완화시켜줄 수 있다고 얘기하는 책들이 굉장히 많아요." 그는 기력이 상당히 약한 편이었지만, 일주일에 세 번씩 밖에서든 지하실에 있는 트레드밀 위에서든 조깅을 해 보겠다고 말했다. (가정용 운동기구들이 대개 그렇듯 그의 트레드밀에도 몇 년 동안 먼지만 쌓여 있었다.)

다음번에 만났을 때 빌은 밤에 자다가 깨는 일이 조금 줄었다면서 운동 덕분이라고 말했다. 그 다음 주에는 활력이 눈에 띄게 늘었다. 이런 진전에 힘입어 나는 한 단계 더 높여서 그에게 전반적인 생활방식의 개선을 권해 보기로 했다. 그래서 그 다음 몇 번의 상담에서는 오메가-3 보충제 복용의 임상 효과와, 혼자 반추하며 보내는 시간의 악영향, 그리고 적당한 일광 노출과 사회적 지지와 수면의 중요성에 대해 이야기를 나눴다. 훌륭하게도 빌은 우리가 이야기했던 주요 생활 개선 요소들을 조금씩 전부 실천하기 시작했다. 그리고 두 달 만에 그의 우울증 증상들은 완전히 사라졌다. 그야말로 놀라운 일이 아닐 수 없었다.

우리는 지금도 종종 전화로 연락을 주고받으며 잠깐씩 상태를 점검하곤 한다. 치료를 시작한 지 5년이 넘었지만 빌은 여전히 완전한 회복 상태를 유지하고 있다. 성인이 된 이후로 그의 회복 상태가 이렇게 장기간 지속되고 있는 것은 처음이다.

지난 몇 년 사이 빌 외에도 많은 사람들(우울증 극복을 포기했던 사람들)

이 이 무서운 병을 이겨냈다. 우리의 임상 실험에 참여한 환자들 대다수가 우울증으로부터 벗어났고, 생활개선요법에 대한 반응률도 연구자들이 항우울제를 이용한 치료에서 관찰한 반응률보다 상당히 높게 나타났다.

놀라운 주장이라는 점은 나 자신도 잘 알고 있다. 우울증은 활력과 희망, 수면, 즐거움, 친구들, 일, 그리고 때로는 목숨까지 앗아가는 심각한 질병이기 때문이다. 기본적인 생활방식의 변화가 과연 강력한 항우울제보다 더 효과적으로 이 파괴적인 병을 물리쳐줄 수 있을까?

믿기 어려운 일이다. 그러나 이 간단한 생활방식의 변화를 뒤따라 나타난 극적인 진전들을 나는 직접 목격했다. 또한 나는 임상 실험에서도 놀라운 결과들을 확인했다. 생활개선요법이 항우울제를 이용한 기존의 치료법보다 더 나은 결과를 보여주고 있었다.

정신건강 분야의 전문가들이 최선의 노력을 기울이고 있음에도 우울증은 계속 수많은 사람들의 삶을 파괴하고 있다. 그러나 이제 이런 일은 계속되지 않을 것이다. 우리가 본래의 우리에게 맞는 생활이 가져다주는 자연적인 항우울 효과들을 되찾기 시작한다면 현대의 우울증 확산을 완전히 끝낼 수 있으리라 믿는다.

02

Making Sense of Depression

우울증이란 무엇인가

불가사의하게도, 그리고 일반적인 경험과는 전혀 거리가 멀게도, 우울증이 불러오는 음울한 공포는 육체적 고통의 성질을 띤다. 그러나 이 고통은 다리가 부러지는 고통처럼 즉시 정체를 알 수 있는 고통은 아니다. 마음속에 살고 있는 심령이 병든 뇌에 사악한 속임수를 부려서, 절망을 마치 지독히 과열된 방 안에 있을 때의 무시무시한 고통처럼 느끼게 만들어버린다고 말하는 편이 더 정확할 것이다. 가마솥 같은 이 방 안에는 바람도 전혀 들지 않고, 숨 막히는 감금 상태에서 빠져나갈 길도 없기 때문에, 자연히 이 희생자는 끊임없이 망각을 생각하기 시작한다.

― 윌리엄 스타이런William Styron, 〈보이는 어둠*Darkness Visible*〉

34세의 캔자스시티 출신 중학교 교사 웬디는 몇 년 전 거의 1년 동안 우울증에 시달리다가 우리의 생활개선요법 프로그램에 참여했다. 우리가 진료했던 많은 환자들과 마찬가지로 그녀도 자신을 붙들고 있는 이 병을 가족과 친구들이 제대로 이해하지 못한다고 말했다. 첫 모임에서 우울증의 특징적인 증상들과 이 병이 초래하는 손상에 관해 이야기를 나누던 중 웬디는 내게 이렇게 말했다. "(정신과 의사든 심리학자든) 이 병에 좀 더 잘 맞는 이름을 찾을 필요가 있어요. '우울증'이라는 이름은 적절하지 않아요. 누구나 이 단어를 알고 있기 때문에, 사람들은 이 병을 다 안다고 생각하죠. 하지만 대다수는 전혀 모르고 있어요."

그녀의 말에도 일리가 있다. 우울증이라는 단어는 쓸데없는 혼란과 오해를 불러일으켜서 문제가 많다. 이 단어는 맥락에 따라 두 가지 전혀 다른 의미로 사용되고 있고, 사람들은 늘 이 두 가지를 혼동한다.

가볍고 일상적인 대화에서 우울증은 '슬픔'과 동의어로 쓰인다. 이런 의미의 우울증은 단순히 우리 모두가 때때로 인생에서 불가피한 좌절이나 실망에 부딪혔을 때 겪는 감정 상태를 가리킨다. 예를 들어, 좋아하는 스포츠 팀이 큰 경기에서 졌을 때나 심지어는 아끼는 청바지에 구멍이 났을 때도 사람들은 속상해서 우울증이 왔다고 말하곤 한다. 이런 '우울증'은 오래가지도 않고 우리의 기능에 영향을 주는 일도 거의 없다.

그러나 임상적인 맥락에서 이 단어는 근본적으로 다른 의미를 지닌다. 이 경우 우울증은 매우 파괴적인 정신질환을 가리킨다. (정확한 진단명은 '주요우울장애 major depressive disorder'이지만 대부분의 임상의들은 간단히 줄여서 '우울증'이라고 부른다.) 우울증은 인간에게서 활력과 수면, 집중력, 즐거움, 자신감, 기억력, 성욕, 다시 말해 사랑하고 일하고 즐길 수 있는 능력을 빼앗아가는 증후군이다. 경우에 따라서는 살고자 하는 의지마저 빼앗아가기도 한다. 시간이 흐를수록 우울증은 뇌를 손상시키고 몸에 해를 입힌다. 우울증은 매우 위험한 병이다. 분별 있는 사람이라면 결코 이 병을 가볍게 여기지 않을 것이다. 우울증의 파괴력이 얼마나 어마어마한지 안다면 절대로 그럴 수 없다.

최근 몇 년 사이 우울증에 대한 대중의 의식이 꽤 높아졌지만, 안타깝게도 혼란은 여전히 산재하고 있다. 사람들은 여전히 이 단어의 엄청나게 다른 두 가지 의미를 혼동하고 있다. 그래서 그토록 많은 사람들이 이 병을 대수롭지 않게 여기고, 이 병으로 고통 받는 사람들을 보며 별 것 아닌 일로 유난을 떤다고 말하는 것이다. 몇 년 전 내가 가르치던 학생들 중 한 명이 수업 중에 이렇게 말한 적이 있다. "저는 늘 그 사람들은 그저 게으른 것뿐이라고 생각했어요. 징징대지 말고 툭 털어버리면 된다고 말이죠."

수년간 지켜본 결과 나는 그런 가혹하고 비판적인 생각이 대개 무지에서 비롯된다는 사실을 알 수 있었다. 다행히 일단 우울증의 본질을 제대로 이해하고 나면 사람들은 대부분 이 병에 사로잡힌 이들에게 강한 동정심을 느낀다. 직접 우울증을 겪는 사람들의 경우에도 똑같은 기본 원칙이 적용된다. 지식은 파괴적인 자책 충동에 맞서는 강력한 방패가 될 수 있다.

그렇기에 이 책은 우울증 치료 전략에 관한 책이지만, 먼저 우울증이 어떤 병인지 꼼꼼히 살펴보고 사람들이 흔히 떠올리는 중요한 의문들을 짚어 볼 필요가 있다고 생각한다. 우울증은 어떻게 진단되는가? 어떤 증상들이 나타나는가? 사람들은 왜 우울증에 걸리는가? 스트레스가 큰 역할을 하지 않는가? 유전적인 요인은 없는가? 우울증은 정말 화학적 불균형 때문에 생기는가? 이제부터 우리가 살펴볼 것이 바로 이런 문제들이다.

증상과 진단

종종 불가사의하게 여겨지는 정신건강 분야에서 우리는 〈정신장애의 진단 및 통계 편람 제4판 *Diagnostic and Statistical Manual of Mental Disorders, Fourth Edition*〉이라는 참고서적에 실려 있는 기준에 따라 진단을 내린다. 이 분야에 종사하는 사람들은 대부분 이 책의 제목을 줄여서 'DSM-IV'라 부른다. 진단에 관한 일종의 필독서로 통하는 이 책에는, 정확히 어떤 사람이 특정 질환의 진단 요건에 부합하는지 판단하기 위한 자세한 규칙들이 실려 있다. 우울증(전문적인 진단 용어로는 '주요우울에피소드 major depressive episode')의 경우 진단 기준이 간단한 편이다.

우선 DSM-IV에는 9가지 핵심적인 진단 증상이 명시되어 있다.

1. 우울한 기분
2. 모든 (혹은 거의 모든) 활동에 흥미나 즐거움 상실
3. 식욕과 체중의 급격한 증가나 감소
4. 불면증이나 과면증

5. 신체 움직임의 둔화 혹은 심한 흥분
6. 심한 피로
7. 지나친 죄책감이나 자신이 쓸모없다는 생각
8. 집중이나 결정 곤란
9. 죽음이나 자살에 대한 빈번한 생각

우울증이라는 진단을 내리기 위해서는 2주 이상, 거의 매일, 거의 하루 종일 이런 특징적인 증상들이 5가지 이상* 나타나야 한다. 그리고 이 핵심 증상들로 인한 기능장애나 심한 고통이 동반되어야 한다. 'DSM'에는 임상의들이 우울증과 다른 유사 증후군들(갑상선기능저하증이나 만성피로 증후군, 약물남용)을 구별할 수 있도록 도와주는 지침들도 실려 있다. 또한 DSM에서는 임상의들에게 환자가 가족이나 가까운 친구의 죽음을 겪은 경우 최대 2개월까지 진단을 보류할 것을 권고하고 있다. 사랑하는 사람을 잃었을 경우 적어도 몇 가지 우울 증상(슬픈 기분, 죽음에 대한 생각, 수면장애 등)을 겪게 되는 것은 정상적인 현상이기 때문이다.**

DSM-IV에는 우울증의 가장 일반적인 증상들이 훌륭하게 정리되어 있지만, 이 병을 겪는다는 것이 실제로 '어떤 느낌'인지를 전달하기에는 부족하다. 수년 동안 무수히 많은 환자들과 이야기를 나누면서 나는 그들

---

*그리고 이 증상들 중 적어도 한 가지는 우울한 기분이거나 흥미/즐거움 상실이어야 한다.
**그러나 사별을 당한 사람이 자살 충동을 느끼거나 중요한 기능 손상을 겪고 있다면 2주 만에도 우울증 진단을 내릴 수 있다.

이 자신의 경험을 설명할 때 '고통'이라는 단어를 굉장히 자주 사용하는 것을 보고 놀랐다. (진단 기준에서는 이 단어를 어디에서도 찾아볼 수 없다.) 어떤 환자들은 우울증으로 인한 감정적인 괴로움이 그들이 겪어 본 그 어떤 육체적 고통보다 심하다고 말하기도 한다. 그들은 우울증이 자연분만이나 척추손상, 신장결석 배출보다 고통스럽다고 말한다.

내가 듀크대학병원에서 심리학 인턴으로 일하던 시절 어떤 환자에게서 들었던 이야기는 우울증이 수반하는 극심한 괴로움을 좀 더 균형 잡힌 시각에서 바라볼 수 있게 해주었다. 그는 병원에 입원하기 직전에 하루 종일 방바닥에서 태아처럼 몸을 웅크린 채 움직일 기운도 일어날 힘도 없이 흐느껴 울기만 했다고 한다. 그러다가 저녁에 상태가 조금 나아진 것 같아서 그는 억지로 일어나 식료품점으로 향했다. 오랫동안 미뤄두었던 일이었다. 가게 안의 통로를 천천히 왔다 갔다 하던 그는 계산대 근처에서 휠체어에 앉아 있는 초췌한 남자를 발견했다. 그 남자의 두 다리는 눈에 띄게 말라 있었고 한쪽 팔은 어깨 바로 아래에서 절단되어 있었다. 그의 옆을 지나가던 많은 손님들이 동정 어린 눈빛으로 그를 돌아보았다. 이 장면을 바라보면서 내 환자는 생각에 잠겼다. "내가 몇 달째 괴로움에 시달리고 있다는 건 아무에게도 보이지 않는구나. 저 사람들이 보기에는 걱정할 일도 동정할 일도 없겠지. 하지만 내가 겪고 있는 것을 저들이 실제로 볼 수 있다면, 내가 이 우울증에서 해방되기 위해 당장이라도 오른팔을 내놓을 수 있다는 사실을 저들도 알 수 있을 텐데. 이 고통에서 벗어날 수만 있다면 정말 무엇이라도 (팔다리라도) 내줄 수 있을 텐데."

우울증과 뇌

뇌에 육체적 고통을 알리는 일부 통로들은 정신적인 고통을 알리는 역할도 하고 있다. 슬하대상영역subgenual cingulate, 시상thalamus, 편도체amygdala, 안와전두피질orbitofrontal cortex 등 어려운 라틴어 이름을 갖고 있는 이런 중요한 신경중추들은 몸에 무언가 해로운 일이 발생했음을 감지할 때마다 신호를 보내는데, 육체적인 원인과 정신적인 원인을 항상 구별하지는 않는다. 뇌에서 경험되는 우울증은 마치 몹시 고통스러운 신체 감각이 사라지지 않고 끊임없이 계속되는 것과도 비슷하다.

게다가 우울증은 뇌로 하여금 어둡고 편향된 사고만 하게 만들어 우리의 인식을 부정적인 방향으로 몰고 간다. 우울증은 모든 것을 가장 나쁜 쪽으로만 생각하게 만들기 때문에, 대부분의 환자들은 상황이 결코 나아지지 않을 것이며 자신의 고통이 영원히 끝나지 않을 것이라고 믿게 된다. 그래서 결국 많은 환자들이 이 끝없이 계속될 것만 같은 고통에서 어떻게든 벗어나기 위한 방법으로 죽음을 생각하게 되는 것이다. 전 세계적으로 우울증 때문에 목숨을 끊는 사람은 매년 1백만 명에 달한다.

스트레스 반응

우울증이 뇌에 미치는 악영향은 광범위하다. 뇌 속에서 일어나는 수많은 중요한 일들을 고려하지 않고는 우울증을 제대로 이해하기가 불가능하다(또한 효과적으로 치료하기도 불가능하다). 우울증의 신경학적인 근거는 매우 복잡하다. 수십 가지의 신경전달물질(뇌 화학물질)과 수백 개의 특수한 뇌 영역들, 수십억 개의 신경세포들이 관련되어 있다. 그러나 가장 중요한 사실 중 하나는 놀라울 정도로 간단하다. 우울증의 핵심적인 유발 요인은 뇌의 걷잡을 수 없는 스트레스 반응이라는 사실이다.

죽음이나 세금과 마찬가지로 스트레스는 피할 수 없는 삶의 한 부분이다. 우리들 대부분은 매일 적어도 몇 가지 스트레스 요인을 견디며 살아간다. 극심한 교통 체증, 가족과의 다툼, 빡빡한 업무 마감 기한, 예상치 못한 거액의 청구서 등 열거하자면 끝이 없다. 이런 스트레스에 부딪히면 뇌는 영리한 반응 체계를 작동시켜 우리를 그 상황에 대처하게 한다. 그러나 뇌의 스트레스 반응 체계는 (진화적인 의미에서) 아주 오래된 것이다. 이 체계는 우리의 먼 조상들이 직면했던 강렬하고 단기적인 어려움에 대처하도록 만들어져 있기 때문에, 오늘날 우리가 만나는 스트레스 요인들에는 잘 맞지 않는다.

수렵-채집인 조상들의 스트레스는, 사나운 짐승을 피하거나, 적대적인 이웃 부족의 공격을 막거나, 다가오는 폭풍우에 대비해 급히 피난처를 찾는 등의 즉각적인 '투쟁도주fight-or-flight' 반응과 연관되어 있었다. 그러한 고대 환경에서 스트레스는 격렬한 신체 활동이 즉시 필요하다는 신호를 보냈다. 뇌의 스트레스 반응은 여전히 이런 고대 환경에 맞춰져 있어서, 왕성한 신체 반응들을 동원해 우리 몸을 격렬한 활동에 빠르게 대비시킨다.

우리가 스트레스를 받으면 우리 몸은 아드레날린이나 코티솔 같은 강한 호르몬을 분비하고 이 호르몬들은 다른 반응들을 작동시킨다. 간은 저장된 당을 혈류로 내보내 근육에 연료를 제공한다. 폐는 받아들이는 산소(또 다른 근육 연료)를 증가시킨다. 심장은 더 빠르고 세게 뛰어 영양분이 풍부한 혈액을 몸 전체로 보낸다. 그리고 면역 체계는 조직 수복 모드로 전환되어 투쟁도주 상황 동안 발생할 수 있는 모든 손상에 대비한다.

스트레스 반응이 밤까지 계속되면 뇌는 잠의 구조까지 바꿔버린다. 우리는 기운을 회복시켜주는 깊은 잠을 자지 못하고, 훨씬 얕은 잠에 들어 뒤척이면서 꿈을 많이 꾸게 된다. 건강에는 덜 이롭고, 위험이 닥쳤을 때 깨기는 더 쉽다.

이런 잠의 구조 변화는, 스트레스 요인이 발생할 때마다 단기적인 위협에 대한 왕성한 신체 반응이 필요했던 고대의 생활에 훌륭하게 들어맞는다. 스트레스 반응이 며칠 이상 지속될 경우 우리 몸이 큰 피해를 입을 수 있지만, 고대에는 그런 일이 벌어지지 않도록 막아주는 몇 가지 안전장치가 마련되어 있었다. 예컨대 (과거에는 거의 모든 투쟁도주 상황의 일부였던) 격렬한 신체 활동은 곧장 뇌로 신호를 보내 스트레스 회로에 제동을 걸게 한다. (뇌에 전달되는 기본적인 메시지는 이런 내용이다. "방금 매우 왕성한 활동이 일어났으니 더 이상의 활동을 위한 준비는 필요 없음.") 또한 곁에 있는 사랑하는 사람의 존재는 더 이상 즉각적인 위험이 닥치지 않을 것이라는 강하고 원초적인 신호를 뇌에 전달해 스트레스 반응을 서서히 잦아들게 한다(선조들은 날마다 거의 하루 종일 사랑하는 사람과 함께 있었다).

이런 보호 장치들이 있었기 때문에 우리의 수렵-채집인 선조들은 스트레스가 많은 상황이 닥쳐도 잘 대처할 수 있었다. 그들은 위험이 찾아오면 즉시 활동력을 동원할 수 있었고, 위험이 지나가고 난 후에는 금세 다시 차분한 상태로 돌아갈 수 있었다. 이런 사실을 어떻게 알 수 있을까? 생활방식이 선조들과 비슷한 현대의 수렵-채집인들을 연구할 수 있기 때문이다. 한 조사에서는 현대 수렵-채집인의 순환하는 스트레스 호르몬 농도가 일반적인 미국인에 비해 평균적으로 상당히 낮은 것으로 밝혀졌다.

반면 현대인의 생활은 마치 뇌의 스트레스 반응을 최고조로 유지하도록 설계되어 있는 것 같다. 골치 아픈 일들이 날마다 우리를 괴롭힌다. 그러나 이런 일상적인 압력들이 확실히 우울증을 일으킬 수 있기는 하지만 그보다는 이혼이나 이별, 실직, 질병, 실패, 거절, 신체적 폭력, 이주 등 더욱 고통스럽고 부담이 큰 사건으로 인한 스트레스가 더해져 우울증이 발병하는 경우가 가장 많다. 우울증에 취약한 사람들(이런 사람들에 대해서는 뒤에 가서 자세히 다룰 것이다)이 이런 충격적인 사건들을 겪게 되면 뇌의 스트레스 회로가 심한 과열상태로 접어들어 그야말로 멈출 수가 없게 된다.

그런데 걷잡을 수 없는 스트레스 반응이 정확히 어떻게 (사회적 고립이나 무기력, 집중력 저하, 수면장애 등의 증상을 보이는) 본격적인 우울증을 유발하는 것일까? 간단히 말해서 그 과정은 매우 복잡하다. 전 세계의 유능한 연구자들이 우울증의 원인을 완전히 밝히기 위해 수십 년 동안 애쓴 덕분에, 해마다 우리는 조금씩 더 또렷한 그림을 얻고 있다. 특히 중요한 역할을 하는 뇌의 두 영역은, 기분과 행동을 조절하는 '전두피질 frontal cortex'과, 수면을 조정하는 전문적인 신경회로들이다. 지금부터 차례대로 하나씩 살펴보자.

전두피질

　전두피질은 안구와 이마 바로 뒤에 위치하고 있는 뇌의 바깥 부분이다. 의식적인 정신생활의 중추인 이곳에서 자아의식이 육체로 구현된다. 뇌의 다른 많은 영역들과 마찬가지로 전두피질도 둘로 나뉘어 있다. 분리되어 있지만 똑같은 모양을 하고 있는 좌반구와 우반구는 우리의 기분과 행동을 형성하는 데 있어서 각각 별개의 상호보완적인 역할을 수행한다.

　전두피질은 뇌 속 깊숙이 자리하고 있는 아몬드 형태의 '편도체'라는 영역과도 긴밀히 연결되어 있다. 편도체는 강한 감정을 발생시키는 뇌 영역이다. 전두피질의 두 반구는 편도체와 함께 우리 마음속 깊은 곳의 감정을 지휘한다. 예를 들어, 전두피질의 좌반구가 우반구보다 더 활발하게 활동하면 우리의 기분은 긍정적인 방향으로 움직이고 우리는 목표를 추구하고자 하는 강한 충동을 느끼게 된다.* 반대로 좌반구가 활동하지 않으면 우리의 기분은 심하게 부정적인 방향으로 움직이고 목표 추구는 정지하며, 대신 우리는 해를 피하는 데 주력하게 된다. 전두피질의 좌반구에 중대한 손상을 입은 사람들은 대개 기분이 우울해지고 목표 추구 활동이 크게 줄어든다. 이런 사람들은 우울증의 진단 기준을 전부 충족시키는 경우가 많다.

　짐작이 가겠지만, 뇌의 걷잡을 수 없는 스트레스 반응(우울증의 중요한 신경학적 요인)도 전두피질 좌반구의 활동을 급격히 감소시킨다. 그렇게

---

*적어도 오른손잡이인 사람들은 그렇다. 왼손잡이인 사람들 중에는 두 반구가 반대로 연결되어 있는 경우도 있다.

되면 기분과 활동력의 수준이 뚝 떨어진다.

코티솔과 같은 스트레스 호르몬들도 전두피질의 또 다른 핵심 기능인 기억력에 중요한 영향을 미친다. 단기적으로는 이런 스트레스 호르몬들이 새로운 기억 저장 능력을 향상시켜 우리가 스트레스 상황을 통해 지식을 얻을 수 있는 가능성을 높여주고, 그렇게 얻은 지식을 장래에 잘 활용할 수 있게 해주기도 한다. 그러나 스트레스 반응이 몇 주 동안 계속되면 코티솔은 전두피질의 기억 회로에 해를 입히기 시작한다. 이 뇌 영역들은 실제로 위축되기 시작하고 정신적인 기능은 효율이 점점 떨어진다. 집중력과 기억력, 주의력, 추상적 추리력 등이 모두 영향을 받는다. 우울증 환자들은 머리가 이전만큼 잘 돌아가지 않는 것 같다고 호소하는 경우가 많다. 당연한 일이다.

잠자는 뇌

앞서 말했듯이 뇌의 스트레스 회로들이 너무 바쁘게 움직이면 잠의 구조가 크게 달라질 수 있다. 구체적으로 말하면, '서파수면'이라는 깊고 편안한 수면을 계속 취할 수 없게 되는 것이다. 서파수면은 뇌가 뇌 화학물질과 호르몬의 균형을 유지하고 조직 수복 등의 조정 작업을 수행하기 위해 필요한 수면 단계이다.

실험용 쥐들에게 며칠 동안 계속 서파수면을 취하지 못하게 하면 뇌가 제 기능을 못하기 시작하고 그들은 몹시 쇠약해진다. 인간도 이와 거의 비슷하게 반응한다. 서파수면을 취하지 못하는 밤이 며칠만 계속되어도 대부분의 사람들은 극심한 피로를 호소한다. 며칠이 더 지나면 그들은 신체적으로 아프다고 느끼기 시작한다. 움직임과 말도 느려지기 시작한다. (어디에서 오는지 알 수 없는) 신체적 통증을 호소하는 사람들도 많다. 이렇게 수면이 변화되면 기분이 가라앉고, 사회적 흥미가 사라지고, 사고가 부정적으로 기울고, 식욕이 불규칙해지고, 집중력이 약해진다. 다시 말해, 서파수면이 없어지면 우울증의 핵심 증상들이 빠르게 나타난다.

● 위험 요인

다른 이들에 비해 훨씬 우울증에 취약한 사람들이 있다는 사실을 앞에서 잠깐 언급했다. 그런데 과연 무엇이 그들을 위험에 빠뜨리는 것일까? 무엇 때문에 다른 사람들은 회복력이 강해서, 엄청나게 스트레스를 받는 상황이 닥쳐도 이 병의 영향을 받지 않을 수 있는 것일까? 지금부터 몇 가지 주요 위험 요인들과 더불어, 보호막이 되어주는 요소들도 간략히 살펴보자.

유전자_ 우울증의 발병과 관련해 유전자가 어떤 역할을 하는지를 연구한 많은 글들이 대중지에 소개되었는데, 이러한 보도들로 인해 어떤 사람들은 이 병이 "완전히 유전 때문"이라고 (잘못) 생각하게 되었다. 우울증이 전적으로 유전자 때문에 발생하는 것은 결코 아니다. 그러나 어떤 사람이 위험한지를 판단하는 데 있어서 유전자가 중요한 역할을 하는 것은 사실이다. 몇몇 보도에서 이미 그 근거가 제시되었다. 예컨대 유전자가 완전히 똑같은 일란성 쌍둥이는 유전자가 절반만 똑같은 이란성 쌍둥이에 비해 우울증에 대한 민감성이 훨씬 더 비슷하다. 마찬가지로, 우울증이 있는 부모의 생물학적인 자녀는 우울증에 걸릴 위험이 높지만 입양된 자녀는 일반적으로 그렇지 않다. 이런 연구 결과들을 바탕으로 유전학자들은 우울증 발병 위험의 어느 정도가 유전자와 직접적으로 연관되어 있는지도 추정할 수 있게 되었다. 가장 믿을만한 추정 결과는 약 40%로 나타났다. 다시 말해 유전자는, 어떤 사람은 우울증에 걸리고 어떤 사람은 걸리지 않는 이유를 절반이 조금 못 되게 설명해준다는 것이다.

가장 흥미로운 연관 관계는 '세로토닌 수송체 유전자serotonin transporter gene'라 알려져 있는 DNA 영역에서 나타난다. 이름에서 알 수 있듯이 이 유전자는 세로토닌의 기능에 영향을 미친다. 세로토닌은 뇌의 스트레스 반응 회로들을 차단하고 불안을 줄이는 데 있어서 중요한 역할을 하는 화학적 전달자이다. (제3장에서 살펴보겠지만, 렉사프로나 졸로프트, 이펙사Effexor, 프로작 등 대중적인 약들이 바로 뇌 속의 세로토닌 기능에 직접 영향을 미친다. 그리고 우울증을 "화학적 불균형"의 문제로 보는 경우 대부분의 사람들이 세로토닌 이상을 염두에 두고 있는 것으로 보인다.)

세로토닌 수송체 유전자는 긴 것과 짧은 것 두 종류가 있는데,* 짧은 유전자를 가진 사람들의 세로토닌 기능이 덜 효율적이다. 결과적으로 이런

---

*엄밀히 말하자면, 유전자 자체가 두 종류가 아니라 유전자의 기능을 통제하는 분자 배열(촉진유전자promoter 영역이라 불린다)이 두 종류이다.

사람들이 더 불안감을 느끼기 쉽고 걷잡을 수 없는 스트레스 반응을 겪기 쉽다. 이런 사람들은 아주 어릴 때부터 자주 불안감을 느낄 수 있고 우울증에도 취약하다. 최근 뉴질랜드 사람들을 대상으로 한 대규모 연구에서는, 짧은 유전자 복제본을 가지고 있는 청장년이 긴 복제본을 가진 청장년에 비해 인생에서 극심하게 부정적인 사건에 부딪혔을 때 우울증을 앓게 될 가능성이 약 2.5배 높다는 결과가 나왔다.

그러나 물론, 지금까지 알려진 유전적 위험을 가지고 있지 않은 사람들 중에도 우울증에 걸리는 사람들이 많다. 모든 우울증 환자들 가운데 유전적 요인 때문이라고 볼 수 있는 경우는 절반이 채 안 되므로, 환경(우리가 겪는 모든 일들)도 중요한 역할을 하고 있는 것은 분명하다.

아동 학대 _ 어떤 유전자를 가지고 태어났든 상관없이, 어린 시절에 겪은 심한 정신적 외상은 매우 파괴적일 수 있는 장기적 영향을 미친다. 신체적 혹은 성적 학대를 당한 아이들은 그렇지 않은 아이들에 비해 (훗날 어른이 되어서도) 우울증에 걸릴 위험이 훨씬 높다. 안타깝게도 이런 어린 시절의 정신적 외상은 뇌에 지워지지 않는 각인을 남겨, 스트레스 회로를 영구적으로 예민한 경계 상태에 놓이게 함으로써, 일단 활성화된 회로를 차단하기 어렵게 만들 수 있다.

사회적 지지 _ 어떤 경험들은 우울증으로부터 우리를 '보호'해주기도 한다. 앞서 살펴봤듯이 인류는 광범위한 개인적 접촉을 하며 살도록 만들어져 있으며, 사랑하는 사람들의 든든한 존재는 뇌의 스트레스 반응을 억제하도록 도와주는 환경으로부터의 강력한 신호다. 튼튼한 사회적 지지망을 가진 사람들은 우울증에 걸릴 가능성이 상대적으로 낮다는 몇몇 연구 결과가 있다. 실제로 영국의 한 연구진은, '힘이 되는 친구(감정적으로 친밀한 친구나 가족)'가 단 한 명만 있어도 이별이나 이혼, 실직 등의 괴로운 일을 겪은 후 우울증에 걸릴 위험이 절반으로 줄어든다는 연구 결과를 발표했다.

이런 사람이 곁에 없을 경우, 동물을 기르는 것도 최소한 어느 정도는 보호 장치가 될 것이다. 다른 동물과의 편안하고 가까운 신체적 접촉은 뇌 속 스트레스 중추의 활동을 감소시켜주기 때문이다.

그러나 모든 사회적 접촉이 이로운 것은 아니다. 사르트르가 말했듯이, 때로는 "타인이 곧 지옥이다." 가혹한 비난과 정신적 폭력을 휘두르는 배우자의 존재는 사람을 우울증에 더욱 취약하게 만든다는 연구 결과가 있다. 부부 사이에 의미 있는 사회적 관계가 전혀 없는 경우보다 더욱 그렇다. 어떤 인간관계는 정신적으로 심각하게 해로워서, 뇌의 스트레스 반응 체계를 끊임없는 과열 상태로 몰고 가 금방이라도 우울증의 나락으로 떨어질 듯 늘 아슬아슬한 상태가 계속되게 만든다.

생각 _ 또 다른 일련의 위험 요인들은 우리의 생각과 관련되어 있다. 일어난 일 자체보다 그 일에 우리가 반응하는 방식이 우리의 감정을 형성하는 경우가 더 많기 때문이다. 속상한 일이 생기면 우리는 당연히 적어도 잠시 동안은 무엇이 잘못되었는지, 어떻게 했어야 했는지, 그리고 어떻게 하면 상황을 개선할 수 있을지 생각하게 된다. 그러나 어떤 사람들은 부정적인 사건을 곱씹는 건강에 해로운 성향을 갖고 있다. 그런 사람들은 마음속으로 "그랬어야 했는데, 그럴 수 있었는데"라는 생각만 끝없이 되풀이하면서 자신을 괴롭힌다.

이런 식의 반추는 뇌의 스트레스 회로를 계속 과열시키는 지름길이며, 부정적인 생각을 곱씹는 사람들은 특히 우울증에 빠지기 쉽다. 반면, 반추를 멈추고 그런 생각에서 주의를 돌려 좀 더 보람 있는 활동에 몰두하는 법을 익히면 우울증이 가까이 오지 못하게 효과적으로 막을 수 있다.

성별_ 여성은 남성에 비해 두 배 정도 우울증에 잘 걸린다. 왜 여성이 이렇게까지 더 취약한지는 아무도 확실히 알지 못한다. 그러나 유년기에는 여자 아이들과 남자 아이들의 우울증 발병률이 대체로 비슷하고, 노년기에도 여성과 남성의 우울증 발병률이 비슷하다. 다시 말해, 남녀 간의 차이는 생식 능력이 가장 뛰어나고 성 호르몬 농도가 가장 높은 시기에만 나타나는 것이다.

연구자들은 여성의 주요 생식 호르몬인 에스트로겐과 프로게스테론이 기분을 비롯한 우울증의 여러 증상에 큰 영향을 미친다는 사실을 발견했다. 특히, (월경 전이나 출산 직후처럼) 에스트로겐과 프로게스테론 농도가 갑자기 떨어지면 기분과 활력도 급격히 저하되기 쉽다. 에스트로겐 농도는 폐경기가 가까워지는 시기에도 변동이 심하다(급격히 떨어질 때도 많다). 이 시기에는 여성이 특히 우울증에 빠지기 쉽다.

에스트로겐 농도가 전반적으로 매우 높은 여성들도 불안감을 더 쉽게 느끼는 것으로 보이며,* 어떤 상황에서는 에스트로겐이 뇌의 스트레스

---

*언뜻 보면 이 내용은 앞 단락의 내용과 맞지 않는 것처럼 보이지만 사실은 그렇지 않다. 에스트로겐 농도의 '급격한 하락'은 우울한 기분과 관련이 있지만 '지속적으로 낮은' 농도는 대개 관련이 없다.

반응에 불을 붙이는 데 조력하기도 한다. 인간뿐만 아니라 모든 영장류의 경우 여성이 남성보다 불안을 더 쉽게 느낀다. 이 사실은 스트레스 반응을 촉진하는 데 있어서 에스트로겐을 비롯한 여성 호르몬들이 하는 역할과 일관된다.

한편, 테스토스테론은 행복감과 고도의 활기와 강력하게 연결되어 있다. 즉, 이 남성 생식 호르몬은 자연적으로 기분을 북돋아주는 물질인 셈이다. 테스토스테론은 불안감을 억제해주고* 스트레스에 대한 자각을 무디게 해주기도 한다. 따라서 남성이 테스토스테론 농도가 가장 높은 청소년기와 성인기에 여성보다 우울증에 덜 취약한 것은 아마도 우연이 아닐 것이다.**

생활방식_ 제1장에서 살펴봤듯이, 규칙적으로 운동을 하는 사람들은 TV 앞에만 앉아 있는 사람들보다 우울증 발병 위험이 훨씬 낮다. 운동은 어떤 약에도 뒤지지 않을 만큼 강력하게 뇌를 변화시켜주며, 스트레스 반응에 급제동을 걸도록 도와준다. 다른 생활방식 요소들에서도 비슷한 효과가 나타난다. 생선을 비롯한 오메가-3 지방산 공급원을 많이 먹는 사람들은 우울증에 대한 취약성이 상당히 낮아진다. 매일 자연 일광을 많이 받는 사람들과 매일 밤 적당한 수면을 취하는 사람들도 마찬가지

---

*테스토스테론 농도가 높은 남성들이 어리석고 위험한 행동에 뛰어들 가능성이 높은 것도 이 때문이라 볼 수 있다.
**남성은 테스토스테론을 여성의 40배까지 생산한다. 하지만 여성의 몸이 이 호르몬에 더 민감하다. 남성의 테스토스테론 농도는 청소년기 후반에 최고치에 이르렀다가 3~40대가 되면서 서서히 감소한다. 그 후 대다수 남성의 테스토스테론 농도 감소 속도는 상당히 빨라진다.

다. 이 네 가지 생활방식 요소들은 앞서 말한 요소들과 더불어 생활개선 요법 프로그램의 핵심을 이루고 있다. 이런 생활개선을 통해 우리는 고대 환경에 존재하고 있던 핵심적인 보호 요소들을 되찾을 수 있다.

● 우울증 극복의 가장 큰 어려움

심리학계에는 이런 격언이 있다. *미래의 행동을 예측해주는 가장 뛰어난 예언자는 과거의 행동이다.* 우울증의 경우 이 격언이 특히 잘 들어맞는다. 미국인들 가운데서 우울증이 발병할 위험은 현재 약 25%로 나타나지만, 이전에 우울증을 겪은 사람들 가운데서는 발병 위험이 50%를 훌쩍 넘는다. 그리고 우울증을 세 번 겪고 나면 재발 위험이 무려 90%까지 올라간다. 그러므로 미래의 우울증을 가장 잘 예측해줄 수 있는 예언자는 확실히 과거의 우울증이다.

하지만 어째서 그런 것일까? 안타깝게도, 우울증은 뇌에 치명적인 각인을 남길 수 있다는 사실을 뒷받침하는 근거가 있다. 우울증은 (뇌의 스트레스 반응 체계를 포함한) 우리의 신경 회로에 자신의 길을 새겨둠으로써, 우리의 뇌가 장래에 또 한 번의 우울증에 훨씬 쉽게 빠지도록 만들 수 있다. 첫 번째 우울증은 일반적으로 매우 강도 높은 스트레스를 받아야 발병하는데 그 후에는 때때로 갑자기 재발하기도 하는 이유가 아마도 이 때문일 것이다. 뇌가 일단 우울증 모드로 작동하는 법을 익히면 그 다음부터는 훨씬 약한 자극만 가해져도 같은 모드로 작동할 수 있는 것처럼 보인다.

그러나 다행히 우리는 우울증이 입히는 손상을 치유할 수 있다. 몇 달에 걸친 완전 회복을 통해, 뇌에 새겨진 치명적인 각인의 대부분을 지울 수 있다.* 앞으로 이 책에서는 이런 치유 과정을 촉진시키기 위해 할 수 있는 많은 일들을 소개할 것이다.

그러나 그 전에 우울증 재발률이 그토록 높은 가장 중요한 이유를 짚어 볼 필요가 있다. 우리의 위험 요인들은 시간이 흘러도 변하지 않는 경향이 있다. 예컨대 일부의 경우**를 제외하고 우리의 유전자와 성별은 변하지 않는다. 그리고 행동이 빠르게 변할 수 있다고 생각할지 모르지만, 사실 대부분의 사람들은 놀라울 정도로 행동이 한결같다. 오늘 운동을 하지 않는 사람은 아마 내일도 가만히 앉아 있을 것이다(다음 주에도, 다음 달에도, 내년에도, 내후년에도 계속 그럴 것이다). 반추를 자주 하는 사람들, 만성적으로 잠이 부족한 사람들, 인간관계에 노력을 쏟지 못하는 사람들, 오메가-3 지방산을 너무 적게 먹는 사람들도 마찬가지다. 강도 높은 동기 부여와 약속(그리고 작은 외부의 도움***)이 없으면 우리들 대부분은 의도가 그렇지 않더라도 그저 똑같은 쓸모없는 행동 패턴을 계속 반복하게 된다.

지난 몇 년 동안 내가 만난 우울증 환자들 중에는, 생활방식을 바꿔야 한다는 사실은 알고 있지만 어떻게 해야 하는지를 스스로 알지 못하는

---

*엄밀히 말하자면, 뇌에 새겨진 치명적인 각인은 지워진다기보다 덮어씌워진다고 할 수 있다.
**성 전환수술, 환경적 요인으로 인한 유전자 활성도 변화, 방사선으로 인한 유전적 돌연변이 등.
***치료전문가나 개인 트레이너, 혹은 "인생 상담 코치"를 고용하는 경우가 여기에 해당된다.

사람들이 많았다. 그 과정을 돕는 일(그리고 그들이 지속적인 건강을 다시 찾아가는 모습을 지켜보는 일)은 내 인생에서 가장 만족스럽고 기쁜 경험 중 하나였다.

유전자나 성별, 부모, 혹은 근원적인 뇌 화학 반응을 선택할 수 있는 사람은 아무도 없다. 그러나 삶이 우리에게 무엇을 주었든, '오늘 우리가 하는 일'이 바로 지금 그리고 앞으로도 계속 우리의 취약성을 크게 낮춰 줄 수 있다는 증거가 아주 많다. 이 책을 읽는 동안 독자들이 먼 과거의 보호적인 생활방식 요소들을 되찾는 데 필요한 촉매를 만나게 되기를 기원한다.

03
Treating Depression: The State of the Art (and Science)
현재까지의 우울증 치료법

가장 효과적인 우울증 치료법은 무엇일까? 내가 이상심리학 수업에서 학생들에게 이 질문을 던졌을 때 학생들은 어리둥절한 표정으로 나를 바라보았다. 학생들에게 이 질문을 할 때면 언제나 그렇다. 혼란스러운 눈빛이 보이고 열심히 머리를 굴리는 소리가 들린다. '뭔가 속임수가 있는 질문인가? 답은 "항우울제"여야 하겠지만, 그렇게 당연한 걸 굳이 왜 물으시지? 분명 함정이 있을 거야.'

내가 다시 한 번 같은 질문을 하자 마침내 강의실 뒤쪽에 앉은 한 사려 깊은 청년이 외쳤다. "일라디 박사님, 답은 분명 어떤 약일 거라고 생각되는데요, 그렇다면 '어느' 약이 가장 효과적인지를 물으시는 건가요?"

나는 고개를 저으며 미소를 지은 후, 앞줄에서 손을 들고 있는 4학년 학생에게 손짓했다.

그녀는 이렇게 말했다. "약이 대개 우울증을 치료해주기는 하지만, 제가 아는 어떤 여학생은 부작용 때문에 약 복용을 중단해야 했어요. 그러니까 때로는 약이 최선의 치료법이 아닐 수 있다는 말씀이죠?"

"부작용에 대한 중요한 지적이었어요." 나는 그녀의 말에 동의했다. "부작용에 대해서는 나중에 반드시 짚어 봐야겠지만, 그보다 지금은 학생이 처음에 한 말에 관심이 가네요. '약이 대개 우울증을 치료해준다'고 했죠?" 나는 강의실을 가득 채우고 있는 3백 명의 학생들을 둘러보며 물었다. "다른 학생들도 그렇게 생각하나요? 여기서 항우울제가 대개 우울증을 치료해준다고 생각하는 사람이 얼마나 되죠?" 강의실 안에 있는 거의 모든 학생들이 손을 들었다. 다른 수업에서도 학생들은 늘 비슷한 반응을 보인다.

● 항우울제는 과연 얼마나 효과적인가

항우울제 복용이 우울증의 강력한 치료법이라는 전제는 현재 거의 모든 사람들이 받아들이고 있다. 끊임없이 쏟아져 나오는 TV 광고나 공익 광고 때문만은 아니다. 우리들 대부분은 실제로 이런 약의 도움을 받은 사람들을 알고 있다. 예전에는 심리 요법으로 우울증을 치료했던 임상의들도 이제는 약물 치료를 이용하고 있다. 최근에 한 유명한 심리 치료 전문가는, 자신이 치료하는 모든 우울증 환자들에게 약 복용을 권하지 않는다면 비윤리적인 행동이 될 것이라고 말했다.

게다가 매년 미국에서 1억 5천만 장이 넘는 항우울제 처방전이 작성되는 것을 보면(1990년 이후로 400% 증가했다), 이 약들이 적어도 어느 정도 도움이 된다는 사실은 분명해 보인다. 그렇지 않았다면 사람들은 오래전에 약 복용을 그만뒀을 것이다.

그런데 이런 약들이 주는 도움은 과연 얼마나 클까? 항우울제를 복용하는 모든 우울증 환자들 중에 완전하고 지속적인 회복을 얻는 환자는 얼마나 될까? 그 비율은 놀라울 정도로 낮다고 밝혀졌다. 내가 이 문제를 다룬 수많은 연구서들을 다 읽기 전에 예상했던 것보다 훨씬 낮았다.

일례로, 대중적인 3가지 항우울제(졸로프트, 팍실Paxil, 프로작) 중 하나를 복용하는 우울증 환자 수백 명을 관찰한 연구가 2004년에 있었다. 처방대로 약을 복용한 환자들 중 6개월의 치료기간이 지난 후 우울증에서 벗어난 사람은 23%에 불과했다(물론 약을 복용하지 않은 환자들은 이보다 더 결과가 나빴다). 그리고 3가지 약 모두 대체로 비슷하게 암울한 결과를 보였다.

우연이라고 생각할 수도 있겠지만 사실 이런 결과는 매우 일반적이다. 비슷한 여러 연구에서 항우울제를 통한 회복률은 대개 20~35% 사이였다. 최근 전미 41개 치료 현장의 임상 연구자들이 항우울제에 관한 최대 규모의 연구를 완료했는데, 결과는 전반적으로 같은 패턴을 보였다. 국립정신건강협회National Institutes of Mental Health가 후원한 이 수백만 달러짜리 프로젝트에서 연구자들은 (셀렉사Celexa라는 상품명으로 판매되는) 세로토닌 재흡수 억제제citalopram를 복용한 우울증 환자 약 3천 명을 약 12주 동안 관찰했다. 이 단기 치료기간이 끝날 무렵 완전히 회복된 환자는 28%에 불과했다.

심지어 이 28%의 반응률이라는 연구 결과는 약의 실제 효과가 과대평가된 것일 수도 있다. 이런 실험에서는 환자들이 실생활에서보다 더 많은 양의 약을 복용하고 더 자주 의사의 진료를 받기 때문이다. (실생활에서 보험회사들은 "약효 점검"을 위한 재진료 횟수를 엄격히 제한하고 있다.)

놀랍게도, 이 연구를 진행한 최고의 임상 연구자들은 28%의 회복률이 여러 비슷한 연구들을 바탕으로 예상했던 결과와 거의 일치한다고 말했다. 그들은 연구에 참여한 환자들 대다수가 항우울제 복용을 통해 회복되지 않았다는 사실에 전혀 놀라지 않은 것이다. 연구 결과가 발표된 기사에서 연구자들은 다음과 같은 도발적인 의문을 제기하기도 했다. 환자들에게 만약 가짜 약(플라시보)을 복용하게 했다면 과연 얼마나 많은 환자들이 회복되었을까? 어쩌면 28%에 가까운 결과가 나왔을까?

항우울제는 가짜 약보다 효과적인가?

우울증과 같은 심각한 병을 앓는 사람이 단지 가짜 약을 먹는 것만으로 나아질 수 있다는 이야기는 믿기 힘들다. 그러나 우울증 환자들에게서 플라시보 반응이 나타나는 비율은 결코 낮지 않다. 실제로 미국 식품의약국(FDA)은 제약회사들이 플라시보보다 더 나은 효과를 강력하게 입증하지 못하는 한 새로운 우울증 치료제의 판매를 허가하지 않는다.

기준이 터무니없이 약한 것처럼 들리겠지만 그렇지 않다. 최근 코네티컷대학교University of Connecticut의 임상 연구자 어빙 커쉬Irving Kirsch는 FDA

에 13년 동안(1987~1999) 제출된 졸로프트, 이펙사, 프로작, 셀렉사, 팍실, 설존 등 6가지 대중적인 항우울제에 관한 모든 제약회사 연구 결과를 요청했다. 놀랍게도 이 연구들 중 56%에서, 항우울제를 복용한 우울증 환자들은 플라시보를 복용한 환자들 이상의 호전을 보이지 않았다. 당연히 제약회사들은 이 연구 결과들을 대부분 발표하지 않았다.

커쉬가 FDA의 항우울제 연구 결과들을 종합해서 분석해 보니, 항우울제들이 플라시보보다 (아주 조금 더) 효과적이라는 증거를 발견할 수 있었다. 종합적으로 볼 때 플라시보 효과는 항우울제 효과의 80%였다(이 차이는 이 연구자들이 설정한 50점-우울증 평가척도에서 2점 차이에 해당했다). 커쉬는 이 차이가 "매우 근소한 차이이며, 임상적으로 중요하다고 보기 어려운 차이"라고 말했다. 그리고 이런 충격적인 결과를 도출한 연구자는 한 명이 아니었다. 다른 여러 연구자들도 독자적으로 FDA 데이터베이스를 분석했고 기본적으로 동일한 결론을 내렸다.

이런 결과를 우리는 어떻게 받아들여야 할까? 항우울제는 단지 위험한 부작용을 일으킬 수 있는 플라시보일까? 그렇게 과감한 결론을 내리기 전에 고려해야 할 중요한 사실이 있다. '극심한' 우울증 환자들(증상이 너무 심해서 전혀 활동을 할 수 없는 사람들)에게는 항우울제가 플라시보보다 훨씬 효과적인 것으로 나타났다. 극심한 우울증 환자들 대부분이 항우울제 복용으로 완전히 회복되는 것은 아니지만, 적어도 절반 정도는 1~2개월 사이에 의미 있는 호전을 보인다. 이에 반해, 심한 우울증 환자가 가짜약을 복용해서 호전되는 경우는 거의 없다.

그러나 우울증이라고 진단되는 사람들 대다수는 그렇게까지 심각한 장애를 겪지는 않는다. 그들은 (어느 정도 어려움은 있지만) 여전히 일을 할 수 있고 가족이나 친구들과 대화를 주고받을 수도 있다. 이렇게 덜 심각한 우울증 환자들에게서는 항우울제와 플라시보가 거의 비슷한 효과를 보인다. 다시 말해, 항우울제를 복용하는 환자들 대부분이 가짜 약을 복용할 때 얻을 수 있는 것보다 더 큰 효과를 얻지 못하고 있는 셈이다.

그런데 의사가 가짜 약을 가짜 약이라고 표시해서 주기 시작하면 환자들은 거의 호전되지 않는다. 어째서일까? 플라시보 효과가 발휘되기 위해서는 중요한 전제조건이 충족되어야 하기 때문이다. 약을 먹는 사람이 그 약을 유효한 약이라고 믿고 있어야 한다. 도움이 될 것이라는 믿음이 있어야 한다. 그래야만 가짜 약은 치유의 기적을 일으킨다. 플라시보가 유발하는 긍정적인 기대감은 뇌에 강력한 영향을 주어, 우울증으로 활동이 둔해진 전두피질의 회로들을 활성화시킨다. 이런 뇌 기능 변화는 때때로 우울증 증상들을 크게 감소시킬 수 있다.

하지만 만약 의사가 예컨대 "졸로프트"라고 적혀 있는 가짜 약을 주어 환자들을 속인다면 이것은 비윤리적인 행동일 것이다. 그렇기 때문에 실생활에서는 우울증 치료제로 플라시보를 복용하는 경우가 없다. 환자들이 무작위로 항우울제를 받거나 가짜 약을 받는 데 동의할 수 있는 연구에서만 우울증 환자들이 플라시보를 복용하게 된다. 놀랍게도, 연구에 참여하는 환자들은 대부분 자신이 유효한 약을 복용하고 있다고 믿는다. 그렇기 때문에 이런 상황에서는 플라시보가 항우울제와 거의 비슷한 효과를 보일 수 있는 것이다.

그러나 플라시보도 항우울제도 특별히 효과가 뛰어나지는 않다는 점을 명심해야 한다. 앞서 말했듯이, 항우울제는 그 약을 복용하는 우울증 환자들 중 약 25%에게만 단기적으로 완전한 회복을 가져다준다. 또 다른 25% 정도는 2개월 사이에 상당한 호전을 경험하지만 어떤 증상들은 여전히 계속된다. 그리고 모든 우울증 환자들 중 절반 정도는 약 복용을 통해 상태가 크게 호전되지 않는다. 이 수치는 모든 주요 항우울제들의 경우에 거의 동일하게 나타난다. 어떤 특정 항우울제가 다른 항우울제보다 훨씬 효과적이라는 확실한 증거는 어디에도 없다.

항우울제가 단기적으로 효과적인 경우에도 그 치료 효과가 늘 지속되는 것은 아니다. 시간이 흐름에 따라 약효는 정지될 수 있다. 나는 이 현상을 직접 경험한 많은 환자들을 만났다. 그들은 대개 이런 일이 거의 갑자기 일어났다고 말했다. 전형적인 예를 들자면, 그들은 몇 달 동안(혹은 몇 년 동안) 성실하게 약을 복용하다가 어느 날 아침 갑자기 옛 증상들이 그대로 다시 돌아왔음을 느낀다. 계기가 되었을 만한 사건을 떠올리지 못하는 경우도 많다. 가장 믿을 만한 연구 결과에 따르면, 항우울제에 순조롭게 반응하는 환자들 중 많게는 50%까지도 어느 시점에 다시 우울증 증상을 겪게 된다. 게다가 우선 우울증 환자들 대부분이 약 복용으로 완전히 회복되지 못하기 때문에, 항우울제 복용으로 회복과 유지를 둘 다 얻을 수 있는 행운아는 4분의 1에도 훨씬 못 미친다는 사실을 알 수 있다.

심각한 비율이다. 내가 이 문제를 이야기하면 사람들은 나를 "약물치료 반대자"라고 생각한다. 하지만 그렇지 않다. 나는 항우울제들이 때때로 가져다주는 경감 효과를 매우 고맙게 생각하고 있다. 다만 그 약들이

어마어마한 광고에 부응하기를 바랄 뿐이다. 항우울제가 우울증이라는 무서운 병의 진정한 치유를 보장해준다면, 약을 먹는 사람들 대다수가 지속적인 회복을 얻을 수 있다면, 얼마나 좋겠는가. 그러나 실제로는 그렇지 않다. 그리고 나는 사실을 직시하는 일이 중요하다고 믿는다. 다른 치료법을 선택할 수 있을 때는 특히 그렇다.

부작용

항우울제에는 또 하나의 잠재적인 단점이 있다. 부작용 때문에 약 복용을 중단하게 되는 사람이 많다는 것이다. 최근의 한 연구에 따르면 환자들은 보통 8주 만에 처방약에서 손을 뗀다. 그리고 물론 약 복용을 중단하면 지속적인 효과를 얻을 가능성은 훨씬 더 낮아진다.

항우울제의 주된 부작용은 어떤 것들이고 얼마나 자주 나타날까? 약마다 조금씩 차이는 있겠지만, 많은 부정적 효과들이 항우울제 전반에 걸쳐 적용된다. 여기서는 가장 중요한 부작용들을 짚어 보려 한다.

자살 경향 _ 항우울제 사용의 잠재적인 단점들 가운데 가장 문제가 되는 것은, 어린이나 청소년이 복용할 경우 자살을 생각하거나 행동에 옮길 수 있다는 점이다. (우울증을 퇴치하기 위해 만들어진 약은 말할 것도 없거니와) 약이 이렇게 무시무시한 효과를 불러올 수 있다는 사실은 믿기 어렵다. 하지만 최근 몇 년 동안 축적된 자료들을 볼 때, 항우울제가 이 연령대에서 자살 경향을 증가시킬 위험이 있다는 사실은 분명하다. 이 사실을 뒷받침하는 증거가 너무 강력하기 때문에 현재 FDA는 모든 항우울제에 "복약 주의black box" 경고문을 반드시 표기하게 하고 있다.

2004년에 발표된 이 경고문은 (대중의 강한 압력으로) FDA의 연구자들이 4천 4백 명의 청소년과 어린이를 대상으로 한 항우울제 연구 자료들을 면밀히 조사한 후 발표한 것이다. 놀랍게도, 항우울제를 복용하는 청소년은 플라시보를 복용하는 청소년에 비해 자살을 생각하거나 실행할 가능성이 두 배나 높은 것으로 나타났다. 자살 위험은 치료 초기 몇 주 동안 특히 높게 나타나기 때문에 일반적으로 이 시기에는 세심한 관찰이 권고된다.

전체적으로 보면 항우울제가 자살 경향을 증가시킬 위험은 비교적 적은 것처럼 보이지만(FDA 자료에 따르면 4%의 청소년들에게 영향을 미친다), 잠재적으로는 엄청난 결과를 초래할 수 있기 때문에 이 문제를 결코 가볍게 생각해서는 안 된다. 자살을 생각하거나 실행하게 만들 위험이 4%나 되는 항생제를 자녀에게 줄 부모가 몇이나 될까? 아마 대다수는 다른 실행 가능한 치료법을 열심히 찾을 것이다.

그리고 항우울제 사용으로 높아지는 자살 경향의 위협을 받는 사람들은 어린이와 청소년뿐만이 아니다. 좀 더 최근에 FDA는 많게는 25세까지 해당하는 청장년층에서도 위험도가 상당히 높아진다고 분석했다.*

감정 둔화_ 약 복용으로 인해 생길 수 있는 훨씬 더 흔한 부작용은 감정의 둔화이다. 즉, 긍정적인 감정과 부정적인 감정 모두 강도가 약해지

---

*흥미롭게도, 25세가 넘는 성인들에게서는 이런 위험이 관찰되지 않는다. 이런 차이가 나타나는 원인은 밝혀지지 않았다.

는 것이다. 이런 현상이 널리 알려지지는 않았지만, 항우울제를 복용하는 대부분의 사람들이 이런 부작용을 겪을 수 있다는 증거가 있다. 처음 약을 먹기 시작한 사람에게 이런 감정의 둔화는 반가운 일일 수 있다. 우울증의 고통이 줄어들기 때문이다. 그러나 많은 사람들이 나중에는 기쁨이나 흥분, 낭만적인 사랑 등의 긍정적인 감정을 예전만큼 느끼지 못하고 있음을 깨닫게 된다.

흥미롭게도, 어떤 환자들은 이렇게 감정이 둔화되어도 그 사실을 의식하지 못한다. 감정의 둔화는 아주 서서히 진행되기 때문에 그저 "새로운 정상 상태"가 되어 버린다. 작년에 내 환자 중 한 명은 이펙사 복용을 점점 줄여 마침내 중단하고 나서 이렇게 말했다. "다시 감정을 느낄 수 있다는 게 너무 놀라워요. 그런데 약을 끊기 전에는 어떻게 내가 둔감해져 있다는 걸 전혀 몰랐을까요?" 모순되게 들리겠지만 답은 이렇다. 감정의 둔화는 그 감정의 둔화를 알아챌 수 있는 능력을 약화시키기 때문이다.

성 기능 장애_ 가장 일반적으로 처방되는 몇 가지 항우울제는 SSRI(선택적 세로토닌 재흡수 억제제 selective serotonin reuptake inhibitor)라는 분류에 속한다. 졸로프트, 렉사프로, 셀렉사, 프로작, 팍실도 여기에 포함된다. 이 약들은 모두 뇌 속의 화학적 전달자인 세로토닌의 기능에 영향을 준다.

세로토닌 회로들은 뇌의 쾌락중추 조절을 돕기 때문에, SSRI를 복용하는 많은 사람들이 성 생활과 관련된 부작용을 경험한다. 이런 부작용은 대개 성적인 쾌락이나 욕구가 줄어드는 형태로 나타난다. 오르가즘에 도달하지 못하게 되는 사람도 있고, 성욕뿐만 아니라 낭만적인 감정들이 모두 무뎌지는 사람도 있다.

이런 문제들이 단지 SSRI를 복용하는 사람들에게만 일어나는 것은 아니다. 이펙사, 설존, 심발타Cymbalta 등 뇌의 세로토닌 이용에 영향을 주는 다른 약들을 복용하는 경우에도 마찬가지다.

체중 증가_ 언론에서는 잘 보도되지 않지만, 체중 증가는 대부분의 항우울제가 일으킬 수 있는 부작용이다. 장기적으로 복용하면 특히 그렇다. 많은 미국인들이 그렇듯 미국의 많은 우울증 환자들이 이미 이상적인 체중을 넘어서 있기 때문에, 체중이 늘어난다는 것은 언제든 반갑지 않은 일이다.

불면증_ 대부분의 SSRI와 그 외의 비슷한 약들은 일부 환자들에게 불면증을 유발할 가능성이 있다. 이런 약들은 때때로 우리가 자고 있을 때 신체를 활발히 활동하게 한다(주기적으로 팔다리를 움직이거나 이를 갈기도 한다). 때문에 우리는 여러 번 잠에서 깰 수 있다. 그리고 결과적인 수면 부족 때문에 다른 우울증 증상들이 악화될 수 있다.

이보다 더 좋을 순 없다?

강박장애에 관한 유명한 영화에서 잭 니콜슨Jack Nicholson(멜빈 유달 역)은 같은 처지에 있는(약을 먹고 있지만 여전히 정신질환의 고통을 겪고 있는) 환자들에게 이렇게 묻는다. "이보다 더 좋아질 수 없다면 어떻게 하겠나?" 가슴 아픈 질문이지만, 중요한 질문이기도 하다. 앞서 살펴보았듯이, 항우울제는 우울증 치료에 가장 일반적으로 사용되는 수단이지만 일부 환자들에게만 완전하고 지속적인 회복을 가져다준다. 그리고 이 보장되지 않은 혜택을 위해 여러 가지 잠재적 부작용이라는 큰 대가를 감수해야 한다. 부작용 중에는 단순히 성가신 것도 있지만(체중 증가), 충격적인 것도 있고(성 기능 장애), 무시무시한 것도 있다(자살 경향 증가).

하지만 거의 모든 사람들이 항우울제 복용을 최선의 치료법이라 여기고 있다. 정말 더 나은 방법이 없기 때문일까? 항우울제의 효과가 실망스러울 수 있어도 현재로서는 최선의 치료법일까? 어쨌거나 다른 방법들(전통적인 심리요법이나 전기충격요법)보다는 낫지 않은가?

● 치료는 소파에서만 이루어지는 게 아니다

1세기 전에 심리요법을 세상에 널리 알린 지그문트 프로이트Sigmund Freud는 자신의 우울증 치료 능력을 결코 낙관하지 않았다. 그는 우울증을 치료하기 위해서는 몇 년 동안 환자가 심리치료용 소파에 누워 어린 시절의 깊고 어둡고 잊혀진 고통들을 캐내야만 한다고 생각했다. 또한 프로이트는 환자들이 이런 고통스러운 심리적 발굴 작업을 최소한 일주일에 4번씩 계속해야 한다고 말했다.

왜 이렇게 과격한 수단이 필요했던 걸까? 프로이트는 우울증을 현실과의 단절, 즉 일종의 '정신이상'이라고 보았다. 현재는 우울증을 이런 식으로 생각하는 사람이 거의 없다. 사실이 아니기 때문이다. 우울증을 겪는 사람들은 여전히 현실과 연결되어 있다. 그리고 대다수는 깊고 어둡고 고통스러운 어린 시절의 비밀도 가지고 있지 않다. 그런 비밀을 가지고 있다 하더라도, 우울증으로 괴로워하고 있는 상황에 그런 고통스러운 일들을 계속 곱씹으면 증상은 악화될 뿐 결코 나아지지 않는다. 하지만 회복되고 난 후에는, 과거의 상처들을 세심하게 살피고 그 상처들이 현재에 어떤 영향을 주고 있는지 점검해 보는 일도 때로는 도움이 될 수 있다. 이 주제에 관해서는 제11장에서 다루도록 하겠다.

간단히 말해서 프로이트 식의 우울증 치료는 특별한 효과가 없다. 단기적으로는 오히려 환자들의 기분을 악화시키는 경우가 많다. 그러나 프로이트가 남긴 눈부신 유산 때문에, 그리고 그가 심리치료에 대한 대중의 인식에 계속 미치고 있는 영향 때문에, 많은 사람들은 모든 우울증 치료법이 프로이트의 치료법처럼 효과가 없을 것이라고 생각한다. 하지만 실제로는 그렇지 않다.

인식의 혁명

1960년대 초에 젊고 유능한 정신과 의사 아론 벡Aaron Beck은 프로이트의 이론에 도전장을 내밀었다. 그리고 그 과정에서 그는 심리치료에 대한 학계의 인식을 완전히 뒤집었다.

벡은 자신이 진료하는 우울증 환자들 대부분이 프로이트가 말한 깊고 억눌린 어린 시절의 정신적 상처를 갖고 있지 않다는 사실을 깨달았다. 오히려 그들은 현재의 속상한 일들을 생각하며 많은 시간을 보냈다. 그들은 부정적인 생각을 곱씹는(반추하는) 경향이 있었다. 그들의 부정적인 생각은 주변 세상에 대한 극히 비관적인 해석을 반영하고 있는 것처럼 보일 때가 많았다.

벡도 이야기했지만, 아무런 해가 없는 사건도 부정적인 생각들을 불러일으킬 수 있다. 일례로 작년에 내가 진료했던 환자 한 명은 식료품점에서 계산원이 앞에 있는 손님에게 따뜻하게 미소 짓는 모습을 보고 이런 생각을 하기 시작했다. "사람들은 왜 내게는 저런 미소를 짓지 않을까? 저 계산원은 분명 지난번에 내가 여기에 왔을 때는 내게 저런 미소를 보이지 않았는데. 아마 그녀는 내게 뭔가 문제가 있다는 사실을 알고 있는 걸 거야. 나를 싫어하는 게 분명해. 아무도 날 좋아하지 않아."

벡은 이런 부정적인 생각들이 사람들을 더욱 우울하게 만든다고 확신했다. 그래서 그는 환자들에게 어떤 시도를 해 보도록 권하기로 했다. 그는 환자들에게 그들의 생각을 글로 적고 그 글을 객관적인 눈으로 읽어 보라고 했다. 환자들은 자신의 부정적인 해석이 과연 옳은 것인지 재고하고 그런 해석 대신 덜 치우친 생각을 적어 넣기 시작했다. '인지치료cognitive therapy'라는 이 새로운 치료 방식을 통해 일부 환자들은 상당히 빠르게, 대개 몇 주 만에, 기분이 나아지기 시작했다. 그래서 벡은 치료가 수년 간 혹은 수십 년 간 계속되어야 한다는 프로이트의 견해를 무시하기로 했다. 인지치료의 전체 과정을 마치는 데는 3~4개월 밖에 걸리지 않는다는 것이 벡의 견해였다.

벡은 이 새로운 치료 방식을 단지 개발하기만 한 것이 아니라, 그 효과를 입증하기 위해 철두철미한 연구를 시작했다. 또한 그는 다른 사람들에게도 같은 작업을 적극 권장했다. 지난 30년 간 인지치료는 수십 번의 치밀한 연구를 통해 평가되었다. 현재 이 방식은 역사상 가장 철저하게 연구된 심리치료 방식이다. 연구에서 입증된 기본적인 내용은 다음과 같다. 인지치료는 단기적으로 약 복용 못지않게 효과적이다. 이 치료를 시작한 환자들 중 30~40%가 완전히 회복되었고(다시 말해, 증상이 완전히 사라졌고), 또 다른 약 25%는 증상이 상당히 줄었다.

엄청난 효과는 아니지만 그래도 항우울제의 효과보다는 낫다. 또 인지치료는 약 복용에 비해 두 가지 큰 장점이 있다. 유해한 부작용이 없고, 치료 효과는 대개 치료가 끝난 후 수년 간 지속된다.

이렇게 중요한 우위에도 불구하고, 인지치료를 시도하는 우울증 환자의 비율은 매우 낮다. 대다수는 인지치료에 관해 들어 보지도 못한다. 어째서일까? 대중에게 심리치료를 알리는 데 쓸 막대한 마케팅 예산이 없기 때문이다. 보험 회사들과 보건 기관들조차도 환자들이 단기적으로 인지치료보다 저렴한 약물치료를 택하도록 유도하는 경우가 많다(그러나 장기적으로 보면 결코 약물치료가 더 저렴하지는 않다).

생각의 변화가 가장 중요할까?

앞서 살펴보았듯이, 인지치료를 시도하는 많은 우울증 환자들이 (항우울제를 복용하는 많은 환자들과 마찬가지로) 큰 호전을 경험하지 못한다. 그러나 최근 수년 간 임상 연구자들은 치료 효과를 더욱 높일 수 있는 방법들을 모색해왔다. 그리고 워싱턴대학교University of Washington의 임상 연구팀이 그 방법을 찾아낸 것으로 보인다. 놀랍게도 그들은 인지치료의 작은 요소 하나를 전체적인 치료 프로그램으로 확장함으로써 이런 성과를 이뤄냈다.

벡은 우울증 환자들이 부정적인 생각을 멈추도록 돕는 일이 중요하다고 믿기도 했지만, "우리가 하는 행동"이 우리의 기분을 좌우할 때가 많다는 사실도 알고 있었다. 늘 실용주의자였던 벡은 우울증 증상을 줄이기 위한 행동 변화 전략들까지 간략하게 작성해 두었다. 그러나 이 행동전략들은 인지치료의 중점이 아니었다(적어도 워싱턴대학교의 닐 제이콥슨 Neil Jacobson 박사와 그의 연구팀이 사람들의 행동을 변화시킴으로써 얼마나 큰 치료적 이득을 얻을 수 있을지 알아보기로 하기 전까지는).

제이콥슨은 이런 의문을 제기했다. 우울증 환자들이 생각의 변화를 위한 노력을 그만두고 그 대신 다시 활동하는 것을 목표로 노력한다면 어떻게 될까? 치료 전문가들이 환자들을 더 활발하고 바쁘게 움직이도록 (밖에 나가서 사람들을 만나고 놀고 무언가를 성취하도록) 돕는다면 환자들은 얼마나 호전될까? 정답은 "크게 호전된다"였다. 최근의 연구에서 제이콥슨의 '행동 활성화 behavioral activation' 접근법은 항우울제 복용이나 기존의 인지치료보다 효과적이었다. 심한 우울증 환자들 중 무려 56%가 행동 활성화를 통해 회복되었다. 이에 반해 인지치료로 회복된 환자는 36%, 항우울제(곽실) 복용으로 회복된 환자는 23%에 불과했다. 지금까지 발표된 직접 비교 연구에서 전통적인 심리치료 중 그 어떤 것도 항우울제 복용보다 나은 효과를 보인 적이 없었다.

행동 활성화는 부정적인 생각을 멈추도록 도와주기도 한다. 환자들에게 부정적인 생각을 변화시키라고(즉, 좀 더 긍정적으로 생각하라고) 요구하는 것이 아니다. 환자들은 생각을 전환하는 것이 아니라, 보람 있는 활동을 함으로써 반추라는 유해한 과정을 차단하는 법을 배우는 것이다. 이 전략은 놀라울 정도로 효과가 좋다. 최근 발표된 연구 결과들을 보자면, 반추 차단 활동은 아마도 현재까지 고안된 심리치료 기술 중 가장 효과적일 것이다.

실생활에서의 심리치료

의과대학에서 교육을 받는 동안 학생들은 모든 치료 결정을 관련 연구 논문의 최신 지식에 근거해서 내리라고 배우며, 대개는 이런 과학적 의식을 의사 생활 내내 지니고 일한다. 따라서 내과의사들이 예컨대 관상동맥이 막힌 환자를 만나게 되면 자동적으로 과학적인 정보에 입각한 질문들을 만들어내기 시작한다. 쓸 수 있는 치료법은 어떤 것들이 있나? 막힌 위치와 정도를 볼 때 어느 치료법(혈관우회로술, 혈관성형술, 약물치료 등등)이 '이' 환자에게 가장 효과적일 가능성이 높은가? 논문에는 뭐라고 쓰여 있었나?

우리는 의사가 당연히 최선의 과학적 근거에 따라 결정을 내릴 것이라 믿고 있으며, 만약 최신 연구 결과를 무시하거나 잊고 있는 의사를 보게 된다면 충격을 받을 것이다. 심리치료 전문가들의 경우도 다를 게 없다. 결국 그들도 목숨을 위태롭게 하는 상황들(거식증이나 약물 남용이나 우울증 등)을 다루기 때문이다. 그렇다면 심리치료 전문가들도 내과의사들처럼 연구를 통해 얻은 가장 타당한 근거를 바탕으로 치료 결정을 내리도록 교육 받지 않을까? 안타깝게도 대다수가 그렇지 않다.

문제의 근원은 1세기 전에 심리치료를 시행한 지그문트 프로이트의 지속적인 영향력에 있다. 신경학 연구자로서 최상의 과학적 교육을 받았음에도 프로이트는 자신이 개발한 심리치료 기술의 효과를 과학적으로 치밀하게 연구해야 할 필요성을 느끼지 못했다. 프로이트는 자신의 치료법이 효과적이라고 확신했고, 세상 사람들로 하여금 자신의 일화나 몇몇 발표된 사례 연구에서 "근거"를 찾게 했다. 훗날 역사가들은 그 중 일부가 꾸며진 것이라고 밝혔다. 프로이트의 추종자들도 그의 심리치료 방식을 과학적으로 철저하게 검토하기보다는, 그의 치료 방식이 효과적이라는 사실을 신념처럼 받아들이게 되었다. 그리고 1세기가 넘도록 프로이트의 유산은 그대로 남아 있다. 여전히 많은 심리치료 전문가들이 충분한 과학적 연구를 바탕으로 임상 진료를 하지 못하고 있다.

수십 년 동안 수정 작업과 창조적인 혁신이 계속된 결과, 현재 임상의들은 4백 가지가 넘는 심리치료 방식을 행하고 있다(매년 수십 가지의 이른바 새로운 기술이 등장하고 있다). 이런 치료법들 대다수가 과학적으로 검증되지 않았다. 우울증을 치료할 때조차도 많은 치료 전문가들이 여전히 과학적 근거가 전혀 뒷받침되지 않은 기술들을 사용하고 있다. 이런 검증되지 않은 기술들이 모두 효과가 없다는 얘기는 아니다. 효과가 있을 수도 있고, 없을 수도 있다. 즉, 우리는 알 수가 없다. 그리고 치밀한 연구를 통해 얻은 탄탄한 근거가 없는 한 앞으로도 결코 알 수 없을 것이다. 프로이트의 치료법은 확실한 연구를 통해 그 치료법이 우울증 치료에 대체로 효과가 없다고 알려지기 전까지 거의 80년 동안 행해졌다.

현재 널리 사용되고 있는 다른 심리치료 기술들 가운데, 결국 철저한 과학적 검토를 거쳐 마찬가지로 도움이 되지 않는다고 입증될 기술은 얼마나 될까? 확실히 알 길은 없지만, 많은 연구에서 인지치료나 행동 활성화와 같은 접근법이 상당히 효과적이고 적어도 항우울제와 동등한 장기적 효험이 있다고 밝혀진 지금, 입증되지 않은 기술을 우울증 치료에 사용하는 일은 어떤 치료 전문가도 정당화하기 어려울 것이다.

극단적인 치료법

처음으로 우울증 치료제가 도입된 1950년대보다 훨씬 이전에, 정신과 의사들에게는 한층 더 과격한 치료법이 있었다. 바로 전기충격요법이었다. 이름에서 알 수 있듯이 전기충격요법은 강한 전류를 뇌에 전도하는 방식이다. 목적은 격렬한 경련발작을 유발하는 것이다. 문제없이 진행되면 경련발작은 약 1분 동안 계속된다. 그리고 이유는 여전히 수수께끼로 남아 있지만, 이런 발작은 상당한 항우울 효과를 불러올 수 있다.

대부분의 사람들은 전기충격요법이 수십 년 전에 정신의학계에서 사라졌다고 생각한다. 〈뻐꾸기 둥지 위로 날아간 새 One Flew Over the Cuckoo's Nest〉가 집필된 시대 이후로 자취를 감춘 (전두엽 절제술과 크게 다를 바 없는) 야만적인 관행이라고 생각하는 것이다. 그러나 이 치료법은 여전히 존재하고 있다. 단지 이름이 조금 바뀌었을 뿐이다. 현재 이 치료법은 '전기경련요법 electroconvulsive therapy'이라 불리고 있으며('충격'이라는 단어와의 부정적인 연관을 피하기 위해서다), 과거에 비해 좀 더 약하고 조심스러워졌다. 매번 경련을 일으키기 전에는 혹시라도 환자의 뼈나 치아가 부러지는 일이 없도록 근이완제가 사용된다.

현대식 전기경련요법(ECT)은 현재 미국과 유럽에서 매년 10만 명이 넘는 환자들에게 사용되고 있다. 대부분의 정신의학과에서는 우울증 환자들 중 극히 일부에게만 ECT를 시행한다. 약에 반응하지 않는 환자들이나, 약의 부작용을 몸이 견뎌내지 못하는 나이 든 환자들에게 사용하는 마지막 수단인 것이다. 대개 일주일에 3번 총 10~12차례의 전기경련요법이 시행된다.

적어도 단기적으로는 ECT가 항우울제보다 훨씬 나은 결과를 보여준다. 회복률이 무려 65%로 추정된다. 그러나 큰 문제점이 있다. 일반적으로 회복 상태는 오랫동안 유지되지 않는다. ECT를 실시한 대부분의 환자들, 심지어는 ECT 전체 과정을 한 차례 완료한 직후 우울증 약을 복용하기 시작한 환자들도, 6개월 안에 다시 우울증을 겪는다. 최근의 한 연구에서는, ECT로 치료받은 환자들 중 만 1년 동안 회복 상태를 유지하는 환자가 약 20%에 불과한 것으로 나타났다.

또 한 가지 문제가 있다. 환자들은 매번 ECT를 받고 나서 대개 며칠 동안 심한 기억장애를 겪는다. 듀크대학병원 인턴 시절 나는 때때로 ECT를 받는 환자들을 만나 심리치료를 하라는 지시를 받곤 했다. 그 일은 상당히 허탈했다. 종종 내가 예정된 치료를 위해 환자의 병실로 들어가면 환자는 기묘한 표정으로 나를 올려다보며 이렇게 물었다. "누구세요?" 이런 일은 이미 여러 날 동안 환자를 만났다 해도 일어날 수 있다. 환자는 내게 아주 개인적인 인생사를 이야기해주다가도, 다음 날 또 한 차례 ECT를 받고 나면 나를 전혀 낯선 사람 보듯 멍하니 바라본다.

일부 연구에서는 ECT가 영구적인 뇌 손상을 초래할 수 있다고 말하기도 한다. 예컨대 몇몇 조사에서 ECT와 '뇌위축증cerebral atrophy'(광범위한 세포 사멸로 인한 뇌 조직 위축) 사이의 분명한 연관이 발견되었다. ECT는 정신적인 기능의 영구적인 장애를 초래할 수도 있다. ECT를 받은 환자 중 많게는 70%가 예전만큼 기억을 잘 할 수 없다고 호소한다. 그들은 몇 년 동안 알고 지낸 사람들의 이름을 바로 말하지 못하고, 대화중에 적절한 단어를 잘 떠올리지 못하며, 일상적인 물건들을 놀라울 만큼 자주 잃어버린다. 심지어는 ECT가 IQ를 영구적으로 떨어뜨릴 수 있다는 증거도 있다.

우리의 후손들은 현재 행해지고 있는 ECT를 분명 끔찍하다고 생각할 것이다. 그들이 보기에는 마치 TV의 옆면을 때려서 화면을 완전히 고쳐 보겠다고 필사적으로 애쓰는 것처럼 말도 안 되는 일일 것이다.

● 생활개선이 필요한 이유

대중은 우울증 치료법에 관해 매우 잘못된 정보를 얻고 있다. 현재 항우울제의 매출은 매년 2백억 달러를 초과하고 있지만, 회복률은 낮고 재발률은 높고 부작용은 놀라울 정도로 많다. 놀랍게도 아직까지 많은 사람들은 항우울제가 지속적인 회복을 가져다준다는 전제를 의심 없이 받아들이고 있다. 사실은 그렇지 않다.

전통적인 심리요법도, 최소한 현재 행해지고 있는 대로라면 크게 나을 것이 없다. 프로이트의 영향을 받아 환자의 정신 깊숙한 곳에서 오랫동안 억압된 어린 시절의 상처를 파헤치는 치료법은, 우울증을 치료할 때는 거의 도움이 안 되는 경우가 많다. 때로는 상태를 더욱 악화시키기도 한다.

단기적인 인지치료는 좀 더 효과를 기대할 수 있다. 이 치료법은 약물치료와 비슷한 효과를 낼 뿐만 아니라, 효과가 더 오래가고 유해한 부작용도 없다. 그리고 치료의 초점을 생활방식의 변화에 맞추면 인지치료의 효과가 더욱 커질 수 있다고 입증되었다. 우울증 환자가 좀 더 활발하게 움직일 수 있도록 도움으로써 반추의 악순환을 끊는 것이다. 생활개선요법의 핵심 원칙 중 하나를 기반으로 하는 이 행동 활성화 접근법은, 지금까지 연구된 모든 심리치료법을 통틀어 가장 유망한 결과를 보여주었다. 최근의 한 연구에서는 행동 활성화가 항우울제보다 한층 더 효과가 뛰어나다고 밝혀졌다.

그러나 행동 활성화만으로 모든 사람이 효과를 얻을 수 있는 것은 아니다. 우울증 환자 중 약 35~40%는 이 치료법으로 크게 호전되지 않을 것이다. 왜 그럴까? 우울증을 치료할 때는 모든 사람에게 공통으로 적용되는 치료법이 없기 때문이다. 행동 활성화는 매우 효과적인 치료 방식이지만, 그것만으로는 회복될 수 없는 우울증 환자들이 많다. 그렇기 때문에 생활개선요법의 여섯 단계가 필요한 것이다.

Part 02

Therapeutic Lifestyle Change — The Six Steps

생활개선요법의 여섯 단계

04
Brain Food
뇌가 좋아하는 음식

　실험용 쥐를 머릿속에 그려 보면 매끄러운 흰 털과 씰룩거리는 긴 수염, 분홍색의 작은 귀와 발, 그리고 가장자리에 붉은 빛이 도는 반짝이는 검은 눈이 떠오를 것이다. '위스타 쥐Wistar rat'라 불리는 이 흰 쥐는 오래 전부터 우울증 연구에 사용되었다.

　일반적으로 생각하기에 쥐는 우울증에 걸리지 않을 것 같지만 실제로는 쥐도 일종의 우울증에 걸릴 수 있다. 혹사를 당하면 쥐는 인간이 우울증에 걸렸을 때와 비슷하게 잘 움직이지 않게 된다. 그러나 다행히 쥐는 대개 하루나 이틀이 지나면 다시 활기찬 모습으로 돌아온다.*

　쥐의 우울증을 유발하는 데 가장 널리 이용되는 방법은 강제 수영 실험이다. 미지근한 물이 담긴 원통형 관 속에 쥐를 떨어뜨린 후 쥐가 미끄러운 벽을 할퀴면서 빠져나오려 안간힘 쓰도록 내버려두는 것이다. 10분 정도 발버둥치고 나면 쥐는 축 늘어져서 물 밖으로 머리도 잘 내밀지 못한다. 다음날 다시 물속에 빠뜨리면 쥐는 길어야 2분도 버티지 못한다.

과학자들은 이런 설치류의 우울증을 막을 수 있는 방법을 알아냈다. 프로작과 같은 약을 어마어마하게 투여하면 된다.** 전기충격 요법도 효과가 있다. 그러나 최근 하버드대학교의 한 연구팀은 이보다 인도적인 방법을 발견했다. 쥐의 사료에 '오메가-3 지방산'을 첨가하는 방법이다.

⦁ 뇌의 대부분은 지방으로 이루어져 있다

'지방'은 많은 미국인들에게 무시무시한 단어다. 수십 년 동안 영양학자들과 의료 전문가들은 지방이 우리에게 해롭다고 경고했다. 우리 몸의 콜레스테롤 수치를 높이고, 동맥을 막히게 하고, 살을 찌우기 때문이다. 그러나 그 후 연구자들은 이런 통념이 여러 가지 면에서 명백히 잘못되었음을 알게 되었다.***

---

*물론 계속 혹사당하면 회복될 수 없다.
**경우에 따라서는 약의 투여량을 인간이 복용하는 양(체중에 맞춰 조정된 양)의 100배까지 높여야 할 때도 있다.
***예를 들어, 우리가 섭취하는 지방의 대부분이 우리의 콜레스테롤 수치에는 아무런 영향을 주지 않는다는 사실이 밝혀졌다. (그리고 어떤 종류의 지방은 오히려 콜레스테롤을 낮출 수도 있다.) 또한 지방 함유량을 줄인 식이가 반드시 체중 감량에 도움이 되는 것은 아니라는 증거도 충분히 존재한다.

우리에게는 지방이 필요하다. 지방이 없으면 우리는 모두 죽게 될 것이다. 지방은 우리 몸의 모든 세포가 건강하게 활동하는 데 중요한 역할을 하며, 우리 뇌 속의 모든 신경세포를 구성하는 필수 요소이기도 하다. 제1장에서 언급했듯이, 인간의 뇌는 대부분이 지방으로 이루어져 있다.

그런데 모든 지방이 똑같이 생성되는 것은 아니다. 예컨대 우리 몸에 필요한 지방은 대부분 몸속에서 만들어지지만, 음식을 통해서만 섭취할 수 있는 지방도 있다. 필수적인 식이지방은 오메가-3와 오메가-6* 두 가지이며, 이 둘은 뇌뿐만 아니라 우리 몸 전체에서 상호보완적인 역할을 수행한다. 오메가-3와 오메가-6가 조화롭게 작용하면 우리 몸은 전력을 발휘할 수 있다. 그러나 식이지방의 균형이 깨지면 우리는 여러 가지 질병에 취약해진다. 가장 대표적인 예 중 하나가 우울증이다.

최근의 여러 연구 결과에 따르면, 수렵-채집인 선조들의 식이에서는 오메가-6와 오메가-3의 균형이 대개 1:1로 훌륭하게 유지되고 있었다. 반면 일반적인 미국인은 극도로 불균형한 지방 섭취를 하고 있다. 오메가-6의 비율이 지나치게 높은 것이다. 현대 미국인들의 식이에 함유된 오메가-6와 오메가-3의 비율은 현재 무려 16:1로 나타나고 있다. 우리의 식이가 어쩌다 이토록 균형을 잃었는지 이해하기 위해서는 (그리고 이 상황을 해결할 방법을 찾기 위해서는) 이 지방들이 어떤 음식에 들어 있는지

---

*이 이름들은 각 지방 분자의 끝(즉, 오메가)에서부터 몇 번째 탄소에서 이중결합이 시작되는지를 나타낸다. 오메가-3는 끝에서 3번째 탄소 원자에서, 오메가-6는 끝에서 6번째 탄소 원자에서 이중결합이 시작되는 것이다.

잠시 살펴볼 필요가 있다.

오메가-3와 오메가-6

오메가-3 지방은 식물의 잎, 풀,* 해조류에서 만들어진다. 오메가-3 공급원인 이런 식물 중 한 가지를 먹는 동물은 필수 지방을 곧장 몸속으로 빠르게 흡수한다. 그러므로 잎과 풀을 먹는 야생 짐승과, 해조류를 먹는 여러 종의 야생 어류에도 오메가-3가 많이 들어 있다.

이와 달리 오메가-6는 대개 식물의 씨앗에 집중되어 있다. 엄밀히 말하면 씨앗이라 할 수 있는 견과류와 곡류에도 오메가-6가 풍부하게 함유되어 있다. 씨앗을 먹고 사는 야생 짐승은 거의 없기 때문에, 수렵-채집인 선조들은 고기를 통해서는 오메가-6를 거의 섭취할 수 없었다. 하지만 그들은 씨앗과 견과류를 먹음으로써 오메가-6를 충분히 섭취했다. 또한 그들은 오메가-3도 별 어려움 없이 섭취할 수 있었다. 일반적으로 야생 짐승과 어류가 수렵-채집인의 식이에서 많은 부분을 차지했고 이와 더불어 오메가-3의 공급원인 식물들도 식이에 포함되어 있었기 때문이다.

그러나 이렇게 선조들이 유지하고 있던 지방산의 1:1 균형은 약 12,000년 전 농업이 등장하면서 변하기 시작했다. 갑자기 곡류(밀, 옥수수, 쌀, 보리, 수수, 귀리, 호밀 등)가 그들의 식이에서 가장 큰 부분을 차지하게 되었

---

*풀도 엄밀히 말하자면 잎이다.

다. 오메가-6 섭취량이 크게 증가한 것이다. 사람들은 풀을 먹인 가축과 몇 가지 식물들을 통해 여전히 어느 정도 오메가-3를 섭취했지만, 오메가-6와 오메가-3의 섭취량 차이는 거의 5:1로 벌어졌다.

놀랍게도, 곡물 위주의 식이로 바뀐 직후 세계 곳곳(메소포타미아, 동아시아, 북아프리카, 중앙아메리카)의 사람들이 부작용을 겪기 시작했다. 화석기록에 따르면, 좀 더 "문명화된" 이 초기 농민들은 평균적으로 이전의 수렵-채집인들보다 키가 작고 병에 잘 걸렸다. 심지어 그들은 뇌도 작아졌다.

그러나 홍적세의 선조들보다 덜 건강하고 덜 똑똑해지면서도 대부분의 사람들은 농업과 목축이라는 신기술을 버리지 못했다. 훨씬 더 꾸준한 식량 공급이 보장된다는 것은 포기하기에는 너무 아까운 이득이었기 때문이다.

수 세기에 걸쳐 다행히 인간은 농업 기반의 식이에 서서히 적응했다. 그리고 시간이 흐름에 따라 세계 각지의 문화권에서는 마치 뭔가 중요한 것이 빠졌음을 직감적으로 알아차리기라도 한 것처럼 해산물을 비롯한 오메가-3 공급원들을 전통적인 식단에 많이 포함시키게 되었다. 일부 농경 사회에서는 지방산 섭취량이 수렵-채집인 선조들의 수준에 가까울 정도로 균형을 찾았으며, 그 결과 전반적인 건강이 좋아지고 수명이 길어졌다.

그러나 20세기에 또 한 번의 엄청난 식이 변화가 일어났다. 인류 역사상 전례 없는 변화였다. 대부분의 산업사회에서 마치 오메가-6를 더 많이 먹으려 애쓰기라도 하고 있는 것처럼 섭취량이 치솟았다. 전통적인 농업이 더 실용적인 현대식 농업에 차츰 자리를 내주면서 이런 현상이 일어난 것이다.

가장 큰 변화 중 하나는 가축의 사료가 잎에서 씨앗으로 바뀐 것이었다. 19세기에는 육우들이 방목장을 돌아다니며 풀과 잎과 곤충을 먹었기 때문에, 소고기에는 오메가-3가 풍부하게 들어 있었다. 햄버거와 스테이크는 사실상 건강식품이었다. 그러나 20세기에 옥수수 가격이 계속 떨어짐에 따라* 가축에게 곡물 사료를 먹이는 것이 새로운 표준이 되었다. 동물에게 옥수수를 잔뜩 먹여 키우면 몸집이 상당히 불어난다(옥수수는 오메가-6의 주요 공급원이다). 이렇게 가축(특히 소, 닭, 돼지, 그리고 어류)에게 곡물 사료를 먹이는 관행이 보편화된 탓에 현재 우리가 먹는 고기에는 오메가-6 지방이 지나치게 많이 함유되어 있는 것이다.

비슷한 맥락에서, 20세기에는 종자기름(옥수수유, 카놀라유, 대두유, 해바라기유, 땅콩기름, 팜유, 홍화유 등)과 그 파생상품(마가린 등)의 섭취가 폭발적으로 증가했다. 사람들은 이런 기름들을 사용해 집에서 요리를 할 뿐만 아니라, 거의 모든 패스트푸드와 대부분의 가공식품을 통해 이 기름들을 섭취한다.

그러니까 우리는 지금 오메가-6 지방의 바다에서 헤엄을 치고 있는 셈이다. 미국인의 식이에서 오메가-6와 오메가-3의 섭취량 차이가 무려 16:1을 기록하고 있는 것도 무리는 아니다. 이런 전례 없는 식이 변화가

---

*이 가격 하락의 주된 원인은 석유를 원료로 한 비료나 엔진이 달린 콤바인, 농약을 사용하는 등의 혁신, 그리고 다수확 종자의 유전적 선택이다.

우리의 뇌에 엄청난 타격을 주고 있다. 인간의 뇌는 오메가 지방산의 균형이 적절하게 맞춰지지 않으면 제 기능을 하지 못한다.

● 화학적 불균형

지난 1세기 동안 우울증 발병률이 엄청나게 증가한 것은 서구인의 식이에서 오메가-3 지방산이 사라진 것과 깊은 연관이 있다. 오메가-6와 오메가-3의 균형이 더 잘 유지되고 있는 나라에서는 우울증이 덜 발생하는 경향이 있다. 서구 내에서도, 우울증이 있는 사람들은 그렇지 않은 사람들에 비해 혈중 오메가-3 농도가 낮게 나타난다.

그런데 우리가 먹는 지방의 불균형이 어떻게 우리를 우울증에 더욱 취약하게 만드는 것일까? 신경과학자들은 이 과정에서 작용하는 세 가지 메커니즘을 발견했다.

세로토닌_ 제2장에서 살펴보았듯이 세로토닌은 뇌의 스트레스 반응을 멈추도록 도와주는 화학물질이다. 세로토닌의 기능이 정지되면 스트레스 반응 체계는 통제 불능이 될 수 있다.

모든 신경전달물질이 그렇듯 세로토닌은 화학적 전달자이다. 세로토닌은 뇌 세포들을 돌아다니며 화학적 암호로 된 신호를 전달한다. 그런데 뇌 세포에 오메가-3 지방이 충분치 않으면 이 세포들은 세로토닌의 신호를 이해하는 데 문제가 생겨 신호를 제대로 전달하지 못하기 시작한다. 그렇게 되면 뇌 전체에서 세로토닌의 기능이 크게 떨어져, 우리 몸에서는 우울증을 유발하는 통제할 수 없는 스트레스 반응이 일어나기가 쉬워진다.

도파민 _ 뇌 속의 또 다른 화학적 전달자인 도파민의 경우도 비슷하다. 오메가-3 농도가 너무 낮으면 신경세포들은 도파민의 신호를 뒤죽박죽으로 만든다.

도파민의 가장 큰 역할 중 하나는 전두피질을 활성화시키는 것이다. 도파민 기능이 좋지 않은 사람들은 왼쪽 전두피질의 활동 수준이 매우 낮을 수 있다. 왼쪽 전두피질은 우리가 좋은 기분을 유지할 수 있고 원하는 바를 추구할 수 있도록 도와주는 부위이다. 앞서 이야기했듯이, 왼쪽 전두피질이 제대로 작동하지 않으면 곧장 우울증이 발생할 수 있다.

염증 _ 몸 전체에서 오메가-6는 염증을 촉진한다. 염증은 감염에 맞서는 첫 방어선을 이루고 있는 혈관 반응이다. 우리는 몸에 가시나 파편이 박히면 몸의 염증 반응이 본격적으로 시작되는 것을 볼 수 있다. 더 많은 혈액이 침입자를 공격할 태세로 면역세포를 가득 싣고 상처 부위로 몰려옴으로 인해 상처 주변은 붉어지고 부어오른다. 우리 몸이 격렬한 염증 반응을 개시하는 능력을 갖고 있지 않다면, 조금 베이거나 긁히기만 해도 치명적인 감염으로 번질 것이다.

염증은 특정 상처에 대한 국부적이고 단기적인 반응일 경우에는 몸에 이롭지만, 이 반응도 통제 불능이 될 수 있다. 염증이 만성이 되면 몸 전체가 영향을 받기 시작한다. 이런 걷잡을 수 없는 염증은 마치 세포 하나하나에 위험한 침입자가 있기라도 한 것처럼 우리 몸이 스스로를 공격하게 만든다.

이런 만성 염증은 상당히 해롭다. 실제로 최근 연구자들은 만성 염증이 산업사회에 만연한 여러 질병들(당뇨병, 죽상동맥경화증, 알츠하이머병, 심장병, 알레르기, 천식, 뇌졸중, 대사증후군, 그리고 각종 암)의 기저를 이루는 공통분모임을 확인했다.

　또한 염증은 우울증을 확산시키는 주범 중 하나이기도 하다. 시간이 흐름에 따라 염증은 뇌가 세로토닌을 만들어내고 사용하는 능력에 지장을 주고,* 그렇게 되면 전두피질의 활동이 줄어들 수 있다. 염증은 우울증의 발병과 연관이 있는 '해마hippocampus'(기억 중추)와 같은 뇌 부위의 기능도 손상시킨다. 마지막으로, 만성 염증은 뇌가 균형을 되돌리기 위해 스트레스 반응을 증가시키게 만든다. 스트레스 호르몬인 코티솔은 강력한 항염증 성질을 지니고 있기 때문이다. 안타깝게도 코티솔은 우울증 발병 위험을 증가시킨다.

　산업사회 전역에서 수많은 사람들이 만성 염증을 앓고 있다. 이제 그 주된 원인은 분명해졌다. 바로 식이지방의 극심한 불균형이다. 몸 전체에서 염증을 유발하는 특수한 호르몬은** 실제로 오메가-6로 만들어진다. 반면 오메가-3는 인체의 항염증 호르몬 생산을 촉진한다. 이 두 가지 필수 지방이 협력하여 염증 반응의 균형을 적절하게 유지한다. 상처 부위에 단기적으로 면역력을 높여야 할 때는 염증 반응을 이용할 수 있게,

---

*구체적으로 말하면, 염증은 세로토닌 분자의 주된 구성요소인 '트립토판tryptophan'의 혈중 농도를 감소시킨다. 그 결과 뇌의 신경 회로에서 합성되는 세로토닌 양이 줄어든다.
**이 특수한 호르몬은 '에이코사노이드eicosanoid'라고 알려져 있다.

그러나 염증이 몸 전체에 몇 달 동안 계속 악영향을 주지는 못하게 하는 것이다. 그러나 서구의 식이에 오메가-6가 넘치고 오메가-3가 부족한 탓에 모든 균형이 무너졌다. 염증 호르몬이 우리 몸을 지배하고 만성 염증이 만연하고 있다.

● 균형 회복

〈마이클 폴란의 행복한 밥상In Defense of Food〉에서 저자 마이클 폴란 Michael Pollan은, 현대적인 삶을 살고자 전통적인 수렵-채집 생활방식을 버린 10명의 중년 오스트레일리아 원주민들에 관한 이야기를 들려준다. 서구식 식사를 하게 되면서 당연히 그들의 몸은 큰 타격을 입었고, 그들은 모두 곧 성인형 당뇨병뿐만 아니라 대사증후군*을 비롯한 여러 염증 관련 질환에 걸렸다. 이 불행한 변화를 보고 한 영양 연구자는 그들에게 이런 초대장을 보냈다: 문명사회를 떠나 다시 숲속에서 살면 여러분의 건강에 어떤 일이 일어나는지 한번 보죠. 흥미가 생긴 오스트레일리아 원주민들은 7주 동안 실험을 해 보기로 동의했다. 그들은 이전의 수렵-채집 생활로 돌아가 서부 오스트레일리아의 해안과 강가를 돌아다녔고, 해산물과 캥거루, 곤충의 유충, 야생식물 등을 먹으며 지냈다.

2개월이 채 안 되어 그들이 문명사회로 돌아왔을 때, 연구자들은 그들

---

*대사증후군은 대개 비만, 고혈압, 그리고 몸 전체의 탄수화물 및 지방 대사 장애 등을 수반하는 복합적인 상태이다.

모두가 놀라울 정도로 건강해지고 당뇨병이 상당히 호전된 것을 보고 놀랐다. 이런 변화의 이유는 혈액 검사에서 드러났다. 그들 모두 혈중 오메가-3 농도가 크게 증가한 것이다(오메가-6 농도는 감소했다).

물론 대다수의 사람들은 아무리 건강에 좋다 해도 그런 오지에서 야생의 생활을 하지는 않을 것이다.* 그러나 다행히 우리는 수렵-채집인 선조들의 생활방식 중에서 균형 잡힌 지방 섭취가 가져다주는 많은 혜택들을 집에서 편안하게 되찾을 수 있다.

오메가-6와 오메가-3 지방의 식이 균형을 회복하기 위해 선택할 수 있는 방법은 다음의 두 가지뿐이다.

- 오메가-3 섭취 늘리기
- 오메가-6 섭취 줄이기

지금까지 발표된 대부분의 연구는 첫 번째 방법에 초점을 맞추고 있다. 실제로 지난 10년 간 세계 전역(영국, 호주, 이스라엘, 일본, 브라질, 대만, 인도, 미국 등)의 수많은 우울증 연구자들이 오메가-3 보충제의 효과를 연구해왔다. 10건 이상의 임상실험에서는 환자들을 무작위로 분류해 일부 환자들에게 오메가-3 보충제 대신 플라시보를 복용하게 하기도 했다.

---

*그리고 나는 결코 그런 생활을 추천하지 않는다. 오스트레일리아 원주민들은 이미 수렵-채집인으로 오랜 시간 생활하면서 그렇게 혹독하고 위험한 환경에서 살아남는 법을 익힌 사람들이라는 점을 명심해야 한다.

(플라시보는 비교를 위해 사용되었다. 단지 의사의 진료를 받고 약을 먹는 등의 상황이 만들어내는 기대로 인해 호전이 나타나는 것은 아닌지 확인하기 위해서 다.)

이런 연구들을 통해 한 가지 사실이 분명해졌다. *오메가-3 지방은 강력한 항우울 효과를 지닌다는 사실이다.**

생활개선요법(TLC)의 여섯 가지 주요소 가운데서도 오메가-3 보충제 복용은 내가 진료하는 환자들이 가장 일관되게 높이 평가하는 요소이다. 어떤 환자들은 오메가-3 식이요법을 시작하고 며칠 만에 기분이 나아지기 시작했다고 말하기도 했다(기분과 활력, 수면, 식욕, 집중력 등이 확실히 향상되었다는 것이다). 그러나 대부분의 우울증 치료제들과 마찬가지로 오메가-3도 항우울 효과가 나타나기 시작하려면 대개 적어도 1~2주는 걸린다(경우에 따라서는 4주까지 걸리기도 한다).

식이에 오메가-3를 보충함으로써 최대한의 혜택을 얻기 위해서는 먼저 오메가-3의 화학적 성질을 구체적으로 (간략히) 살펴볼 필요가 있다.

● 오메가-3의 종류

오메가-3 분자는 DHA, EPA, ALA, 세 가지로 분류되며 이 세 가지는

---

*(제3장에서 보았듯이) 항우울제는 직접 비교 연구에서 플라시보 이상의 효과를 보이지 못한 경우가 많지만, 오메가-3 보충제는 전 세계에서 발표된 대부분의 연구에서 플라시보보다 뛰어난 효과를 보였다.

길이가 각각 다르다. 이들은 우리 몸과 뇌에서 각기 다른 역할을 수행한다.

가장 긴 형태인 DHA(도코사헥사엔산 docosahexaenoic acid)는 유일하게 뇌 속에 풍부하게 존재하는 오메가-3 분자이다. 뇌 세포에 DHA가 충분치 않으면 세포막의 유연성이 떨어지기 쉽다. 그렇게 되면 세포들이 신호를 효과적으로 전달하기가 어려워진다. 우울증 환자들은 뇌 속에(특히 전두피질의 중요한 신경세포에) DHA가 충분하지 않은 경우가 많다. 그러므로 DHA를 보충해주는 것이 우울증 치료에 도움이 될 수 있다.

중간 길이의 오메가-3 분자인 EPA(에이코사펜타엔산 eicosapentaenoic acid)도 뇌가 제대로 기능하는 데 꼭 필요한 요소이다. 뇌 자체에는 EPA가 많지 않지만, 이 분자는 신경세포 안팎으로 돌아다니면서 신경세포들이 세로토닌이나 도파민과 같은 뇌 화학물질들을 더 효과적으로 사용할 수 있도록 도와준다. 또한 EPA는 많은 항염증 호르몬의 핵심 구성 요소이기 때문에, 우리 몸의 만성 염증 반응을 억제함으로써 추가적인 항우울 효과를 불러올 수 있다.

짧은 길이의 오메가-3 분자인 ALA(알파리놀렌산 alpha linolenic acid)는 사실상 뇌 기능에 직접적으로 영향을 주지는 않는다. 대신 ALA는 몸의 다른 부분에 있는 세포들에 영향을 준다. 예컨대 ALA가 심장 박동을 안정시키는 데 도움을 줄 수 있다는 연구 결과가 있다. 하지만 ALA가 우울증 치료에 도움이 된다는 사실을 입증할 만한 증거는 없다.

DHA와 EPA가 뇌 속에서 중요한 역할을 하는 오메가-3 분자들이기 때문에 우울증 연구자들은 각각을 따로 보충했을 때 얻어지는 효과를 주의

깊게 연구했다. 입수할 수 있는 증거들을 바탕으로 판단하건대 EPA가 둘 중 훨씬 더 강력한 효과를 내는 것으로 보인다. 임상의들은 또 EPA 복용량을 다양하게 하여 실험했는데, 여러 연구를 통틀어 가장 지지를 받은 권장량은 1일 1,000~2,000mg이다.

DHA 보충제도 도움이 된다는 근거들이 있다. 그러나 어느 정도의 복용량이 가장 알맞은지 확실히 알기 위해서는 아직 더 많은 연구가 필요하다. 그 전까지는 현재 우리가 가지고 있는 가장 믿을 만한 증거들을 바탕으로 삼는 것이 중요하다. 지금까지의 연구 결과들이 말해주고 있는 사실은 다음과 같다: DHA는 그 자체만으로는 우울증 치료에 큰 효과를 주지 못하지만 EPA와 함께 섭취되면 EPA의 이로운 효과를 더해주는 것으로 보인다. 특히 EPA와 DHA를 약 2:1의 비율로 조합한 모든 연구에서 눈에 띄는 항우울 효과가 나타났다. 다시 말해, EPA의 양이 약 두 배일 경우 EPA와 DHA를 함께 섭취하면 상당한 효과를 얻을 수 있을 것이라는 얘기다. (흥미롭게도, 이 2:1의 비율은 각종 해산물이나 어유魚油 보충제에서 흔히 발견된다.)

● 오메가-3, 어떻게 복용해야 할까

나는 내가 진료하는 모든 환자들에게 처음 오메가-3를 복용할 때는 매일 EPA 1,000mg과 DHA 500mg을 복용하라고 권한다. 만약 당신이 현재 우울증의 증상들을 겪고 있거나 앞으로의 우울증 예방을 위한 도움을 얻고 싶다면 당신도 이 복용량으로 시작할 것을 추천한다. 몇 주 후 이 식이

요법에 어떻게 반응하는지에 따라 복용량을 조금 조정해야 할 수도 있다. 이 점에 관해서는 이후에 다시 살펴보도록 하자.

어유

오메가-3(EPA와 DHA) 1일 권장량을 섭취하는 가장 좋은 방법은 무엇일까? 현재 가장 편리한 방법(그리고 신뢰할 만한 모든 연구에서 사용되는 방법)은, EPA와 DHA의 가장 풍부한 자연 공급원인 어유의 형태로 섭취하는 것이다. 매일 몇 캡슐(혹은 티스푼)만 먹어도 충분하다. 거의 모든 사람들이 어려움 없이 일상적으로 실천할 수 있는 아주 쉬운 생활개선법이다.

그러나 나는 어유를 섭취하는 일이 유쾌하지 못할 수도 있다는 사실을 인정하지 않을 수 없다. 우선은 냄새가 좋지 않고, 맛도 좋지 않다. 처음으로 과감히 어유 캡슐을 삼켰을 때(약 8년 전) 나는 가장 흔하고 끔찍한 부작용을 겪었다. 바로 생선 냄새 나는 트림이다. 캡슐을 삼키고 얼마 지나지 않아 나는 내 의지와 상관없이 몇 분마다 그 상한 생선 냄새 나는 트림을 해야 했다. 이 고역은 몇 시간 동안 이어졌다. 그 후 용기를 내어 다시 도전한 것은 몇 년 전의 일이다.

당시 나는 중요한 사실을 깨닫지 못하고 있었다. 모든 어유 보충제가 똑같이 만들어지지는 않는다는 사실이다. 어떤 것은 괜찮고, 어떤 것은 그야말로 지독하다. 문제는, 어유가 공기에 노출되어 있으면 빠르게 부패한다는 점이다. 따라서 제대로 가공되지 않은 보충제를 먹을 경우, 젤라틴 캡슐 안에 든 변질된 기름을 먹은 셈이 된다. 캡슐은 밀폐되어 있기 때문에, 소화액이 상한 기름을 위 속에 내보낼 때까지 우리는 무언가 잘못되었음을 알아채지도 못할 것이다.

다행히 이 문제를 피할 방법은 있다. 현재 질 좋은 어유 보충제들이 많이 판매되고 있고 손쉽게 구할 수 있기 때문이다. 내가 진료하는 많은 환자들이 (그리고 내 친구들과 가족들도) 한 달 치에 10달러가 채 안 되는 제품을 복용하고 있다.

어유 제품을 고를 때 잊지 말아야 할 가장 중요한 점은, 라벨에 '분자증류방식molecularly distilled'이라고 적혀 있는지 확인하는 것이다. 간단히 말해서, 제조사가 오염물과 불순물을 분자 수준까지 걸러내 기름을 정제했다는 의미다. 제조사가 이런 정제 과정을 거치는 수고를 (그리고 비용을) 감수했다면 생선도 제대로 다루고 가공했다고 봐도 좋다. 어유가 상했을까봐 걱정하지 않아도 된다는 얘기다. 또 한 가지 중요한 점은, 일부 상업 목적의 어장들이 수은이나 비소, 다이옥신, PCB 등의 오염물질에 노출되어 있다는 사실이다. 증류 과정은 이런 독소들이 보충제에 들어가지 않도록 도와준다.

대부분의 경우 라벨에는 '의약품 등급pharmaceutical grade'이라고도 적혀 있을 것이다. 의사 처방약에 적용되는 것과 비슷한 순도 및 복용량 기준에 적합하다는 의미다.

라벨과 주의사항_ 표 4-1에 예시된 것처럼, 어유 캡슐 하나(액체일 경우 한 티스푼)에 들어 있는 EPA와 DHA 함량이 병에 명확하게 적혀 있어야 한다.

표 4-1. 일반적인 어유 캡슐 병에 적혀 있는 영양 성분 정보

영양 성분표

1회 제공량: 2캡슐

	1회 제공량 당 함량	% 1일 영양소 기준치
열량	20	
지방에 의한 열량	20	
총 지방	2g	2%*
포화지방	<0.5g	2%*
트랜스지방	0g	#
다가불포화지방	1.0g	#
비타민 E (천연 d-알파 토코페롤과 혼합 토코페롤)	20 IU	70%
천연 어유 농축물	2,000mg	#
오메가-3 지방산	1,000mg	#
에이코사펜타엔산 (EPA)	500mg	#
도코사헥사엔산 (DHA)	250mg	#
기타 오메가-3 지방산	250mg	#

*1일 영양소 기준치에 대한 비율은 2,000 칼로리 식단을 기본으로 함.
#1일 영양소 기준치가 설정되지 않음.

경우에 따라서는 오메가-3의 양이 표 4-1에서처럼 1회 제공량인 '2캡슐'을 기준으로 적혀 있을 수 있다는 점을 명심해야 한다. 이 예시에서 각 캡슐에 들어 있는 EPA는 250mg, DHA는 125mg이므로, 오메가-3를 처음 복용할 때 권장되는 양에 맞추려면 4캡슐을 먹어야 한다.

그 밖의 중요한 고려사항들

어유 보충제를 통해 최대한의 혜택을 얻기 위해 알아둬야 할 다른 중요

한 사항들이 몇 가지 있다.

항산화물질_ 앞서 말했듯이 어유와 산소는 서로 어울릴 수 없다. 산소가 어유를 상하게 만들기 때문이다. 그리고 우리 몸속에는 해로운 형태의 산소들이 있다. '활성산소free radical'라 불리는 위험한 분자들이 이 산소들을 싣고 다닌다. 활성산소 분자들은 우리가 먹는 어유가 혈류에 닿자마자 그 어유에 손상을 입혀 오메가-3의 효능을 떨어뜨릴 수 있다. 그러나 다행히 항산화물질(비타민 C 등의 영양소)이 오메가-3를 그런 손상으로부터 보호해줄 수 있다.

몸속에 충분한 항산화물질을 보유하기 위해서는 매일 종합비타민을 복용하고 추가로 비타민 C 보충제를 1일 권장량인 500mg씩 복용할 것을 권한다. 혹은 매일 과일과 야채를 (영양학자들이 권장하는 대로) 9인분씩 먹을 의향이 있다면, 그것만으로도 천연 항산화물질을 충분히 섭취할 수 있다(이렇게 하면 비타민 보충제를 먹지 않아도 오메가-3의 효과를 충분히 끌어낼 수 있다).

GLA_ 우리가 (염증 호르몬으로 바뀌어 우리 몸에 해를 입히는) 오메가-6를 너무 많이 먹고 있는 것은 사실이지만, 한 가지 종류는 예외다. GLA(감마리놀렌산gamma linolenic acid)라는 이 오메가-6는 오메가-3와 비슷한 역할(항염증 효과를 지닌 호르몬 생성)을 하는 지방의 구성 요소이다.

어유 보충제를 복용하면 많은 양의 EPA로 인해 우리 몸의 GLA 생산량이 줄어들 수 있다. 그리고 GLA 농도가 낮아지면 반갑지 않은 염증이 발생할 수 있다. 그러니 안전을 위해 약간의 GLA를 꾸준히 섭취하는 것이 좋다. 다행히 필요한 양은 얼마 되지 않는다. 일주일에 5~10mg이면 충분하다.

GLA를 함유하고 있는 음식은 많지 않지만, 오트밀이 꽤 괜찮은 공급원이 되어줄 수 있다. 단, 인스턴트식품이 아니라 천천히 조리된 오트밀을 먹어야 한다. 큰 그릇으로 일주일에 두 그릇을 먹으면 우리 몸에 필요한 GLA를 충분히 섭취할 수 있다. '달맞이꽃 종자유evening primrose oil' 보충제를 복용하는 방법도 있다. 그런데 달맞이꽃 종자유에는 엄청난 고농축 GLA가 함유되어 있기 때문에 1주일에 1캡슐만 먹으면 충분하다. (일부 영양학자들은 이보다 더 자주 복용하지 말 것을 강하게 권고하고 있다.)

냉동보관_ 고품질의 어유 보충제를 복용하더라도 사람에 따라서는 약간의 트림이 나오는 경우도 있다. 하지만 보충제를 냉동실에 보관하고 잠들기 전 1시간 이내에 복용하면 이 문제는 대개 해결된다. 냉동된 캡슐은 위를 지나 소장에 들어간 후에야 완전히 녹기 때문에, 이렇게 하면 효과적으로 트림을 방지할 수 있다. (TLC 프로그램에 참여한 일부 환자들에게는 식후에 위가 차 있을 때 캡슐을 복용하는 방법도 효과가 있었다.)

복용량 조정

수렵-채집인 선조들은 오메가-6와 오메가-3 지방산의 섭취 비율을 1:1로 완벽하게 유지했지만, 다행히 인간의 몸은 어느 정도의 오차범위를 허용한다. 대부분의 경우 오메가-6와 오메가-3의 비율이 3:1까지는 벌어져도 지장이 없다. 내가 권한 초기 복용량(매일 EPA 1,000mg과 DHA 500mg)대로 고품질의 오메가-3 보충제를 복용한다면 식이지방 섭취량 차이가 3:1 이하로 좁혀져 안정 범위 내에 들 가능성이 높다. 그러나 그렇게 되지 못하는 사람들도 있다. 튀긴 음식, 곡물 사료로 키운 소고기나 돼지고기(혹은 닭고기나 생선), 식물성 기름, 정크 푸드 등 오메가-6 지방산이 많이 함유된 음식을 즐겨 먹는 사람들은 균형을 맞추기 위해 복용량을 더 늘려야 할 것이다. 그리고 앞서 말했듯이 몸속에 항산화물질이 충분치 않으면, 몸이 제대로 기능하는 데 필요한 오메가-3의 양을 유지하기가 어려울 수 있다.

그런데 몸속의 오메가-6와 오메가-3의 균형이 잘 맞는지는 어떻게 알 수 있을까? 한 가지 방법은, 현재 몸의 상태가 어떤지를 바탕으로 추측하는 것이다. 오메가-6와 오메가-3의 비율이 여전히 크게 차이난다면 다음의 일반적인 증상들 중 몇 가지는 나타날 것이다.

- 피로
- 집중력 부족
- 몸이 무거움 (특히 잠에서 막 깼을 때)
- 코 막힘
- 탄수화물 갈망
- 건조한 피부
- 건조한 눈
- 굳은 변이나 변비
- 잘 부러지는 손톱이나 잘 끊어지는 머리카락

내가 진료한 환자들 대다수는 오메가-3 보충제를 복용하기 시작한 후 몇 주 만에 이런 증상들 중 몇 가지가 호전되었다. 다른 만성 염증의 완화를 경험한 환자들도 많았다. 예컨대 오메가-3 식이요법을 시작한 후 1~2주 만에 무릎 통증이 나아지기 시작했다는 환자들도 있었다. 작년에 어떤 환자 두 명은 어유 캡슐을 복용한 뒤로 계절성 알레르기가 사라졌다고 말하기도 했다. (솔직히 말하자면, 이 마지막 이야기는 처음에는 믿기지 않았다. 그런데 그 후 오메가-3가 실제로 일부 알레르기 반응을 억제하는 데 도움이 된다는 연구 결과를 발견했다.)

그러나 우리의 목적을 생각할 때, 오메가-6와 오메가-3의 균형을 말해주는 최고의 지표는 우울증 그 자체이다. 오메가-3 보충제를 복용하기 시작한 후 4주 내에 우울증의 증상들이 나아지는 기미가 없다면, 안정 범위에 들기 위해 복용량을 늘려야 할 가능성이 높다. 그럴 경우 복용량을 처음의 두 배로 늘려 매일 EPA 2,000mg과 DHA 1,000mg을 복용할 것을 권한다. 복용량을 늘리고 4주가 더 지나도 뚜렷한 효과가 나타나지 않는다면, 체내 오메가 지방 정보를 좀 더 정확하게 확인해 보기 바란다.

간단한 혈액 검사만으로도 오메가-6와 오메가-3의 정확한 비율을 알아 볼 수 있다. 혈액검사에서는 EPA와 '아라키돈산arachidonic acid(AA)'이라는 핵심적인 오메가-6 지방의 농도를 측정해서 정확한 AA/EPA (오메가-6/오메가-3) 비율을 산출한다.

이상적인 비율은 약 2.0이다. (1.0이라고 생각하기 쉽지만 그렇지 않다. 혈액 속에서는 뇌 속에서보다 비율이 좀 더 높기 때문이다.) 하지만 2.0에 꽤 가깝다면(1.0에서 2.0 사이라면) 안정 범위에 들어 있다고 봐도 무방할 것이다. 오메가-3를 지나치게 많이 복용해서 비율이 너무 낮아지게 하면 안 된다. 비율이 0.7 이하로 떨어지면 감염의 위험이 높아지기 때문이다. 0.5 이하로 내려가면 뇌졸중이 발생할 위험도 있다.

자주 묻는 질문들

지금까지 오메가-3 보충제에 관한 기본적인 사항들을 알아보았다. 이제 종종 제기되는 몇 가지 관련 질문들을 한번 살펴보자.

1. 나는 채식주의자인데 EPA와 DHA를 식물성 공급원에서 충분히 얻을 수 있을까? 내가 지방산과 우울증에 관해 이야기할 때마다 누군가는 아마인유, 카놀라유, 호두 등 채식주의자들의 오메가-3 공급원에 대해 물어볼 것이다. 이 식품들 모두 ALA(짧은 오메가-3)를 얻을 수 있는 좋은 수단이기는 하지만, 앞서 말했듯이 우울증 완화에 도움이 되는 종류의 오메가-3는 아니다. 그리고 안타깝게도 우리 몸은 우리가 섭취하는 ALA의 극히 일부분만을 우리에게 필요한 오메가-3(EPA와 DHA)로 전환할 수 있다. 최근 한 연구에서는 ALA가 풍부하게 함유된 아마인유를 고용량으로 복용하기 시작한 사람들을 관찰했는데 그들의 핵심 오메가-6/오메가-3 비율은 거의 변하지 않았다.*

---

*대부분의 경우 아마인유 1테이블스푼에 함유된 ALA 약 8,000mg 중 EPA로 전환되는 양은 400mg 도 안 된다.

내가 알고 있는 항우울성 오메가-3 지방산 공급원 중에 채식주의자들에게 추천할 만한 것은 해조류이다. 그런데 해조류 보충제에는 EPA가 아주 적게 함유되어 있다(DHA 함유량은 매우 많다). 다행히 스위스의 '워터포라이프Water4life'라는 업체가 해조류 보충제의 EPA 함유량을 늘리는 방법을 개발했다. 이 업체의 제품에도 DHA가 EPA보다 훨씬 많이 들어 있지만(4:1), 적어도 채식주의자들이 EPA를 충분히 섭취할 수 있는 한 가지 길은 열린 셈이다. 다만, 가격이 매우 비싸다. 이 글을 쓰고 있는 현재 이 제품의 가격은 고품질 어유 가격의 30배 정도 된다.

(이 방법을 택할 경우에는 1일 복용량을 계산할 때 염두에 두어야 할 점이 있다. 이 보충제에 함유되어 있는 EPA를 700mg만 먹으면 목표량인 1,000mg이 채워진다는 점이다. EPA 700mg을 먹을 때마다 함께 먹게 되는 DHA가 무려 2,800mg이고 이 중 약 280mg이 또 EPA로 전환되기 때문이다.)

2. 어유 보충제를 매일 복용하고 싶지는 않은데, 적당한 고기나 다른 음식들을 매일 먹음으로써 자연적으로 오메가-3 지방산을 충분히 섭취할 수는 없을까? 물론 가능하다. 하지만 상당히 어렵다. 지방이 많은 생선, 특히 연어, 참치, 고등어, 정어리, 멸치, 청어, 화이트피시(송어의 일종) 등은 가장 풍부한 EPA와 DHA의 천연 공급원이다. 그러므로 확실한 방법은, 이런 생선들을 매일 먹는 것이다. 그러나 항우울 효과가 나타날 만큼 오메가-3를 섭취하려면 굉장히 많은 양의 생선을 먹어야 한다. 평균적으로 하루에 2~3인분은 먹어야 할 것이다.

일본은 전 세계를 통틀어 이만큼 많은 생선을 먹는 몇 안 되는 나라 중 하나다. 그들이 섭취하는 평균적인 오메가-6와 오메가-3의 비율은 2:1 이하이며, 우울증 발병률도 매우 낮다. 뿐만 아니라 그들은 전반적으로 서구인들보다 건강하고 기대 수명도 더 길다.

그러나 앞에서도 말했듯이 생선은 때때로 수은이나 살충제에 오염되기도 하기 때문에, 매일 해산물을 먹을 예정이라면 어느 정도 예방책이 필요하다. 대개 바다에서 잡은 생선이 양식장에서 기른 생선보다 안전하다. 양식 생선을 수출하는 나라에서 오염물질이 없는지 항상 꼼꼼하게 확인한다는 보장도 없다. 그리고 먹이사슬의 꼭대기에 있는 큰 생선(예컨대 참치나 황새치)이 일반적으로 정어리나 멸치 등의 작은 생선보다 독소 농도가 높다.

식이 습관을 완전히 바꾸겠다는 강한 의지와 동기가 있다면 보충제를 먹지 않고도 EPA와 DHA를 충분히 섭취할 수 있지만, 이 방법은 매일 어유 보충제 몇 알을 먹는 것에 비하면 훨씬 어렵다. 너무 많은 시간과 에너지와 노력이 드는 일을 꾸준히 할 수 있는 사람은 그리 많지 않다. 우울증과 싸우고 있는 사람에게는 더욱 어려운 일이다. 내가 우울증 치료 과정에서 오메가-3의 가장 좋은 공급원으로 고품질 어유 보충제를 추천하는 이유가 바로 이것이다. 누구나 할 수 있는 일이기 때문이다.

3. 어유 캡슐과 액상 보충제의 차이는 무엇일까? 둘 중 어느 쪽이 더 좋을까? 같은 어유를 섭취하는 방법이 다를 뿐이다. 어유의 맛을 좋아하는 사람은 거의 없다. 대부분의 사람들은 어유를 캡슐 형태로 복용하는 방법을 선호한다. 그렇게 하면 어유 자체의 맛을 느끼지 않을 수 있기 때문

이다.

반면에 큰 알약을 삼키는 일을 좋아하지 않는 사람들도 있다. 그래서 나도 어유를 병에서 따라 그대로 마시는 용감한 사람들 중 한 명이다. 다행히 요즘 액상 제품에는 대부분 생선 맛이 최대한 나지 않도록 레몬 향이 첨가되어 있다. 그리고 어유를 마시자마자 자몽 주스를 한 잔 마시면 뒷맛을 없애는 데 효과가 좋다. 그래도 좀 더 확실하게 뒷맛을 없애고 싶다면 칫솔을 가까이 두기 바란다.

4. 오메가-3 섭취량을 따로 늘리지 않고 오메가-6 섭취량을 줄여서 오메가-6와 오메가-3의 균형을 맞출 수도 있지 않을까? 맞는 말이다. 서구 사람들은 오메가-6를 너무 많이 먹고 있으니 그 섭취량을 최대한 줄이는 게 좋다. 그럴 수 있고, 또 그래야 한다.

그러나 오메가-6 지방산은 몸속에 오래 남아 있기 때문에, 성공적으로 오메가-6 섭취량을 줄인다 해도 오메가-6/오메가-3 비율이 많이 낮아지려면 몇 달은 걸린다. 우울증으로 괴로워하는 사람이 몇 달을 기다릴 수는 없는 일이다. 누구든 최대한 빨리 증상이 완화되기를 원할 것이다. 오메가-3 보충제를 복용하면 증상이 빠르게 완화될 수 있다. 며칠만 지나면 오메가-6와 오메가-3의 비율이 나아지기 시작하기 때문이다.

물론 장기적으로 우울증을 예방하는 차원에서는 오메가-6 섭취를 줄이는 것이 매우 좋은 방법이다. 그러기 위해 우리가 할 수 있는 몇 가지 간단한 일들이 있다.

- 풀을 먹여 키운 소고기로 바꾸거나 아예 소고기를 먹지 않는다.
- 닭 가슴살이나 생선 등 살코기를 주로 먹는다.
- 튀긴 음식(그리고 대부분의 패스트푸드)을 멀리한다.
- 올리브유나 야자유(열매에서 짠 기름)로 요리하고, 대두유나 옥수수유, 카놀라유, 해바라기유 등의 종자유는 피한다. 샐러드에 넣을 때도 마찬가지다.
- 마가린 대신 버터를 사용한다.
- 튀긴 과자와 구운 제품을 피한다.
- 제품 라벨을 꼭 읽고, 종자유가 많이 함유된 식품은 멀리한다.

5. 분자증류방식으로 만든 어유 보충제를 살 여유가 없는데, 그냥 더 저렴한 종류를 복용하면 안 될까? 온라인으로 구매하면 오프라인으로 판매하는 저품질 보충제와 비슷한 가격에 고품질(분자증류방식) 어유를 살 수 있는 경우도 꽤 있다. 심지어는 더 좋은 제품이 더 저렴할 수도 있다. 실제로 나는 최근 온라인으로 분자증류방식의 보충제 한 달 치를 6.87달러에 구입했다. 오프라인 매장 몇 군데에서 가장 비슷한 가격을 찾아보니 같은 양의 저품질 보충제가 8달러 이상이었다.

그래도 저품질 보충제(즉, 분자증류방식으로 생산되지 않은 보충제)를 훨씬 더 싸게 살 수 있다면, 안심이 될 만한 소식이 하나 있다. 최근 컨슈머랩ConsumerLab.com에서 44종의 어유(대부분 저품질)를 조사했는데 위험 수위의 수은이나 PCB가 들어 있는 제품은 없었다. 하지만 그들이 있을 수 있는 모든 독소를 검사한 것은 아니기 때문에, 안전을 기하기 위해 의약품 등급의 보충제를 복용할 것을 권한다.

6. 어유 보충제가 중요하다는 사실은 알겠는데, 잊지 않고 챙겨 먹기가 어렵다. 어떻게 하면 좋을까? 흔히 생기는 문제지만 대개는 쉽게 해결할 수 있다. 기억을 도와주는 장치만 마련하면 된다. 수년 동안 내가 만난 환자들은 그들이 생각해낸 몇 가지 기발한 해결책을 알려주었다.

- 칫솔이나 그 밖에 매일 사용하는 물건 옆에 보충제 병을 보관한다. (트림을 방지하기 위해 냉동실에 보관하고 싶다면, 캡슐을 다른 용기에 담아 냉동실에 보관하고 빈 병을 칫솔 옆에 놓아둔다.)
- 병을 베개 위나 머리맡에 보관한다.
- 휴대전화나 PDA의 알람을 매일 특정 시간에 울리도록 설정한다.
- 매일 친절하게 알려줄 친구나 가족을 찾는다.
- 휴대용 약 상자를 구입해 캡슐을 보관한다.

변화는 어렵다. 하지만 새로운 습관 중에도 상대적으로 훨씬 몸에 익히기 쉬운 습관이 있다. 다행히, 생활개선요법 전체 프로그램 중 가장 간단한 변화(매일 어유 보충제를 복용하는 일)는 우울증을 물리치고 재발을 막는 데 있어서 가장 강력한 효과를 발휘하는 변화 중 하나이기도 하다. 하루에 1분밖에 걸리지 않는 이 변화가 우리의 삶을 이전과는 비교도 할 수 없을 만큼 좋게 변화시켜줄 수도 있다.

05

Don't Think, Do

생각하지 말고 행동하라

브렌다는 몇 년 전 이상심리학 수업에서 최고 우등생이었고 졸업 후 그 분야에서 일하기 시작했다. 그런데 얼마 후 그녀는 몇 가지 우울증 증상을 겪게 되어 조언을 구하기 위해 나를 찾아왔다.

그녀는 우울한 기분이 들기 시작하자 곧바로 옛 강의 노트를 꺼내, 내가 운동과 어유와 자연일광 등의 항우울 효과에 관해 이야기했던 내용을 다시 읽어봤다고 한다. 그 후 브렌다는 혼자서 TLC 프로그램을 실행에 옮기기 시작했다.

"그런데 아무래도 뭔가 잘못하고 있는 것 같아요. 전혀 나아지지 않고 있거든요. 대학시절(졸로프트를 처방 받았던 때)만큼 상태가 나쁜 건 아니지만, 다시는 그때처럼 되고 싶지 않아요." 그녀는 한숨을 쉬며 말했다. "저는 정말 TLC가 제게 효과가 있을 거라고 기대했어요."

나는 이렇게 말했다. "자, 우선 지금 실천하고 있는 일들을 한번 살펴보죠. 그러면 그 방법들이 왜 도움이 안 되고 있는지 힌트를 얻을 수 있을 테니."

그녀는 자신이 생활에 얼마나 많은 변화를 주고 있는지 빠르게 이야기했다. 몇 주 전부터 그녀는 하루에 약 45분씩 걷기 시작했고, 충분히 햇빛을 받고 있었고, 고품질 어유 보충제를 오메가-3 권장량에 맞게 복용하고 있었고, (여전히 잠들기 어려운 때도 종종 있었지만) 평균적으로 8시간씩 충분히 자고 있었고, 사회적인 관계도 늘리고 있었다. 남자친구도 매일 만나고, 오랜 친구들도 정기적으로 만나고, 한 발 더 나아가 새로운 직장 동료들과도 조금씩 가깝게 지내고 있었다.

이 중 아무것도 큰 효과가 없었다니 혼란스러웠다. 어쩌면 그녀는 예외일 수도 있다는 생각이 들었다. TLC 프로그램 전체를 실천하고도 우울증이 회복되지 않은 사람은 없었지만, 그런 가능성을 완전히 배제할 수도 없었다. 그런데 한 가지 확인하지 않은 부분이 있었다. 반추에 관해서는 아직 브렌다에게 물어보지 않았던 것이다.

"수업 시간에 반추에 관해 얘기했던 것 기억나요?"

그녀는 어깨를 으쓱했다. "생각에 관한 얘기 아니었나요?"

"그래요, 생각하고 또 생각하는 거죠. 우울증에 걸리면 우리는 안 좋은 생각을 마음속으로 계속 곱씹는 경향이 있어요. 많은 우울증 환자들이 그런 부정적인 생각을 몇 시간 동안 계속하곤 하죠."

"맞아요," 그녀가 말했다. "저도 가끔 그래요. 아니, 사실은 많이요. 운동을 하거나 설거지를 할 때 이런 생각들이 계속 머릿속에 떠올라요. '남자친구와 잘 안 되면 어쩌지?' '왜 직장에서 사람들과 가까워지지 못하는 걸까?' '아빠가 내 생일에 전화하는 걸 잊으셨다니 믿을 수 없어' '또 우울증에 걸리면 어떻게 하지?' 그러다 보면 그냥 앉아서 계속 생각만 하게 되는 거죠."

"그런 생각을 계속하다 보면 기분에 어떤 변화가 있나요?"

"음," 그녀는 바닥을 내려다보며 잠시 동안 이 질문에 대해 곰곰이 생각했다. "기분이 더 안 좋아지죠, 확실히."

"자, 이런 부정적인 생각들을 반복하며 많은 시간을 보내고 있다면, 왜 우울증이 아직 사라지지 않는지 설명이 되겠네요."

브렌다는 불편한 듯 자세를 고쳐 앉았다. "하지만 어떻게 해야 생각을 멈출 수 있는지 모르겠어요. 사실 생각이라는 게 그렇게 마음대로 통제할 수 있는 게 아니잖아요."

"맞아요. 우리가 항상 우리의 생각을 통제할 수 있는 건 아니죠. 하지만 어떤 생각이 머릿속에 떠올랐을 때 우리는 그 생각을 계속할 것인지 말 것인지 결정할 수 있어요. 다른 곳으로 관심을 돌릴 수 있다는 거죠."

그녀는 믿지 않는 눈치였다. "이런 생각에서 마음을 돌리려고 노력해 보지 않은 게 아니에요."

나는 고개를 끄덕였다. "이해해요, 반추가 습관이 된 거죠. 우울증을 겪는 대부분의 사람들이 그래요. 습관이란 건 고치기가 상당히 어렵죠. 하지만 내가 만났던 수많은 환자들이 반추를 그만두는 법을 터득했고,

그 사람들 중에는 훨씬 더 심한 우울증을 앓고 있던 사람들도 많았어요. 필요한 건 자신과의 약속과 연습이에요."

"네," 브렌다는 힘없는 목소리로 대답했다. "늘 이런 생각들만 하면서 지내는 건 이제 그만했으면 좋겠어요…." 목소리가 점점 잦아들었다. "어쨌든 시도해 보고 싶어요." 그녀는 쓴웃음을 지으며 말했다. "TLC의 다른 방법들은 하나도 도움이 안 됐지만요."

브렌다는 다음 한 달 동안 반추 습관을 고치기 위해 앞서 이야기했던 방법들을 모두 시도해 보면서 열심히 노력했다. 이미 프로그램의 많은 부분들을 실천하고 있었기 때문인지, 일단 반추하는 습관을 통제하게 되자 그녀의 우울증 증상들은 몇 주 만에 사라졌다.

나의 부모님은 메인 주에 있는 시골에서 자랐지만 나는 도시에서 자랐다. 사실 나는 십대가 되어서야 처음으로 목장에서 키우는 생물을 가까이에서 보았다(조지아 주 북부에 있는 친척의 소 목장에 갔던 때였다). 처음에 내 주의를 끈 것은 소들의 한정된 행동 패턴이었다. 우두커니 서서 입안의 풀을 씹는 동작이 거의 전부였다. 드문드문 풀을 뜯기도 했지만 잠깐 그리고 나서는 먹는 일을 멈추고 반쯤 소화된 덩어리를 다시 밀어 올려 씹었다. 소들은 가만히 서서 몇 시간 동안 천천히 체계적으로 덩어리를 씹어 완전히 소화할 수 있을 만큼 작아질 때까지 잘게 으깼다.

소가 음식을 소화시키는 과정을 '반추'*라고 한다. 그리고 반추는 우리

---

*반추rumination의 어원인 반추위rumen는 소의 위(胃)에서 되새김질 거리가 만들어지는 제1위를 의미한다.

가 깊은 생각을 할 때 비유적으로 쓰이는 말이기도 하다. 때로는 우리도 어떤 생각들을 한동안 곱씹어야 그 생각들을 소화할 수 있는 것 같다.

고민은 짧게

반추는 무언가가 잘못되고 있을 때 인간이 취하는 본능적인 반응인 것 같다. 마치 우리가 최근에 있었던 안 좋은 일들을 마음속으로 몇 번이고 숙고해야만 다음으로 넘어갈 수 있도록 설계되어 있는 것 같다. 약간의 숙고는 이로울 수 있다. 무엇이 잘못되었는지, 어떻게 하면 바로잡을 수 있을지, 그리고 앞으로 또 다시 좋지 않은 결과가 발생하지 않게 하려면 무엇이 도움이 될지를 좀 더 명확하게 판단할 수 있게 되기 때문이다.

잠시 이런 진지한 고민을 하고 나면 우리는 대개 그 상황에서 해 볼 수 있는 생각은 다 해 봤으니 더 이상 고민해 봐야 시간 낭비라고 느끼는 시점에 도달한다. 그런데 어떤 사람들은 이미 충분한 시점이 한참 지났는데도 그 고민에서 벗어나지 못한다. 반추가 길어지면 몇 가지 악영향이 발생할 수 있다.

우선, 반추는 부정적인 감정을 증폭시킨다. 예를 들어, 얼마 동안 아주 슬픈 일들을 곰곰이 생각하다 보면 곧 침울한 기분이 든다(처음과 비교하면 확실히 훨씬 더 그렇다). 마찬가지로, 잠재적인 위협에 생각이 고정되면 필연적으로 불안감이 높아지기 시작한다.

또한 반추는 우리의 활동을 감소시킨다. 반추는 우리를 무기력하게 만들고 머릿속에 갇혀 있게 만드는 사고 과정이다. 곰곰이 생각에 잠겨 있을 때 우리는 특히 활동을 피하는 경향이 있다. 활동을 하게 되면 어쩔 수 없이 주의가 머릿속의 생각에서 주변 세상으로 끌려가기 때문이다.

반추는 우리를 고립시킨다. 사회적인 측면에서는 특히 그렇다. 사람들과 만나는 자리에서 머릿속의 생각에 사로잡혀 있으면 그 사람은 정신적으로는 그곳에 없는 것이나 마찬가지다. 상대방이 말을 걸면 그 사람은 고개를 끄덕이며 "응"하고 대답은 하겠지만 상대방이 무슨 말을 했는지 전혀 기억하지 못할 것이다. 다시 말해서, 겉으로 듣는 시늉만 할 뿐 계속 자기만의 작은 세계 안에서 생각의 바퀴를 빙빙 돌리고 있는 것이다. 이런 일이 습관이 되어버리면 인간관계에 큰 타격을 입게 된다.

마지막으로, 반추는 우리의 감정을 격화시키는 강력한 힘을 갖고 있어서, 뇌의 스트레스 반응 회로를 지속적인 과열 상태로 몰고 간다. 그리고 이런 과열 상태는 본격적인 우울증을 유발할 수 있다.

우울증과 반추는 매우 강하게 연결되어 있다. 반추는 우리의 감정과 행동과 인간관계와 뇌 기능에 강력한 영향을 미쳐 우리를 우울증에 한층 더 취약하게 만든다. 그리고 반추는 우울증을 지속시키는 데 있어서도 핵심적인 역할을 한다. 그렇기 때문에, (브렌다의 경우에서 봤던 것처럼) 반추를 습관적으로 계속하면, 우울증에서 벗어나기 위해 다른 온갖 노력을 해도 벗어나기가 굉장히 어렵다.

하지만 그렇게 절망적이기만 한 것은 아니다. 습관을 고친다는 것이 어렵게 느껴지겠지만 그 과정은 놀라울 정도로 간단하다. 자신이 반추하고 있는 순간을 인식하기, 그리고 관심을 다른 곳으로 돌리는 방법을 터득하기, 이 두 가지 단계만 훈련하면 된다.

● 습관 고치기: 반추하는 시간 인식하기

우울증의 어떤 면이 우리를 부정적인 생각에 그토록 오랫동안 빠져 있게 만드는 것일까? 답은 인간의 기억과 깊은 관계가 있다.

인간의 뇌(약 1.4kg의 신경조직 덩어리)가 어떤 기억이든 저장할 수 있다는 것은 매우 놀라운 일이지만, 기억 체계에는 몇 가지 특징이 있다. 가장 주목할 만한 점은 망각이다. 잊혀진 정보는 우리의 뇌 속 어딘가에 남아 있지만, 특정 기억이 필요할 때 꺼내기는 어렵다. 뇌 속에서 다른 많은 정보들이 경쟁하고 있기 때문이다.

이 문제를 해결하기 위해 뇌는 종종 기억 단서(우리가 불러내려 하는 기억과 연관된 정보들)에 의지해 기억을 되살린다. 우리가 찾는 정보와 어떤 식으로든 연관되어 있으면 무엇이든 단서로 작용할 수 있다. 예컨대 어떤 방 안에서 단어들을 외우면 다음날 똑같은 방에 들어갔을 때 다른 방에서보다 훨씬 단어들을 잘 기억해낼 수 있다는 연구 결과가 있다. 방 안의 환경이 기억 속의 단어들을 불러오는 단서가 되는 것이다. 마찬가지로, 커피를 마시면서 시험공부를 하는 학생들은 시험 당일에 비슷한 양의 커피를 마시면 시험을 더 잘 볼 수 있을 것이다.

뇌는 우리의 기분 상태를 가장 중요한 기억 단서로 이용한다. 뇌는 사건이 일어났을 때의 감정 상태에 따라 모든 기억에 꼬리표를 붙인다. 이후 그때와 같은 기분이 될 때마다 이 꼬리표를 강력한 검색 단서로 삼는 것이다.

예를 들어 슬플 때는 그 우울한 기분이, 비슷하게 우울했던 다른 순간들에 대한 온갖 기억들(실패했던 기억, 외로웠던 기억, 거부당했던 기억 등)을 끌어내기 시작한다. 슬플 때 일반적으로 우리는 모든 일이 잘 풀리던 과거의 특정 시기를 잘 떠올리지 못한다.

몇 달 전 나는 이 원리를 직접 눈으로 확인했다. 내 열한 살 된 딸 애비는 쾌활하고 낙천적인 아이인데, 어느 날은 마음을 상하게 한 친구 때문에 속상해 하고 있었다. 내가 위로하려 하자 애비는 훌쩍거리며 이렇게 말했다. "좋은 일은 하나도 없어. 항상 나쁜 일뿐이야. 항상." 다음날 딸아이가 마음의 평정을 되찾은 후에 나는 전날의 부정적인 인생관에 대해 물어 보았다. 애비는 어깨를 한 번 으쓱하고는 밝게 웃으며 말했다. "몰라, 어제는 정말 그런 것 같았단 말이야." 딸아이의 말 그대로다. 기억은 그만큼 기분의 노예인 것이다.

우울증에 빠지면 슬픈 기분이 슬픈 기억들을 의식의 표면으로 끌어 올린다. 그러면 그 속상한 기억들이 부정적인 생각들을 만들어낸다. 속상한 기억들과 생각들은 우울한 기분을 심화시키고, 우울한 기분은 한층 더 부정적인 생각들을 만들어내고, 그러면 기분은 더 우울해진다. 이런 반추의 악순환은 무언가가 나타나서 중단시켜주지 않으면 무기한으로 계속될 수도 있다.

내가 TLC 모임에서 반추에 관한 이야기를 꺼낼 때마다 대다수의 환자들은 자신이 자주 하는 일이라고 곧바로 시인한다. 그런데 한 가지 흥미로운 사실이 있다. 내가 말을 꺼내기 전까지는 깨닫지 못했다고 말하는 환자들이 많다는 사실이다.

우울증에 빠져 있을 때는, 부정적인 생각들을 곱씹는 일이 거의 무의식적으로 일어난다. 전혀 인식하지 못한 채 오랜 시간을 보낼 수도 있다.

집으로 가는 아주 익숙한 길을 따라 운전하는 경우를 생각해 보자. 대부분의 사람들은 아마도 어느 순간 집 앞 진입로에 들어서면서 문득 생각할 것이다. "여기까지 어떻게 왔지?" 물론 몇 번 좌회전이나 우회전을 하고 다른 차들을 지나 제대로 길을 찾아서 집까지 왔다는 사실은 알고 있겠지만, 늘 같은 길을 운전해서 다녔기 때문에 운전하는 동안 주의가 다른 곳으로 흘러나갈 수 있었던 것이다.

같은 식으로, 오랫동안 우울증과 싸우고 있는 사람들은 반추로 이어지는 흔한 길을 너무 잘 알고 있다. 그들은 이 길을 거의 자동으로 찾아갈 수 있다. "내가 또 가만히 앉아서 한참 동안 반추하고 있구나"라고 단 한 번도 알아채지 못한 채로 긴 시간이 (때로는 실제로 몇 시간이) 흐를 수도 있다.

그래서 반추 습관 고치기의 첫 단계가 '반추하고 있는 순간을 인식하기'인 것이다. 반추하고 있는 순간과 하고 있지 않은 순간에 (시시각각) 주의를 기울이는 법을 일단 익히면, 오래 지나지 않아 이 습관에서 벗어날 수 있을 것이다. 그러나 그 전까지는 우리의 의지와 상관없는 이 사고 과정이 우리를 지배한다.

생각의 일지 쓰기

어떻게 하면 자신이 반추하는 순간을 더 잘 인식할 수 있을까? 한 가지 방법은, 거의 매 시간마다 사고 과정을 점검하여 자신이 어디에 주의를 기울이고 있었는지를 확인하는 것이다. 그리고 마지막으로 점검한 이후 반추가 일어날 때마다 기록해 두는 것이다.

단순히 잊지 않고 규칙적으로 생각을 점검하는 일도 상당히 어려울 수 있다. 처음에는 특히 그렇다. 이 작업이 어렵다면 도구의 힘을 빌리는 것도 좋은 방법이다. 예를 들어 휴대전화나 PDA를 매 시간마다 울리도록 설정해 두는 것이다. 매 시간마다 울리도록 설정할 수 있는 시계가 있다면 그 또한 효과적인 수단이 될 수 있다. 이런 도구가 하나도 없다면, 물을 마시거나 화장실에 가는 등의 일상적인 활동도 기억의 수단으로 활용할 수 있다.

그러나 반추를 점검하는 가장 좋은 방법은 표 5-1처럼 매 시간마다 일지를 쓰는 것이다.

매 시간마다 자신이 무엇을 하고 있었는지, 대략 얼마 동안 반추를 했는지, 그때 부정적인 기분의 강도가 어느 정도였는지를 기록하는 것이다. 번거로워 보일 수도 있겠지만, 이 표를 완성하는 데는 하루에 5분 이상 걸리지 않는다. 하루 종일 이런 일지를 지니고 다니면서 매 시간마다 잠깐씩 꺼내 그때그때의 활동을 적어 보면 전혀 어렵지 않을 것이다. 이 일지는 유용한 자기 점검 수단이 될 뿐만 아니라, 어떤 활동들이 기분을 가장 좋게 (혹은 가장 나쁘게) 만들고 어떤 활동들이 반추를 막는 데 가장 도움이 되는지 (혹은 가장 도움이 안 되는지) 알려주는 최고의 정보원이 될 것이다.

처음 1~2주 동안 규칙적으로 반추 습관을 점검하다 보면 차츰 능숙해져서, 반추를 하는 도중에 스스로 깨닫는 일도 가능해질 것이다. 그리고

표 5-1. 반추 일지의 예

시각	활동	반추(분)	부정적인 기분(0-10)
6:00	잠 깬 후 침대에 누워 있기	25	7
7:00	아침식사, 샤워 등	20	6
8:00	아이들 데려다주기, 통근	15	6
9:00	일	2	4
10:00	일 - 지루한 직원회의	30	6
11:00	일	5	5
12:00	동료들과 점심식사	2	3
1:00	일	0	4
2:00	일	0	3
3:00	일 - 마감기한에 대해 들음	30	7
4:00	일	10	5
5:00	통근, 아이들 데리러 가기	15	6
6:00	저녁 준비, 가족과 식사	0	5
7:00	숙제 도와주기	0	4
8:00	TV 시청	30	7
9:00	아이들 취침 준비, TV 시청	15	7
10:00	TV 시청	40	8
11:00	취침 준비, 수면	10	7
12:00	수면		
1:00	수면		
2:00	수면		
3:00	45분 동안 깨어 있음	40	8
4:00	수면		
5:00	수면		

연습을 거듭할수록 자기 점검이 습관이 되어 나중에는 거의 자동적으로 점검이 될 것이다. 다시 말해, 반추를 할 때마다 저절로 울리는 정신적인

경보기를 얻게 되는 셈이다. 최근 한 환자는 내게 이렇게 말했다. "치료를 받기 전에는 끊임없이 반추를 하면서도 스스로 전혀 깨닫지 못했지만, 이제는 늘 알아챌 수 있어요. 반추가 시작되면 곧바로 머릿속에서 누군가가 작은 목소리로 이렇게 말하는 것 같아요. '또 시작했어. 또 하고 있다고. 거기서 멈춰.'"

고위험 상황들을 주의하라

자신의 정신적인 생활을 잘 알게 될수록 우리는 어떤 상황들이 감정적인 행복에 특히 해로운지 깨닫게 된다. 이 점에 관해서는 확실한 연구 결과가 있다. 일반적으로 *사람들은 달리 주의를 끄는 일이 없을 때 반추를 한다*(그리고 가장 기분이 나빠진다).

우울증에 빠지면 끊임없이 자신의 안으로 파고든다는 점을 고려해 볼 때, 반추를 일으키는 가장 큰 위험 요인은 홀로 시간을 보내는 일이다. 그런데 안타깝게도 우울증은 다른 사람들을 멀리하는 강한 경향을 수반한다. 다시 말해서, 우울증에 걸리면 혼자 있고 싶어지고, 그러면 반추를 하게 되고, 그러면 사람들을 더욱 더 멀리하게 되는 악순환이 계속된다는 것이다.

다른 사람들과 함께 시간을 보내는 일은 대체로 반추에 대항하는 데 도움이 된다. 단, 함께 있는 사람들은 우울증을 앓고 있는 사람이 아니어야 한다. 최근 십대 우울증 환자들에 관한 연구에서, 청소년기의 소녀들은 대화중에 함께 반추를 하는 경우가 많았다. 이런 상황은 양쪽 모두의 기분을 침울하게 만든다. 그러므로 자신과 마찬가지로 부정적인 생각에 사로잡히기 쉬운 누군가와 함께 시간을 보낼 때는, 반추를 함께하는 일의 위험성에 대해 사전에 그 사람과 이야기를 나누고 서로 부정적인 생각들은 입 밖에 꺼내지 않기로 합의를 해 두는 것이 좋다.

TV 시청은 또 하나의 고위험 상황이다. 이 말은 납득이 잘 안 될 수도 있다. 사람들은 어떤 상황으로부터 마음을 돌리기 위한 도피 수단으로 TV 시청을 택하는 경우가 많기 때문이다. 그러나 대부분의 프로그램들이 우리의 마음을 완전히 집중시킬 만큼 재미있지 않다는 점이 문제다. 게다가 우울증은 우리의 집중력을 손상시켜 자연히 TV 프로그램에도 집중하지 못하게 만들기 때문에, 오히려 TV 시청은 반추하는 시간을 길어지게 만드는 가장 강력한 방법 중 하나다.

우리의 주의를 완전히 집중시키지 못하는 다른 모든 상황에도 똑같은 기본 원리가 적용된다. 수년 동안 환자들은 내게 주의해야 할 수많은 고위험 상황들을 알려주었다. 대표적인 예로 교통 체증 속에 앉아 있기, 슬픈 음악 듣기, 운전, 머리를 쓸 필요가 없는 허드렛일, 몽상, 집 안에 누워 있기 등을 들 수 있다. (이런 상황들을 피할 수 없을 때 위험을 최소화하는 방법은 이 장이 끝나기 전에 다시 살펴보기로 하자.)

● 습관 고치기: 관심 돌리기

반추하는 순간을 잘 인식하게 되면 이제 남은 문제는 반추를 멈추는 일이다. 해결책은, 내부 세계의 생각과 기억에서 외부 세계의 사람과 활동으로 관심을 돌리는 것이다. 간단히 말해서, 덜 생각하고 더 행동해야 한다는 의미다.

제2장에서 우리는 우울증에 걸리면 생각을 행동으로 바꿔주는 좌측 전두피질의 뇌 회로가 억눌려 제 기능을 하지 못하게 된다는 사실을 알았다. 뇌의 이 핵심 부위가 제대로 기능하지 못하면 우리는 행동을 개시하기가 굉장히 어려워진다.

그러면 어떻게 될까? 우리는 점점 더 행동을 하지 않게 된다. 그리고 행동이 적어지면 적어질수록 우리는 가만히 앉아서 생각에 잠기게 된다. 생각에만 잠겨 있으면 우울증은 더 악화되고, 그러면 좌측 전두피질은 더 기능을 못하게 되고, 그러면 행동을 하기가 더더욱 어려워진다.

하지만 이 악순환을 선순환으로 뒤집을 수도 있다. 그냥 가만히 앉아 있고 싶을 때도 우리는 스스로 무언가 행동을 하도록 유도할 수 있다(아니면 최소한 누군가의 부드러운 유도에 응할 수는 있다). 이런 일시적인 활동 증가는 좌측 전두피질을 자극하는 데 도움이 되고, 좌측 전두피질이 자극되면 기분이 나아져 우울증 증상들이 조금 줄어든다. 그러면 더 많은 활동을 개시하기가 조금 더 쉬워진다. 다시 말해, 단지 무엇이든 활동을 하는 것만으로도, 우울증을 완화시키는 데 도움이 되는 방향으로 뇌를 변화시킬 수 있다는 얘기다.

습관을 버리기 위한 동기 찾기

관심을 돌리는 과정을 자세히 살펴보기 전에, 반추 습관을 없애는 데 방해가 될 수 있는 잠재적인 장애물을 짚고 넘어갈 필요가 있다. 그 장애물은 바로 동기 부족이다. 수년 간 환자들을 지켜본 결과 나는 사람들이

때로는 이 습관을 버리기 싫어한다는 사실을 알게 되었다. 얼마나 해로울 수 있는지 알면서도 그들은 이 습관을 계속 붙들고 싶어 한다.

몇 년 전 어떤 환자는 그 이유를 내게 이야기해 주었다. 반추는 상당히 유혹적일 수 있다는 것이다. 그녀는 이렇게 말했다. "그만두고 싶다는 건 스스로도 알고 있죠. 하지만 이런 생각이 드는 거예요. '조금만 더 생각하면 해결책을 찾을 수 있을 거야. 그러면 기분이 훨씬 나아질 거야.' 사실은 그렇지 않다는 걸 내심 알고 있지만, 생각을 곱씹는 동안은 꼭 그렇게 될 것만 같거든요. 그래서 유혹에 굴복하고 계속 생각에 매달리는 거죠. 그러다 보면 자기도 모르는 사이에 한 시간이 지나고, 여전히 머리를 굴리고 있지만 달라진 건 하나도 없는 거예요."

반추의 유혹과 싸우는 데 도움을 주기 위해 나는 종종 환자들에게 이런 질문을 한다. "생각을 곱씹다가 더 이상 새로운 생각이 떠오르지 않을 것 같은 시점에 도달하기까지 시간이 얼마나 걸리나요?" 대답은 대개 5~10분이다.

그래서 나는 이런 제안을 한다. "자신이 반추하고 있다는 사실을 깨닫게 되면 '최대 10분'까지는 계속 생각을 해도 좋아요. 단, 반드시 타이머를 설정해 놓고 타이머가 울리면 곧바로 생각을 중단하세요." 이 방법을 쓰면 끝없이 계속될 수 있는 해로운 생각에서 벗어나기가 한결 쉬워진다.

여기서 한 발 더 나아가는 환자들도 많다. 자신이 곱씹는 생각들로부터 벗어나기 위한 준비 작업으로 그 생각들을 종이에 적는 것이다. 생각을 글로 적으면 실제로 그 생각을 멈추기가 쉬워진다. 구입할 물건 목록이나 할 일 목록을 적어 본 사람이라면 이 원리를 직접 체험해 봤을 것이다. 일단 내용을 종이에 옮겨 놓고 나면, 대개는 그 내용을 머릿속에서 계속 되뇌어야 할 필요를 덜 느끼게 된다. 글로 적고 나면 즉시 생각을 다른 곳으로 돌릴 수 있다.

활동 찾기

자신이 반추하고 있음을 깨달을 때마다 관심을 사로잡을 만한 활동들의 목록을 마련해 두는 게 중요하다. 일반적으로 우리는 다른 무언가에 빠져들어야만 반추를 멈출 수 있다. 그리고 대부분의 경우 몇 분 동안만 다른 활동에 몰두하면 마력은 깨진다.

그러나 자신에게 효과적인 활동(확실하게 주의를 끄는 활동)을 찾기 위해서는 어느 정도 시행착오를 거쳐야 할 것이다. 사람에 따라 결과는 다를 수 있다. 어떤 사람에게는 흥미진진한 일이 또 어떤 사람에게는 완전히 지루할 수도 있기 때문이다.

적절한 활동을 찾는 데 있어서 누구에게나 공통적으로 적용되는 방식은 없지만, 다행히 거의 모든 사람에게 효과적인 활동이 몇 가지 있다.

대화하기_ 쌍방향의 대화를 계속하려면 엄청난 집중이 필요하기 때문에, 머릿속으로 생각을 곱씹으면서 동시에 제대로 된 대화를 지속하는 일은 거의 불가능하다. (물론 말을 주고받는 일은 상호적인 활동이다. 불행히도 대화를 지배하고 싶어 하는 사람과 이야기를 나누게 된다면, 상대방의 단조로운 목소리를 듣고 있다가 자기도 모르게 생각에 빠지기 쉽다.)

TLC 프로그램에서 우리는 환자들에게 (전화상으로든 직접 대면해서든) 대화를 나눌 수 있는 모든 사람들의 목록을 만들라고 말한다. 여기에는 가족이나 친척뿐만 아니라 친구, 직장 동료, 이웃, 혹은 멀리 이사한 지인까지, 생각할 수 있는 모든 사람들이 포함될 수 있다.

잠깐 시간을 내서 표 5-2와 같은 목록을 만들어 보자. 어느 정도 편한 상대인지에 따라, 그리고 필요할 때 대화를 나눌 수 있는 가능성이 어느 정도인지에 따라 숫자를 적어 두면 좋다.

대화 상대가 필요해지면, 특히 편한 사람에게 먼저 연락을 해 보자. 가장 필요할 때 대화를 나눠줄 수 있는 사람이라면 더욱 좋다. *자신이 부정적인 생각에 빠져 있음을 깨달은 순간 그 사람과 대화를 시작하는 것이다.*

목록에 있는 몇몇 사람들에게 해로운 생각의 반복을 끊는 수단으로 대화를 이용하려 한다는 계획을 말해 두면 더 마음 편하게 연락할 수 있을 것이다. 물론 장담할 수는 없지만, 내가 지켜본 바로 친구들이나 사랑하

표 5-2. 대화 상대

관계	편한 정도 (1-10)	가능한 정도 (1-10)
엄마	8	10
아빠	4	9
샐리 (가장 친한 친구)	9	5
질 (여동생)	5	3
대니 (남동생)	7	5
밥과 조애니 (이웃)	4	2
제시 (상사)	3	5
샌디 (고등학교 동창)	8	?

는 사람들은 그런 말을 들었을 때 놀라울 만큼 친절하고 따뜻하게 응하는 경우가 많았다. 내가 만난 환자들이 가장 많이 받은 대답은 이런 대답이었다. "나를 믿고 얘기해줘서 고마워. 내가 필요할 때는 언제든 마음 놓고 연락해."

공동 활동 찾기_ 반추를 막는 데 효과적인 많은 활동들 중에는 다른 사람들과 함께 할 수 있는 활동들도 있다. 다른 사람이 곁에 존재하기만 해도, 우리의 생각이 안으로 파고들지 않게 도와주는 어떤 힘이 작용한다.

몇 년 전 내가 만난 우울증 환자 중에 외로운 주부가 한 명 있었는데, 막내 아이가 대학으로 떠난 후 그녀는 해비타트Habitat for Humanity에서 자원봉사를 시작했다. 그녀가 이 활동 덕분에 기분이 훨씬 나아졌다는 이야기를 처음 꺼냈을 때 나는 그녀가 자원 봉사를 하면서 새로운 친구들을 만나게 되었기 때문이라고 생각했다. 그런데 그게 아니었다. 그녀는 여전히 사회적으로 상당히 고립되어 있었고 그곳에서 누구와도 가깝게 지내고 있지 않았다. 그녀에게 도움이 된 것은, 못을 박거나 판자를 나르는 등 다른 사람들과 함께 전념할 수 있는 특정한 과제가 있다는 사실이었다. 그녀는 이렇게 말했다. "그 일들을 집에서 혼자 했다면 전혀 즐길 수 없었을 거예요. 그리고 아마 일하는 내내 이런저런 생각들을 곱씹고 있었겠죠. 하지만 곁에 다른 누군가가 있는 것만으로도 완전히 달랐어요. 왜인지는 알 수 없지만, 내 생각들 속에서 헤매지 않을 수 있었어요. 일하는 동안 별로 이야기를 많이 나눈 것도 아닌데 말이에요."

나도 이 원리를 직접 체험한 적이 있다. (그리고 남성은 친밀한 대화보다 공동 활동을 통해 사람들과 연결되는 것을 더 편안하게 느낀다고 한다.) 대학원 재학 시절 나는 완성되지 않은 논문 때문에 스트레스와 고민에 시달리곤 했다. 그럴 때마다 가장 효과적인 해결 방법은 책을 던져 놓고 동네 운동장에 가서 풀코트 농구 경기에 뛰어드는 것이었다. (종종 전혀 모르는 사람들과 함께) 농구장을 뛰어다니다 보면 나는 금세 눈앞의 도전에 빠져들었고 이내 마음속의 걱정도 사라졌다.

놀이_ 상호적인 게임은 반추를 중단시키는 매우 효과적인 수단이다. 테니스나 골프, 소프트볼, 라켓볼, 배구, 농구, 볼링 등 신체 활동을 요하는 게임에 참가할 수 있으면 더욱 좋다. 몸의 움직임을 조정하는 데만도 매순간 상당한 집중이 필요하기 때문이다. (이런 활동적인 게임에 참가하면 운동이 주는 항우울 효과와 사고 활동이 주는 항우울 효과를 얻을 수도 있다.)

무선 리모컨을 이용해 활동적인 스포츠와 게임을 즐길 수 있게 해주는 닌텐도 위Wii 게임 시스템의 출현으로 우리에게는 흥미로운 선택권이 하나 더 생겼다. 노약자 등 일반적으로 왕성한 활동을 피하는 사람들 사이에서도 Wii는 큰 인기를 끌었다. 무선 리모컨을 이용한 시뮬레이션을 통해 테니스나 골프, 농구 등 평소에는 할 수 없었던 경험을 맛볼 수 있기 때문이다.

하지만 카드 게임이나 앉아서 하는 보드 게임도 비슷한 효과를 가져다 줄 수 있다. 다른 사람들과 함께 할 수 있으면 더욱 효과적이다. 여기서도 과학기술은 몇 십 년 전만 해도 상상할 수 없었던 방식으로 게임을 즐길 수 있게 해준다. 웹사이트를 통해 우리는 세계 곳곳의 잠재적인 온라인 게임 상대들과 연결될 수 있다. 말 그대로 1분도 안 돼서 우리는 사람들과 함께 온라인 체스, 스크래블, 모노폴리, 브리지, 스페이드 등의 게임에 빠져들어 다른 생각에 잠길 겨를이 없어질 것이다.

음악 듣기_ 슬픈 음악은 우리를 부정적인 생각에 빠지게 만들 수 있지만, 많은 사람들이 적어도 어떤 종류의 음악들은 그런 생각을 할 수 없을 정도로 주의를 집중시킨다고 말한다. 당신에게도 그런 음악이 있다면 반추를 막을 수 있는 가능성의 범위가 훨씬 넓어질 수 있다. 운전, 휴식, 집안일, 정원 가꾸기 등 고위험 활동을 하는 동안에도 음악을 들으면서 부정적인 생각들을 차단할 수 있기 때문이다. (제6장에서 살펴보겠지만 운동도 특히 혼자서 할 경우에는 부정적인 생각들을 불러올 수 있는데, 이때도 마음을 사로잡는 음악이 훌륭한 해결책이 되어줄 수 있다.)

오디오북 듣기_ 우울증은 일시적으로 우리의 집중력을 빼앗아 책 읽기를 매우 어렵게 만든다. 그러나 많은 환자들은 테이프나 CD를 통해 책을 들으면 내용에 집중하기가 훨씬 수월하다고 말한다. 오디오북은 음악과 비슷한 역할도 할 수 있다. 특히 혼자 있을 때나 머리를 쓸 필요가 없는 일을 하는 동안 부정적인 생각을 차단하는 데 유용하다.

비디오 시청_ TV나 영화를 보며 수동적으로 시간을 보내는 일은 우울증 환자들이 피해야 할 일이다. 생각에 빠져들게 되기가 쉽기 때문이다. (TV 앞에 가만히 앉아 있으면 좌측 전두피질의 활동이 줄어 우울증 증상들이 더 악화될 수도 있다.) 하지만 다른 방법을 쓸 수 없는 위기 상황에 어떤 영화나 TV 프로그램은 우리의 주의를 끌어 생각의 반복을 끊는 데 도움을 줄 수도 있다. 그러므로 혼자 있을 때 재빨리 주의를 다른 곳으로 돌려야 하는 상황이 오면 쉽게 꺼내 볼 수 있도록 흥미진진한 DVD나 비디오

테이프를 구비해 두는 것도 나쁘지 않은 방법일 것이다.

브레인스토밍_ 지금까지 살펴본 활동들은 부정적인 생각의 반복을 중단하는 데 도움이 되는 수많은 활동들 중 극히 일부일 뿐이다. 지난 수년 동안 내가 진료한 환자들은 다른 수십 가지 방법들을 내게 알려주었다. 몇 가지 예로 정원 가꾸기, 악기 연주, 요리, 쇼핑, 라디오 듣기, 개나 고양이와 놀기, 동물보호소 방문, 노래방 가기, 박물관에서 자원 봉사, 공원에서 노는 아이들 보기, 편지 쓰기, 자수, 하이킹 등이 있다.

조금만 생각해 보면 당신도 자기만의 목록에 추가할 활동들을 찾아낼 수 있을 것이다. 지금 잠깐 시간을 내어, 나중에 생각을 곱씹고 있는 자신을 깨달았을 때 할 수 있는 활동들을 최소 10가지 이상 적어 보자. 스스로 생각해낸 활동들과 더불어 앞서 이야기한 방법들을 포함시켜도 좋다. 한동안 우울증을 앓고 있다면, 이전에 즐겨 했던 일들을 돌이켜 생각해 보는 것도 좋을 것이다. 그 일들이 현재의 부정적인 생각들을 차단하는 데 도움이 될 수 있다.

일정 관리_ 앞서 이야기했듯이 생활 속의 고위험 상황들을 알고 대처하는 일은 매우 중요하다. 이 문제를 해결하는 가장 효과적인 방법은, 그날그날 하루의 일과를 미리 적고 활동이 거의 없을 만한 시간이나 혼자 있게 될 시간을 몰두할 수 있는 활동으로 채우는 것이다.

예를 들어 표 5-1을 보면, 이 환자의 경우 가장 반추를 일으키기 쉬운 고위험 활동은 통근과 TV 시청이다. 어떻게 하면 이 상황을 개선할 수 있을까? 우선, 귀가 후 TV 시청에 쏟는 긴 시간은 앞에서 말한 여러 가지 다른 활동들로 채울 수 있다. 그리고 통근 시에는 몰입할 수 있는 음악이나 오디오북을 들으며 운전하면 훨씬 위험을 줄일 수 있을 것이다(혹은 누군가와 카풀을 함으로써 운전 중에 대화를 나누는 것도 좋은 방법이 될 수 있다).

이렇게 매 시간마다 생각의 일지를 기록하고 반추를 유도하는 활동들과 막아주는 활동들을 각각 찾아보면, 어떤 때에 가장 반추가 일어나기 쉬운지를 알고 대처할 수 있을 뿐만 아니라 전반적인 활동 수준을 높일 수 있다.

● 무엇이든 지나치면 독이 된다

지금까지 살펴본 반추를 막는 데 효과적인 방법들 중에는 다른 사람을 만나거나 운동을 하는 등의 자연적인 항우울 요법들도 있다. 이런 방법에 더욱 시간을 쏟으면 상당한 효과를 얻을 수 있다. 반면 게임이나 비디오 시청 등은 일시적으로 부정적인 생각을 방해해준다는 이유 때문에 쓰이는 방법이다.

앞에서도 말했듯이 기분 전환을 위한 약간의 오락 활동은 큰 도움이 될 수 있다. 그러나 이 방법을 너무 자주 사용하면 부정적인 생각들뿐만 아니라 나머지 생활에서까지 도피하게 될 수 있으니 주의해야 한다.

작년에 TLC 프로그램에 참여했던 줄리의 경우가 그랬다. 그녀는 컴퓨터로 게임을 하거나 웹서핑을 하면 부정적인 생각들로부터 효과적으로 주의를 돌릴 수 있다는 사실을 알게 되었다. 오래 지나지 않아 그녀는 하루의 대부분을 컴퓨터 앞에 앉아 보내게 되었다. 그러다 보니 공과금 납부나 세탁, 장보기, 수표책 결산, 청소 등 다른 많은 중요한 일들까지 회피하게 되었다. 이런 태만에 대한 죄책감은 컴퓨터에 몰두하고 있지 않을 때마다 그녀를 괴롭혔다. 만성적인 도피로 인해 그녀는 무방비한 상황이 되면 부정적인 생각을 더 많이 하게 되었고, 이를 피하기 위해 컴퓨터에 더 많은 시간을 쏟게 되었다.

그녀가 TLC 모임에서 이런 자신의 딜레마를 이야기했을 때 그곳에 앉아 있던 모든 사람들이 이해한다는 듯 고개를 끄덕였다. 우울증은 우리의 기력을 완전히 빼앗아 아주 간단한 과제도 마치 감당할 수 없는 일처럼 느껴지게 만들 수 있다. 피하고 싶다는 마음이 너무 강해져버리는 것이다. 결국 이런 도피는 우울증의 증상들이 약해지기 시작한 뒤에도 습관처럼 계속될 수 있다. 다행히 줄리의 경우에는 모임에 함께 참여한 환자들이 그녀가 빠져 있는 함정의 위험성을 인식하도록, 그리고 도피 습관을 버려야 할 필요성을 깨닫도록 도와주었다.

오락 거리를 이용해 부정적인 생각을 피하다가 오히려 다른 중요한 일들을 습관적으로 피하게 되었다 하더라도, 이 습관을 빠르게 뒤집을 방법은 있다. 단, 염두에 두어야 할 몇 가지 중요한 원칙이 있다.

우선, 회피하고 있는 과제가 감당하기 어렵게 느껴질 때는 그 과제를 더 작고 덜 부담스러운 여러 단계로 나눈다. 예를 들어 당장 주방 전체를 청소하기가 너무 어렵게 느껴진다면, 건조대에 있는 그릇 정리하기, 작은 그릇 씻기, 큰 그릇 씻기, 냄비와 프라이팬 씻기, 싱크대 닦기, 바닥 닦기 등으로 나누어 한 번에 하나씩, 할 수 있는 만큼만 하면 된다.

회피하고 있는 일들의 목록을 만들어 가장 쉬운 것부터 시작하는 방법도 도움이 된다. 아주 간단한 일도 마무리하고 나면 성취감이 생긴다. 그리고 대부분의 사람들은 할 일 목록에서 뭔가 하나를 지우는 것만으로도 보람을 느끼기 마련이다. 성취감을 느끼기 시작하면 조금씩 탄력이 붙을 것이다.

오랫동안 방치해 두었던 일을 하려면 *한 번에 할 수 있는 정도를 고려해 현실적인 목표를 세워야 한다.* 일반적으로 처음에는 작은 목표를 세우는 것이 좋다. 많은 일들을 회피해왔거나 우울증의 증상들이 아직 심하다면 더욱 그렇다. 내가 만났던 어떤 환자들은 공과금 납부나 집안일 등 미뤄 두었던 일을 매일 10분씩만 하기로 첫 목표를 세웠다. 그리고 대개는 조금씩 기운이 나기 시작해서 이 시간을 하루에 몇 분씩 늘릴 수 있었다.

마지막으로, 꼭 잊지 말아야 할 불변의 원칙이 있다. *무엇이든 적당히 해야 한다는 것이다.* 반추하는 습관을 극복하기 위해서, 그리고 나아가 우울증으로부터 치유되기 위해서는 균형 감각을 유지하는 것이 매우 중요하다. 오랫동안 소홀히 했던 일에 어느 정도 시간을 투자하는 것은 이롭지만, 너무 많은 시간을 쏟으면 오히려 그 자체가 감당할 수 없는 일이 되어 상황이 더 악화될 수 있다. 마찬가지로, 비디오 게임이나 영화 감상이나 웹서핑 등 적당한 오락으로 부정적인 생각의 반복을 멈추는 것은 좋지만, 이 또한 지나치면 위험한 책임 회피로 변질될 수 있다.

앞에서도 말했지만, 반추도 적당히 하면 자신의 상황을 점검할 수 있게 해주는 건설적인 일이 될 수 있다. 하지만 문제에 대한 고민은 잠깐이면 충분하다. 우울증에 빠지면 많은 사람들이 생각과 행동의 균형을 잃어버린다. 그리고 생각을 곱씹는 일이 중독에 가까운 지속적인 습관이 되어 우울증 증상들을 증폭시키고 회복을 방해하는 커다란 걸림돌이 된다.

그러나 이 장에 소개한 방법들과 원칙들을 실행에 옮기다 보면 반추 습관은 깰 수 있는 습관이라는 사실을 깨닫게 될 것이다. 그렇게 함으로써 자기만의 생각으로 가득 찬 마음 속 감옥에서 조금씩 벗어나, 다른 사람들이 있고 여러 가지 활동이 존재하는 훨씬 만족스러운 곳으로 한 발씩 다가가게 될 것이다.

06
Antidepressant Exercise
운동은 강력한 항우울제

TLC 프로그램에 참여한 많은 환자들이 그랬던 것처럼 앨리스도 오랫동안(약 12년 동안) 임상적인 우울증을 앓고 있었다. 약도, 심리치료도, 시간도, 그녀에게는 아무런 도움이 되지 않았다. 61세가 된 그녀는 완전한 회복에 대한 희망을 거의 포기하고 있었다. 그러다가 지역 신문에서 TLC 프로그램에 관한 글을 읽고 한번 시도해 볼 가치가 있겠다는 생각이 들었다.

우리와 만나기 전부터 앨리스는 산책을 하면 종종 기분이 조금 나아진다고 느끼고 있었다. 그래서 우리가 규칙적인 운동의 항우울 효과에 관해 이야기했을 때 그녀는 크게 공감했다. 앨리스는 걷기로도 효과를 얻을 수 있는지 궁금해 했고, 우리는 더 빠르게, 오래, 규칙적으로 걷는다면 확실히 효과를 볼 수 있다고 말했다. 그녀의 규칙적인 걷기 운동을 돕기 위해 우리는 개인 트레이너 중 한 명에게 매주 한 번씩 그녀를 만나 빨리 걷기를 함께 해달라고 부탁했다. 앨리스는 기분을 북돋아주는 이 외출이 즐거웠고, 트레이너와 함께 걷다 보니 시간도 훨씬 빠르게 지나는 것처럼 느껴졌다. 그녀는 외출할 때마다 자연 일광의 효과를 최대한 활용하기 위해 시간도 측정했다. 오래 지나지 않아 그녀는 일주일에 몇 번씩 남편이나 친구와 함께 빨리 걷기를 하게 되었다. 그녀는 차츰 수면과 활력, 기분이 호전되고 생각도 조금씩 또렷해지는 것을 느꼈다.

3개월 만에 앨리스는 "우울증이 99% 회복되었다"고 말했다. 그녀는 지난 수년 동안에 비해 기분이 훨씬 나아졌다면서, TLC 프로그램의 모든 요소들이 회복에 도움이 되었지만 그 중에서도 운동이 단연 효과가 가장 컸다고 말했다.

● 운동의 딜레마

최근의 조사에 따르면 미국인들 대다수가 규칙적인 운동을 전혀 하지 않는다고 한다. 놀라울 것도 없는 사실이지만, 한 가지 의문이 떠오른다. 거의 모든 사람들이 좋은 몸매를 원하고 규칙적으로 운동을 하고 싶어 하는데 왜 실제로 운동을 하는 사람은 극소수일까? 우선 우리에게는 각자 여러 가지 이유가 있다. 우리는 너무 바쁘고, 너무 피곤하고, 너무 돈이 없고, 너무 해야 할 일이 많고, 너무 자신이 없고, 혹은 사람들이 있는 곳에서 운동하기가 너무 쑥스럽다. 그러나 이런 이유들 속에는 대개 더 깊은 진실이 숨겨져 있다. 운동은 힘들다는 것이다.

사람들은 운동을 새로운 일과의 한 부분으로 삼겠다고 야심찬 결심을 하지만 이런 결심은 대부분 며칠 만에 무너져버린다. 실제로 운동 자체를 즐기는 복 받은 사람이 아니라면 운동에 대해 약간의 두려움마저 느낄 것이다.

나 또한 그렇다. 운동을 하려고 노력한다는 것은 어딘지 *부자연스럽다.* 그 이유를 이해하기 위해서는 우리의 몸과 뇌가 수렵-채집인들의 환경에 맞게 만들어져 있다는 사실을 다시 한 번 생각해 봐야 한다. 수렵-채집인들은 운동을 하지 않는다. 그럴 필요가 없다. 그들은 일상생활 속에서 너무 많은 신체 활동을 하기 때문에 오히려 그 이상의 노력은 가능한 한 피한다.

왜 그럴까? 수렵-채집인 한 명이 운동을 시작하기로 했다고 가정해 보자. 그는 이미 사냥하고 물을 나르고 잠 잘 곳을 정찰하느라 매일 10km 이상을 이동하고 있는데 갑자기 단지 재미 삼아 몇 km씩 더 달리기로 한 셈이다. 현명하지 못한 선택이다. 이렇게 매일 몇 km를 더 달리면, 체지방으로 저장해서 식량이 부족한 시기에 연료로 써야 할 소중한 열량이 어마어마하게 소모되기 때문이다. 고대 환경에 늘 존재했던 기아의 위험을 고려해 볼 때, 석기시대의 운동 애호가는 아마도 후손들에게 "운동 유전자"를 물려줄 수 있을 만큼 오래 살지 못했을 가능성이 높다.

그러므로 가장 현명한 선조들은 이런 원칙을 따른 사람들이었을 것이다: *에너지는 분명한 목적이 있는 활동에만 써야 한다.* 이 원칙은 그들의 생존에 매우 중요해서 결국 유전적 유산의 일부, 뇌에 내장된 프로그램의 일부가 되었다. 그리고 이 프로그램은 우리의 머릿속에도 그대로 남아 있다. 많은 사람들이 운동을 하려는 의지를 높이기 위해 애를 쓰다가 이 원칙을 깨닫는다. 무시무시한 트레드밀이나 헬스자전거에 가까이 다가가면 마치 뇌의 한 부분이 이렇게 외치는 것만 같다. "그만둬! 그걸 타고 실제로 어디로 가는 것도 아니잖아. 열량을 아껴야지!"

심지어 우리는 불필요한 활동을 피해야 한다는 이 원칙을 실험용 쥐들에게서도 볼 수 있다. 운동 연구자들은 이 작은 녀석들을 트레드밀 위에서 달리게 하느라 애를 먹곤 한다. 쥐들은 달리기를 피하기 위해서라면 엉덩이의 털과 피부가 벗겨지기 시작할 때까지 웅크리고 앉아서 버틸 것이다. 운동을 강요당하면 쥐들도 우리와 같은 고통을 느낀다. 그러나 쥐와 다르게 우리는 좀 더 운동을 해야 한다는 생각을 끊임없이 한다.

● 운동의 이점

의사들은 늘 우리에게 운동을 더 해야 한다고 말한다. 대부분의 사람들은 신체 활동이 우리의 건강에 미치는 좋은 영향들을 줄줄 외울 수도 있을 것이다. 대표적인 예로 혈압 강하, 면역 기능 강화, 골밀도 증가, 그리고 당뇨병이나 비만, 심장병의 위험 감소 등을 들 수 있다. 규칙적인 운동은 우리의 몸이 젊음을 유지할 수 있게 도와주기도 한다.

신체 건강을 유지하는 데 운동이 중요하다는 사실은 모두가 알고 있지만, 정신 건강을 유지하는 데 있어서도 운동이 똑같이 중요하다는 사실을 아는 사람은 별로 없다. 최근에는 운동이 우울증의 진행을 멈춰줄 수 있다는 연구 결과도 나왔다.

내가 듀크대학교 대학원에 다니던 1990년대 초에 담당 교수님 중 한 분이었던 짐 블루멘탈Jim Blumenthal 박사는 우울증 치료법으로서 운동을 연구하고 있었다. 고백하기 부끄럽지만 사실 블루멘탈 박사의 연구에 관해 처음 들었을 때 나는 말도 안 된다고 생각했다. 함께 수업을 들었던 친구와 이런 얘기를 했던 기억이 난다. "물론 운동을 하고 나면 잠깐은 기분이 나아지겠지만, 우울증이 아주 심하다면 운동이 도대체 무슨 도움이 되겠어? 나는 납득이 안 돼."

그러나 블루멘탈 박사는 직접 임상 경험을 통해 운동의 강력한 항우울 효과를 실제로 목격하고 있었다. 당시 그는 운동과 우울증에 관해 세계적으로 가장 규모가 큰 연구를 진행하고 있었다. 이 연구에서는 우울증 환자 156명(대부분 중년이고 몸 상태가 좋지 않았다)이 무작위로 나뉘어 졸로프트를 복용하거나 운동 요법을 실시했다.

운동 요법으로 항우울 효과를 얻으려면 매일 몇 시간씩 달리거나 매우 강도 높은 근력 운동을 해야 할 것이라고 생각하기 쉽다. 하지만 블루멘탈 박사는 환자들에게 일주일에 세 번 30분씩 빨리 걷기를 하게 했을 뿐이다. 그리고 놀랍게도 이렇게 적은 양의 운동이 졸로프트보다 더 큰 효과를 보였다. 처음 몇 달 동안은 두 치료법의 효과가 비슷하게 좋았지만, 10개월째에 접어들자 운동을 하는 환자들이 졸로프트를 복용하는 환자들에 비해 회복 상태를 훨씬 더 잘 유지하는 것으로 나타났다.

이 연구 결과는 단순한 우연의 일치가 아니다. 십여 건의 임상 실험 결과가 운동의 항우울 효과를 보여주고 있다. 어떻게 이런 효과가 가능한 것일까? 제1장에서 보았듯이 운동은 *실제로 뇌를 변화시킨다*. 항우울제처럼 운동은 세로토닌이나 도파민 등 중요한 뇌 화학물질들의 활동을 증가시킨다. 또한 운동은 뇌의 핵심적인 성장 호르몬(BDNF) 분비를 촉진시키고, 이 성장 호르몬은 우울증의 해로운 영향들을 없애는 데 도움을 준다. 뿐만 아니라 운동은 기억력과 집중력을 강화해주고 좀 더 또렷한 사고를 가능하게 해준다. 간단히 말해서, 운동은 *가장 강력한 약이다*.

운동을 더 쉽게 할 수 있을까?

이쯤에서 이런 의문이 떠오를 만하다. 운동의 많은 이점들을 잘 알고 있다고 해도, 여전히 스스로 운동을 실천할 수 없다면 무슨 소용이 있는가? 앞에서는 우리가 필요 이상의 신체 활동을 피하도록 만들어져 있다고 말했다. 그렇다면 규칙적인 운동을 현실화할 방법을 과연 찾을 수 있을까?

다행히 이 딜레마에서 빠져나갈 방법은 있다. 물론 우리는 필요 이상의 신체 활동을 피하도록 만들어져 있다. 하지만 '필요한' 활동이라면 어떨까? 분명한 목적이 있는 무언가에 몰두해 있을 때 우리가 얼마나 쉽게 활동적이 될 수 있는지 아는가?

최근 내 아내 마리아는 그녀의 할머니에 관한 이야기를 들려주었다. 80이 넘은 나이에 무릎 관절염이 있는 할머니는 하루의 대부분을 거실의 안락의자에 앉아 치와와를 쓰다듬으며 보냈다. 그녀는 기력이 거의 없었다. 물론 의사들도 이 점을 염려해서 그녀에게 운동을 조금 해 보면 관절염이 한결 나아질 거라고 말했다. 하지만 그녀는 좀처럼 의욕이 생기지 않았다. 가족들이 할머니에게 함께 산책을 하자고 끈질기게 권해 보기도 했지만 그녀는 꿈쩍도 하지 않고 이렇게 말하곤 했다. "TV 마저 봐야 되니 먼저들 가."

그러던 어느 날 가족들은 새로운 방법을 생각해냈다. 그들은 할머니에게 함께 쇼핑몰에 가자고 권했다. 할머니는 쇼핑을 매우 좋아했지만 지난 몇 년 동안 한 번도 쇼핑몰에 가 본 적이 없었기 때문이다. 다행히 이 제안은 그녀가 거절하기에는 너무 유혹적인 제안이었기 때문에 그들은 함께 외출하게 되었다. 마리아는 할머니가 10분쯤 지나면 지쳐서 포기할 것이라고 생각했다. 그런데 놀랍게도 할머니는 꼬박 3시간이 지난 후에도 여전히 기운이 넘쳤다. 가족들과의 외출이 너무 즐거워서 무릎이 아프다는 사실은 까맣게 잊고 있었던 것이다. 그렇게 그녀는 누구에게도 뒤지지 않고 "수렵-채집"을 계속할 수 있었다.

즐겁고 의미 있는 활동에 몰두해 있을 때면 우리는 평소와 비교할 수 없을 만큼 신체 활동을 잘 견딜 수 있다. 팀 맥코드Tim McCord는 누구보다 이 원리를 훌륭하게 활용한 사람이다. 펜실베이니아 주 타이터스빌의 중학교 교사인 그는 별난 목표를 추구하는 인물로 전국적인 주목을 받았다. 그의 목표는 학구 내의 모든 학생들을 매일 집중적인 운동 프로그램에 참여하게 하는 것이었다. 수년에 걸친 노력 끝에 그는 타이터스빌의 학생들을 하루에 40분 이상 운동하게 만들었다. 심지어는 여름방학 기간에 자발적으로 학교에 가서 운동을 하는 학생들도 많아졌다.

몇 년 전 나는 우연히 비행기 안에서 팀의 옆자리에 앉게 되었다. 이야기를 나눌수록 나는 그가 이룬 성과에 놀라지 않을 수 없었다. 다른 사람들은 어떨지 모르겠지만, 나는 학창시절에 체육수업을 두려워했고 체육수업을 통해 건강이 눈에 띄게 좋아진 학생을 본 기억도 없다. 팀은 도대체 어떻게 그 많은 아이들을 자신의 체력 단련 프로그램에 참여시킬 수 있었던 것일까?

그는 이렇게 말했다. "가장 중요한 점은 운동을 최대한 재미있게 만드는 겁니다. 운동에 완전히 빠져들면 아이들은 전혀 힘든 줄도 모르죠. 예를 들어 헬스자전거는 굉장히 지루한 운동기구잖아요? 아이들에게 그 위에 올라타서 페달을 밟으라고 하면 대부분 성의 없이 대충대충 하다가 몇 분 만에 내려와 버려요. 하지만 2년 전쯤 우리는 헬스자전거 몇 대에 비디오 게임을 연결했죠. 페달을 밟아야만 게임을 할 수 있는 거예요. 이제 아이들은 게임에 빠져들어서, 헬스자전거에 올라타자마자 정신없이 페달을 밟아요. 내려올 생각을 안 한다니까요." 그는 웃으면서 학생들이 댄스 경연, 가상현실 게임, 단체 스포츠, 술래잡기 등을 통해 운동에 빠져들게 된 예들을 하나씩 이야기해주었다.

그의 이야기는 하나같이 일리가 있었다. 즐거운 일에 몰두하고 있을 때는 체력을 많이 써야 하는 상황에서도 시간이 놀랍도록 빨리 간다. 이 원리는 팀 맥코드의 학생들과 마리아의 할머니에게 훌륭하게 들어맞았다. 지금부터 이 원리를 염두에 두고 실제로 계속할 수 있는 운동 일정의 윤곽을 잡아 보자.

🔹 1단계: 유산소 운동의 범위 알기

항우울 효과를 얻기 위해서는 운동을 얼마나 해야 할까? 연구자들은 이 문제를 광범위하게 연구해왔고, 그 과정에서 늘 유산소 운동의 강력한 치료 효과를 목격했다. 유산소 운동이란 한 번에 얼마 동안 높은 심박수를 유지시켜주는 운동을 말한다. 대표적인 유산소 운동으로는 조깅, 빨리 걷기, 수영, 사이클, 라켓볼, 단체 스포츠, 하이킹, 댄스, 계단 오르기 등이 있다.

엄밀히 말하자면, 맥박 수를 최대심박수의 60%~90% 범위에 들게 하는 운동은 모두 유산소 운동이다. 최대심박수(1분 동안 심장이 뛸 수 있는 최대치)를 계산하는 방법은 간단하다. 220에서 나이를 빼면 된다. 표 6-1에는

표 6-1. 연령대별 최대심박수

나이	유산소 운동 범위			최대심박수
	최대심박수의 60%	최대심박수의 75%	최대심박수의 90%	
20-24	120	150	180	200
25-29	117	147	176	195
30-34	114	143	171	190
35-39	111	139	166	185
40-44	108	135	162	180
45-49	104	131	156	174
50-54	102	127	153	170
55-59	99	123	149	165
60-64	96	120	144	160
65-69	93	116	140	155
70+	90	113	135	150

연령대별 최대심박수와 이 최대심박수의 60%~90%에 해당하는 수치가 정리되어 있다.

유산소 운동을 하기 전에 우선 심박수나 맥박 수를 측정할 수 있는 믿을 만한 방법이 있어야 한다. 병원에서 의사들이 측정하는 기본적인 방법은 누구나 다 알고 있을 것이다. 손목을 손가락으로 잡고 시계를 보면서 맥박 수를 세는 간단한 방식이다. 그러나 이 방법은 사실 보기보다 까다롭다(운동을 하는 도중에 측정하기는 더욱 어렵다).

맥박을 제대로 측정하기 위해서는 약간의 지도와 연습이 필요하다. 스스로 해 보고 싶다면 병원에 갔을 때 의사나 간호사에게 부탁해서 배워 볼 수도 있을 것이다.

하지만 아무래도 휴대용 심박수 측정기를 구입해서 사용하는 게 더 편리하다. 작고 시계처럼 생긴 이 장치는 지속적으로 정확하게 맥박 수를 측정해서 표시해준다. 스포츠용품점이나 가전제품판매점, 혹은 온라인 쇼핑몰에서 고성능 측정기를 쉽게 구입할 수 있다. 가격이 아주 저렴하다고는 할 수 없지만, 운동할 때마다 목표 심박수 범위를 유지할 수 있도록 도와주는 도구인 만큼 충분히 투자할 가치가 있다고 여겨진다.

심박수 측정기를 구입하거나 맥박 측정법을 배우지 않았다 하더라도 경험적인 방법을 통해 심박수가 적정 범위 내에 있는지 대략적으로 알 수 있다. 예를 들어 운동 중에 힘들이지 않고 대화를 할 수 있다면 유산소 운동이 되고 있지 않다고 봐야 한다. 심박수가 유산소 운동 범위 내에 있을 때는 대화를 하기가 조금 힘들다. 호흡이 거칠어서 말이 잘 이어지지 않기 때문이다. 운동을 하면서 노래를 부를 수 있다면 확실히 유산소 운동이 되고 있지 않은 것이다. 반대로 숨이 가쁘다면 유산소 운동 범위를 넘어섰을 가능성이 있으니 강도를 낮춰줄 필요가 있다.

이제 중요한 기본 사항들은 살펴봤으니 유산소 운동을 선택하는 단계로 넘어가 보자.

● 2단계: 운동 선택하기

인체의 구조와 관절, 근육 등을 연구하는 사람들은 인간의 몸이 놀라울 정도로 걷기에 적합하게 설계되어 있다는 사실에 감탄하곤 한다. 걷기는 인간에게 너무나 자연스러운 활동이어서, 심지어 갓난아기들조차 유도하지 않아도 결국에는 스스로 걷기 시작한다. 걷기는 우리가 타고난 활동이다.

자동차가 출현하기 전까지 인류 역사의 대부분에 걸쳐 인간은 늘 걸어 다녔다. 우리의 먼 조상들은 하루에 약 15km 이상을 걸었다. 그들에게 "업무"란 저녁 식사거리를 찾으러 돌아다니는 일이었다. 대다수의 미국인들이 농사로 생계를 꾸리던 19세기까지만 해도 사람들은 하루의 대부분을 걸어 다녔다. 자동차 보유가 보편화된 1940년대 이전까지도 대부분의 사람들이 매일 몇 km씩은 걸었다. 그러나 지금은 상황이 달라졌다. 평균적으로 미국인들이 하루에 차로 이동하는 거리는 60km 이상이지만 발로 걷는 거리는 기껏해야 1km 정도밖에 안 된다.

우리의 몸은 걷기에 적합하게 만들어져 있기 때문에, 걷기는 이상적인 항우울 운동이다. 내가 환자들에게 이런 얘기를 하면 그들은 이렇게 묻곤 한다. "걷기가 정말 효과를 낼 수 있을 만큼 격렬한 운동인가요?" 언뜻 생각하기에는 전혀 그럴 것 같지 않다. 그러나 짐 블루멘탈 박사의 운동 연구에서 걷기는 놀라울 정도로 강력한 효과를 보여주었다(졸로프트보다 훨씬 효과적이었다). 비결은 이렇다. 블루멘탈 박사의 연구에 참여한 환자들은 심박수가 유산소 운동 범위에 들 만큼 빠르게 걸었고, 이 유산소 운동이 뇌에 치유 효과를 발휘할 수 있을 만큼 오래 걸었다.

걷기를 통해 얻을 수 있는 이점이 많기 때문에, 걷기를 항우울 운동의 시작점으로 삼으면 좋다. 그러나 이 방법이 누구에게나 다 적합한 것은 아니다. 예컨대 어떤 사람들은 부상이나 질병 때문에 걷기가 불가능할 수도 있다. 그런 경우에는 의사와 상담해서 몸이 감당할 수 있는 다른 유산소 운동을 찾아야 한다. (내게는 하반신이 마비된 친구가 있는데 그 친구는 카약과 휠체어 경주를 하고 있다.) 또 어떤 사람들에게는 이미 더 선호하는 유산소 운동이 있을 수 있다. 그렇다면 그 운동을 규칙적으로 하면 된다.

표 6-2. 유산소 운동의 예

실외 운동	경기 스포츠	실내 운동
빨리 걷기	농구	트레드밀 (조깅/걷기)
조깅	축구	에어로빅 강습
수영	테니스	근력 운동 (서킷 운동)
사이클	라켓볼	댄스 강습
크로스컨트리 스키	핸드볼	줄넘기
인라인 스케이트/아이스 스케이트	플래그 풋볼	로잉 머신
하이킹	배구	수중 에어로빅
암벽 등반	스쿼시	일립티컬 트레이너
정원 가꾸기	배드민턴	스피닝(사이클링) 강습

가장 중요한 점은, 꾸준히 할 수 있는 운동을 찾는 것이다. 내 임상 경험으로는 대개 빨리 걷기가 만족스러운 결과를 보여줬지만 개인마다 차이가 있을 수 있다. 알맞은 운동을 찾으려면 약간의 시행착오를 거쳐야 하는 경우도 종종 있기 때문에, 즐길 수 있을 만한 유산소 운동을 3가지 정도 찾아 두는 게 좋다. 그렇게 하면 이 장을 읽는 동안 운동 계획의 뼈대를 세우는 데 있어서 선택권이 많아질 것이다. 표 6-2에 예시된 몇 가지 유산소 운동들을 참고로 자신에게 알맞은 운동들을 생각해 보자.

3단계: 운동량과 시간, 빈도 정하기

운동에는 어느 정도의 시간을 투자해야 할까? 믿을 만한 연구 결과에 따르면, 일주일에 *90분씩* 유산소 운동을 하면 항우울 효과를 얻을 수 있다고 한다. 내가 권장하는 목표 역시 일주일에 90분이다. (평균적으로 미국인들이 '하루'에 TV를 시청하는 데 쓰는 시간보다 훨씬 적다.) 이와 관련해서 염두에 두어야 할 점이 몇 가지 있다.

맥박 수가 유산소 운동의 범위에 들려면 운동을 시작하고 5분 정도는 지나야 한다. 따라서 운동할 때마다 처음 5분은 준비운동 시간이라고 생각해야 한다. 이 준비운동 시간은 일주일 목표인 90분에 포함되지 않는다.

매주 90분의 운동은 적어도 3번으로 나누어서 해야 한다. 건강 상태가 꽤 좋고 어느 정도 활동적인 사람이라면 30분씩 3번으로 나누어 계획을 세우는 것이 이상적이다(준비운동 시간 5분을 더하면 한 번에 35분씩이다). 이렇게 나누는 이유는, 이미 체력이 아주 뛰어난 사람이 아니라면 30분 이상의 유산소 운동을 버티기가 힘들기 때문이다. 운동은 지나치지 않게 하는 것이 가장 좋다.

지난 몇 달 동안 주로 앉아서만 생활했다면 한 번에 운동하는 시간을 더 짧게 잡아서 시작하고 30분을 목표로 조금씩 늘려 나가기 바란다. 예를 들어 첫 주에는 하루에 5~10분씩만 걷고 그 다음부터는 며칠마다 5분씩 시간을 늘려서, 나중에는 지치지 않고 35분 동안 걸을 수 있도록 체력을 키우는 것이다.

최대심박수의 60%만 되면 유산소 운동의 범위에 들지만, 연구자들은 이보다 좀 더 높은 강도로(대개 유산소 운동 범위의 중간 이상으로) 운동을 하라고 말한다. 그러므로 목표심박수를 최대심박수의 75%로 정하고(표 6-1 참고), 운동할 때마다 심박수를 가능한 한 이 목표치에 가깝게 유지해보자.

🔸 4단계: 운동을 즐겁게

앞에서도 말했듯이 운동은 최대한 즐겁게 해야 한다. 그런데 어떻게 이런 이상을 현실화할 수 있을까? 지금부터 소개할 원칙들은 우리가 TLC 프로그램을 진행하면서 알게 된 사실들이다.

사람들과 함께 하기_ 가능하다면 다른 누군가와 함께 운동하는 것이 좋다. 마음 편한 상대와 함께 한다면 더욱 좋다. 다른 사람들과 함께 운동을 하면 몰입하기가 쉽기 때문에 운동하는 시간이 더 빨리 간다. 그리고 사람들과 교류함으로써 기분이 상승하는 효과도 얻을 수 있다. 최근의 연구 결과들도, 다른 사람들과 함께 운동하면 혼자 운동할 때보다 항우울 효과가 훨씬 더 커질 수 있음을 보여주고 있다.

다음에 빨리 걷기를 하러 나갈 때는 친구나 가까운 사람에게 함께 가자고 권해 보기 바란다. 키우는 개가 있다면 운동할 때마다 벗 삼아 함께 해 보는 것도 좋다. (우리와 마찬가지로 개들도 대개는 신체 활동이 부족하다.)

정기적으로 개인 트레이너를 만나는 것도 한 가지 방법이다(내가 만난 많은 환자들이 이 방법을 적극 추천했다). 개인 트레이너는 운동을 하는 동안 소중한 동지가 되어줄 수 있을 뿐만 아니라 전문적인 지도와 시기적절한 조언을 해줄 수도 있다.

물론 이미 사교적인 요소가 포함되어 있는 유산소 운동들도 있다. 농구나 라켓볼, 테니스 등의 스포츠(표 6-2 참고)는 이런 면에서 아주 적절한 운동이다. 그리고 성별이나 수준에 상관없이 레크리에이션 스포츠를 즐길 수 있는 프로그램을 연중 운영하는 지역단체들도 많다.

몰입할 수 있는 환경 만들기_ 다른 사람과 함께 운동하기가 불가능한 경우도 있다. 그러나 다른 방법들을 통해서도 운동에 몰입할 수 있다.

사람들은 대부분 자신이 좋아하는 음악에는 쉽게 빠져든다. 내가 진료한 많은 환자들도 그랬다. 좋아하는 음악을 듣다 보면 자기도 모르게 그리듬에 따라 움직이게 된다. 정적 속에서 운동할 때는 끌어낼 수 없었던 활력이 생긴다. 그러니 혼자서 운동할 때는 휴대용 음악 플레이어로 템포가 빠른 곡들을 들어 보자.

오디오북을 듣는 것도 좋은 방법이 될 수 있다. TLC 프로그램을 통해 우울증을 극복한 내 친구 멜라니는 집에 있는 트레드밀 위에 올라가 운동할 의욕이 좀처럼 나지 않아 몇 달을 고생했다. 그녀의 트레드밀은 지하실에서 먼지만 뒤집어쓰고 있었다. 아무리 노력해도 그녀는 그 위에서 버티지 못하고 몇 분 만에 내려오곤 했다. 그러던 어느 날 장거리 여행을 하게 된 그녀는 별 생각 없이 오디오북 테이프를 몇 개 가지고 갔다. 놀랍게도 테이프를 들으며 이동하는 사이 몇 시간이 금세 흘러갔다. 순간 그녀는 트레드밀 위에서 운동할 때도 오디오북이 도움이 될지 모른다는 생각이 들었다. 그녀는 공립도서관에 가서 오디오북 테이프 몇 개를 빌려온 후 스스로 약속을 하나 정했다. 트레드밀 위에 있을 때만 테이프를 듣기로 한 것이다. 효과는 굉장했다. 어느 새 멜라니는 기대했던 것보다 더 많은 시간(일주일에 2시간 이상)을 운동에 투자하고 있었다. 심지어는 트레드밀 위에 올라가는 시간이 하루 중 그녀가 가장 기다리는 시간이 되었다.

게임도 우리의 주의를 끄는 힘이 있기 때문에 게임과 비슷한 성질의 운동은 특히 몰입이 잘 된다. 최근에 TLC 프로그램에 참여한 환자 중 한 명인 스탠은, 라켓볼 코트에 나가 있을 때는 눈 깜짝할 사이에 한 시간이 지나간다고 말했다. 다른 환자들도 농구나 스쿼시, 테니스, 배구 등의 스포츠에 관해 비슷한 이야기를 했다. 시중에 나와 있는 활동적인 비디오 게임들도 훌륭한 유산소 운동의 역할을 할 수 있다. 물론 이런 게임은 어린이나 청소년들에게 특히 인기가 좋지만 성인들 중에서도 이런 게임을 좋아하는 사람들이 많다. 작년에 만난 한 환자는 십대의 딸과 함께 소니 플레이스테이션으로 DDR(Dance Dance Revolution)을 하며 땀을 흘리는 게 좋다고 했다.

우리를 몰입시키는 활동이 또 한 가지 있다. *자연은 우리의 주의를 사로잡는 묘한 힘을 가지고 있다.* 인간은 아름다운 자연 환경을 즐기도록 타고났으며, 멋진 야외의 풍경과 소리와 냄새에는 거의 초월적인 어떤 힘이 내재되어 있다. 자연 속에서의 하이킹을 다른 운동들보다 훨씬 즐겁고 편안하게 느끼는 사람들이 많다.

 목적을 가지고 하기 _ 앞에서도 말했듯이 운동은 목표나 목적이 있을 때 더 쉽고 즐겁게 할 수 있다. 예를 들어, 디즈니월드 방문객들은 평균적으로 약 10km를 걷는다. 수렵-채집인들이 하루에 이동하는 거리와 거의 비슷하다. 하지만 디즈니월드를 떠난 후 다시 이만큼 운동을 할 사람이 과연 얼마나 될까? 다음에 탈 놀이기구나 곳곳에 있는 전시물들을 찾는다는 목적이 없으면 이렇게 긴 거리를 걸어 다닐 의욕이 생기지 않을 것이다.

일반적으로 사람들은 특정한 이유가 있을 때 훨씬 많이 걸을 수 있다. 자연의 아름다움이나 친구와의 동행을 즐기고 싶다거나, 운동이 절실히 필요한 개를 산책시켜야 한다는 등의 간접적인 이유도 여기에 해당될 수 있다. 그러나 우리가 걷는 가장 분명한 이유는 어딘가로 가기 위해서다. 그러므로 유산소 운동을 위해 걷기를 택했다면 자신에게 의미가 있는 곳을 목적지로 정하는 게 좋다. 친구 집이나 아이스크림 가게, 레코드점, 경치 좋은 폭포, 식당 등 어디든 자신이 가고 싶은 곳, 그리고 안전하고 편안하게 걸어갈 수 있는 곳이면 된다.

수년 간 내가 만난 많은 환자들은 그들이 하는 운동 자체에 이미 고유의 의미가 있다는 사실을 내게 알려주었다. 바로 우울증을 물리친다는 목표다. 다시 말해, 우울증 극복 자체가 운동할 때마다 동기를 부여하고 활력을 불어넣어 주기에 충분한 목적이 될 수 있다는 것이다. 이런 관점에서 보면, 운동을 할 때 내딛는 한 걸음은 말 그대로 회복을 향해 가는 한 걸음인 셈이다.

● 5단계: 일정표 만들기

그동안 내가 항우울 운동에 관해 알게 된 가장 중요한 사실 중 하나는, 운동 일정을 적어 두면 굉장히 도움이 된다는 사실이다. 다음 1주일 동안 운동할 시간을 정해 달력에 미리 적어 두면 목표를 달성할 수 있는 가능성이 훨씬 높아진다. 다음의 몇 가지 원칙들을 명심하자.

1시간 비워 두기_ 한 번 운동할 때 필요한 시간은 30분 정도지만, 운동하기 전에 편안한 옷과 신발로 갈아입고 후에 뒷정리를 하려면 적어도 1시간은 비워 둬야 한다. 그리고 다른 장소로 이동해서 운동할 예정이라면 시간을 더 넉넉하게 비워 둬야 한다.

규칙적으로 운동하기_ 가능하면 매주 같은 시간에 운동하는 게 좋다. 습관은 잘 깨지지 않는다. 화요일마다 같은 시간에 운동하는 것과 같이 임의적으로 보이는 습관도 마찬가지다. 매주 적어도 3번 확실히 비울 수 있는 시간이 있는지 일정을 확인해 보자.

간격 두기_ 일주일 동안 일정한 간격을 두고 운동하는 방식이 가장 이상적이다(3일 연속으로 운동하고 4일 연속으로 쉬는 방식은 좋지 않다). 평균적으로 하루씩 간격을 두고 운동하면 그때마다 몸이 충분히 회복할 시간을 벌 수 있다는 추가적인 이점이 있다.

늦은 시간 피하기_ 유산소 운동을 할 때 우리 몸속에서는 아드레날린이 활발하게 분비된다. 아드레날린이 분비되면 기운이 난다는 장점이 있지만, 자기 전에 충분히 안정을 취해주지 않으면 불면증에 시달릴 수도 있다. 경험에 비춰봤을 때, 적어도 잠자리에 들기 2시간 전에는 운동을 끝내는 것이 좋다.

이 점들을 염두에 두고, 지금 잠깐 시간을 내서 다음 주에 운동할 시간을 셋으로 나누어(각각 최소한 1시간씩) 일정을 세워 보자.

● 6단계: 일정하게 그러나 융통성 있게

첫 주에 3번의 운동을 마치고 나면 잠시 지난 일주일을 돌이켜보자. 운동은 할 때마다 최소한 어느 정도는 즐길 수 있어야 한다는 사실을 명심해야 한다. 대개 운동의 즐거움은 (특히 처음 몇 주 동안은) 시간이 흐르면서 점점 커지는 경향이 있지만, 그래도 처음부터 어느 정도의 즐거움은 느낄 수 있어야 운동을 계속할 수 있다. 즐거움을 전혀 느끼지 못했다면,

앞에서 얘기한 방법들을 동원해 음악이나 오디오북을 들으며 운동해 보거나 함께 운동할 수 있는 파트너를 찾아보자. 생각해 두었던 다른 운동으로 바꿔 보는 것도 좋다.

● 7단계: 도움이 필요할 때

운동의 가장 큰 장애물은, 활동하고 있지 않을 때 밀려오는 깊은 무력감을 이겨내기가 어렵다는 점이다. 우울증과 싸우고 있는 사람들은 특히 그렇다. 내가 만난 거의 모든 환자들은, 일단 운동을 시작하면 즐겁게 할 수 있지만 시작할 의욕과 기운을 내기 힘들 때가 많다고 말했다.

의욕 저하는 우울증의 대표적인 특징이다. 우울증에 걸리면 실제로 활동을 시작하게 해주는 뇌의 기능에 문제가 생기기 때문에, 우울증과 싸우는 사람들은 대개 새로운 일을 시작하는 데 어려움을 겪는다. 하지만 다른 사람의 도움이 있으면 우울증 환자들도 새로운 활동을 잘 해내곤 한다.

그렇기 때문에 우리를 소파에서 일어나 운동하도록 유도해줄 누군가의 존재는 매우 중요하다. 일정한 시간에 일정한 장소에서 함께 운동할 파트너가 있으면 가장 좋다. 약속에 대한 책임감(운동 파트너를 실망시키고 싶지 않다는 마음)이 우리를 자리에서 일어나게 만들어주기 때문이다. 그리고 파트너의 존재와 그 사람이 해주는 격려는 우리가 운동을 계속할 수 있도록 도와준다. 더불어 파트너에게 같은 격려를 해줄 수 있다는 것도 상당히 기분 좋은 일이다.

당장 함께 운동할 사람이 없다면 개인 트레이너가 이 역할을 해줄 수 있다. 혹은 함께 운동을 하지는 않더라도 누군가가 책임감을 일깨워줄 수는 있다. 정해진 시간에 (전화상으로라도) 운동을 시작해야 한다는 사실을 상기시켜주고 포기하지 않도록 부드러운 격려를 해줄 수 있는 사람이라면 누구든 좋다.

주로 친한 친구나 믿을 수 있는 가족이 이런 역할을 해줄 수 있다. 혹은 심리치료 전문가나 간호사, 직장 동료의 도움을 받을 수도 있다. 도움을 청하는 일이 조금 두렵게 느껴질 수도 있겠지만, 충분히 시도해 볼 가치가 있는 일이다. 실제로 TLC 프로그램에 참여한 환자들은 한결같이 사람들이 너무나 기꺼이 부탁을 들어주었다며 놀라워하고 기뻐했다. 대부분의 경우 사람들은 회복을 위해 노력하는 당신의 모습에 깊은 감명을 받고 자신이 도움을 줄 수 있다는 사실을 기쁘게 생각할 것이다. 어쩌면 그들도 영향을 받아 운동을 시작하게 될지도 모를 일이다.

다시 한 번 강조하지만, 우리의 몸은 강도 높은 신체 활동에 맞게 만들어져 있다. 그리고 운동은 신체와 정신의 건강을 유지하는 데 매우 중요하다. 유산소 운동은 현재까지 알려진 가장 효과적인 항우울 운동으로서, 우울증이 뇌에 미치는 해로운 영향들을 줄여준다. 게다가 신체 활동은 몇 분 만에 기분을 상승시켜주는 효과를 발휘한다. 최근에 한 개인 트레이너는 내게 이렇게 말했다. "체육관에 왔다가 기분이 나빠져서 돌아가는 사람은 한 번도 본 적이 없어요."

21세기의 삶은 인간의 가장 왕성한 신체 활동을 빼앗아 갔지만, 규칙적인 운동이 주는 혜택을 되찾을 방법은 있다. 이 장에 소개된 주요 단계들을 따라가다 보면 어떤 과정을 거쳐 그런 일이 가능해지는지 알게 될 것이다. 실제로 많은 환자들이 규칙적인 운동으로 큰 도움을 얻었다. 그러기 위해서는 한 번에 한 걸음씩 차근차근 나아가야 한다. *지나치면 감당이 안 될 수 있고 부족하면 무기력해질 수 있다.*

자, 이제 그 첫 걸음을 내딛어 보자. 당신은 원래 활동적이고, 우울증이 없으며, 그럴 수 있도록 도와주고 격려해주는 사람들에 둘러싸여 있어야 하는 사람임을 꼭 기억하기 바란다.

07
Let There Be Light
빛의 놀라운 치유력

20대 중반의 키 크고 체격 좋은 유치원 교사 칼리는 거의 한 달 동안 우울증 증상이 없었는데 어느 날 다시 나를 찾아왔다. 그녀가 진료실로 걸어 들어오는 순간 나는 그녀가 다시 우울증에 빠지기 시작했음을 알 수 있었다. 그녀의 눈은 마치 빛을 잃어버린 것처럼 보였다.

칼리는 내 책상 옆의 의자에 털썩 앉더니, 생각을 정리하려 애쓰는 듯 멍하니 창밖을 바라보았다. 그러다가 조용히 이렇게 말했다. "뭐가 잘못된 건지 모르겠어요. 나아졌다고 생각했는데 아닌가 봐요. 우울증이 다시 왔어요." 그녀의 목소리는 괴로운 듯 조금 높아졌다. "원점으로 돌아간 것 같은 기분이에요."

나는 그녀를 안심시키기 위해 차질이 생긴 원인을 찾으면 다시 나아질 거라고 말했다. 하지만 고백하자면 사실 조금 당황스러웠다.

칼리가 처음 우울증 때문에 내게 도움을 구하러 왔던 때는 3개월 전이었다. 그녀는 지역 신문에서 내 연구에 관한 글을 읽고 약간의 희망이 되살아나는 것 같은 느낌이 들었다고 말했다. 치료에 대한 그녀의 의욕은 남달랐다. 한 주 한 주 지날수록 그녀는 운동, 어유 복용, 몰두할 수 있는 활동, 사회적 교류를 일상생활에 포함시켜 나갔다. 8주 만에 그녀는 "거의 정상으로 돌아온 느낌"이라고 말했다.

그런데 그 후에 문제가 생긴 것이다.

나는 그녀에게 물었다. "뭔가 평소와 다른 일이나 속상한 일이 있지는 않았나요?"

"아뇨, 아무 일도 없었던 것 같아요. 그냥 피곤함이 사라지지 않는 것 같은 느낌이 들기 시작했어요. 잠들기가 너무 힘들고, 그러다가 결국 잠이 들고 나면 일어나기가 너무 힘들어요. 낮 12시까지 늦잠을 자도 부족해요. 그러다 보니 모든 일에 지장이 생기고 있어요. 하루 종일 몸이 무겁고, 기분은 엉망이고, 계속 먹어대고, 일에도 집중할 수가 없어요… 딱 예전이랑 똑같아요."

영문을 알 수 없었다. 원인을 가려내려면 수많은 가능성을 고려해야 했다. 그런데 짐작 가는 부분이 하나 있기는 했다. "우울증 증상이 나타나기 시작한 때가 지난 12월이라고 했죠?"

"음, 작년 추수감사절 직후였어요. 네, 아마 12월초였을 거예요."

"그 전에 우울증을 앓았던 적이 세 번 있었다고 했죠? 한 번은 고등학생 때였고, 두 번은 대학생 때였던가요?" 그녀는 고개를 끄덕였다. "그때 우울증이 언제 시작됐었는지 기억할 수 있겠어요? 몇 월이었나요?"

그녀는 잠시 천장을 올려다봤다. "음, 글쎄요, 고등학생 때는 우울증이 2년 동안 계속됐어요. 2학년 때 시작됐는데, 크리스마스 방학 이후에 나 빠지기 시작했으니까 아마 1월이었을 거예요. 그리고 대학생 때는⋯ 1학년 때는 가을 학기가 끝날 무렵이었으니까 아마 12월이었을 거예요. 3학년 때도 거의 비슷했던 것 같아요."

4번의 우울증이 있었고 모두 12월이나 1월에 시작되었다. 계절성 우울증의 전형적인 패턴이었다. 계절성 우울증은 주로 낮이 짧고 춥고 음울한 겨울철에 햇빛 부족으로 인해 발생한다. 나는 칼리에게 이 생각을 이야기했다.

"하지만 아직 10월인데요." 그녀가 말했다. "너무 이르지 않나요?"

"이른 감이 있기는 하지만 최근에 날씨가 어땠는지 생각해 봐요." 그 무렵에는 며칠 연속으로 비가 내려서 계절에 맞지 않게 춥고 흐린 날씨가 이어지고 있었다. "직업상 평소에 밖에서 보내는 시간이 많죠? 이번 주에는 어땠나요?"

그녀는 고개를 저었다. "평소에는 매일 몇 시간씩 아이들과 밖에서 보내니까 햇빛은 충분히 받고 있었어요. 그런데 요즘에는 날씨가 너무 안 좋아서 매일 실내에서 아이들을 지도했죠. 일주일 내내 실내에만 있었어요." 그녀는 조금 적극적인 자세를 보였다. 눈에 약간의 생기가 돌아온 것처럼 보였다. "정말 그게 원인일까요?"

"확신할 수는 없지만 그럴 수도 있죠. 확인해 볼 방법이 하나 있어요."

나는 칼리에게 잠시 그대로 앉아 있으라고 말한 뒤 연구실에 가서 라이트박스를 가져와 그녀의 바로 옆에 켜 두었다. 남은 30분 동안 아침 해만큼 밝은 빛이 그녀의 곁을 비추고 있었다. 즉각적인 효과는 없었지만 상담이 끝날 때쯤 그녀는 기분이 조금 나아진 것도 같다고 말했다.

금요일 오후였기 때문에 나는 그녀에게 라이트박스를 주면서 주말 동안 아침에 일어나면 30분간 켜 두라고 말했다. 월요일 아침이 되자 진료실로 전화 한 통이 걸려왔다. "일라디 박사님? 칼리예요. 못 믿으시겠지만 잠들기가 훨씬 편해졌어요. 다시 상태가 좋아지기 시작한 것 같아요. 라이트박스를 빌려주셔서 너무 감사합니다. 아, 그리고 앞으로 계속 사용하려고 온라인으로 하나 주문했어요. 내일이면 도착한대요."

아홉 살 생일에 부모님은 내게 폴라로이드 카메라를 선물로 사주셨다. 그 카메라는 지금까지 내가 받았던 가장 마음에 드는 선물 중 하나였다. 셔터를 누르면 튀어나오는 비어 있는 사진이 몇 분 사이에 실물과 똑같은 이미지로 변하는 모습을 지켜보던 그때의 설렘은 지금도 생생하게 기억난다.

내가 그 카메라로 사진을 찍으면서 가장 의아했던 점은, 실외에서는 흐린 날에도 플래시를 사용할 필요가 없는데 실내에서는 항상 사용해야 한다는 점이었다. 물론 바깥이 좀 더 밝기는 하겠지만 그렇게 큰 차이가 있다고 느껴지지는 않았기 때문이다. 내 눈은 실내에서도 사물을 뚜렷하게 볼 수 있는데 왜 카메라는 그럴 수 없는지 궁금했다. 실내에서 플래시를 터뜨리지 않고 사진을 찍어보면 늘 어둡고 흐릿한 사진이 나왔다.

표 7-1. 조도 (lx)

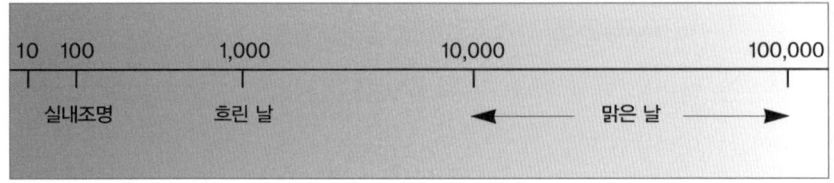

당시 나는 대낮에 실내보다 실외가 얼마나 더 밝은지 알지 못했다. 표 7-1에서 볼 수 있듯이, 맑은 날의 자연광은 일반적인 실내조명보다 1백 배 이상 밝다. 우리가 이 엄청난 차이를 깨닫지 못하는 이유는, 우리의 눈과 뇌가 매우 영리해서 조명 환경의 어떤 변화에도 대체로 쉽게 적응하기 때문이다.

그러나 실내에서 활동하는 데 아무런 문제가 없다고는 해도 우리의 눈은 야외 환경에 맞게 만들어져 있다. 수렵-채집이 일상이었던 선조들은 매일 하루 종일 야외에서 생활했다. 그리고 1세기 전까지만 해도 사람들은 깨어 있는 시간의 대부분을 자연광 속에서 보냈다.

그러니 우리의 눈이 야외의 빛 조건에 맞춰져 있는 것은 당연한 일이다. 눈에는 뇌의 중심부와 직접 연결된 특수한 빛 수용기receptor가 있는데, 이 빛 수용기는 야외의 빛에만 반응한다. 빛 수용기는 빛이 최소한 흐린 날의 자연광만큼은 밝아야 작동하기 때문에 실내에서는 작동하지 않는다. 흐린 날의 야외는 조명을 모두 켜 놓은 거실보다 3배 이상 밝다.

대부분의 시간을 실내에서 보내면 눈의 빛 수용기가 필요한 만큼의 자극을 받지 못한다. 그렇게 되면 뇌 화학작용과 체내 시계에 중대한 영향이 미칠 수 있다.

빛이 주는 선물, 세로토닌

밝은 빛은 뇌의 세로토닌 생성을 촉진한다. 세로토닌이 제 기능을 하도록 유지하는 일은 매우 중요하다. 세로토닌은 우리의 기분과 행동에 광범위한 영향을 주는 신경전달물질이기 때문이다.

스트레스와 우울증_ 제2장에서 보았듯이 세로토닌 회로는 뇌의 스트레스 반응을 진정시키는 데 도움을 준다. 그러므로 밝은 빛은 뇌 내 세로토닌 활동을 증가시킴으로써 항우울 효과를 발휘한다. 그리고 약물과 달리 밝은 빛의 치료 효과는 빠르게 나타날 수 있다. 1주일이 채 걸리지 않는 경우가 많다. (프로작이나 이펙사 등의 약물이 효과를 보이는 데 걸리는 시간은 대개 2~4주 정도다.)

행복감_ 밝은 빛은 스트레스가 일으키는 감정을 억제할 뿐만 아니라 행복감도 끌어올린다. 이 또한 세로토닌의 활동 증가가 불러오는 이점이다. 대개 1~2시간만 밝은 빛에 노출되면 어느 정도 기분이 좋아진다는 최근의 연구 결과가 있다. 햇빛을 받고 있으면 몇 분 만에 기분이 좋아지기 시작한다고 말하는 환자들도 있었다.

사고 활동_ 기분이 상승되면 사교성도 높아진다. 최근의 연구에 따르면, 밝은 빛은 사람들과의 교류를 더 즐기게 만드는 효과가 있다. 또 다른 연구에서는, 밝은 빛에 노출되어 있으면 다른 사람들과 논쟁을 하거나 싸우는 경향이 줄어든다는 사실이 밝혀지기도 했다. 이런 현상도 빛에 의한 세로토닌 증가가 부분적으로 영향을 끼쳐 나타나는 효과이다.

체내 시계가 맞아야 행복하다

뇌는 우리 몸을 규칙적으로 활동하게 하려 애쓴다. 두개골 깊숙한 곳에는 소위 '체내 시계'*라 불리는 작고 정밀한 시계가 있는데, 매일 충분한 빛을 받으면 이 시계는 놀라울 정도로 정확하게 작동한다.

그러나 충분한 빛을 받지 못하면 체내 시계가 불안정해지고 우리 몸속의 수많은 세포들이 서로 보조를 맞추지 못하게 되어 큰 혼란이 일어난다. 호르몬 농도가 불균형해지고, 수면 시간이 불규칙해지고, 활력을 제때 발휘할 수 없게 된다. 사람에 따라서는 이런 영향들이 실제로 본격적인 우울증을 불러올 수도 있다.**

우리 몸속에 내장된 시계는 매우 정확하지만, 전자시계라기보다는 수동으로 태엽을 감아줘야 하는 시계에 가깝다. 체내 시계는 규칙적으로 재설정되지 않으면 어긋나기 시작해서 하루에 많게는 1시간까지 느려지거나 빨라질 수 있고, 1~2주 만에 몸의 균형이 완전히 무너질 수도 있다.

그러므로 체내 시계는 매일 재설정해줘야 한다. 이 재설정 역할을 담당하고 있는 눈 뒤에 있는 특수한 광센서는 시시각각 일어나는 빛의 변화에 아주 민감하다. 광센서가 뇌로 계속 신호를 보내면 뇌는 수집한 모든 빛 정보를 이용해 매일 일출과 일몰 시간을 추적한다. (일출과 일몰은 날마

---

*체내 시계는 '시교차상핵suprachiasmic nucleus'이라 불리는 뇌 영역에 있는 신경세포 다발이다.
**유전적으로 덜 취약한 사람들은 빛이 약간 부족한 상태가 계속되어도 그렇게 심각한 영향을 받지는 않는다. 조금 나른하거나 우울한 정도일 것이다(경우에 따라서는 반대로 흥분하기도 한다).

다 같은 시각에 일어나기 때문에 이 시점을 표지로 삼아 체내 시계를 맞출 수 있다.)*

그렇다면 얼마나 오랫동안 밝은 빛에 노출되어야 할까? 다행히 그리 많은 시간이 필요하지는 않다. 대개는 매일 아침 15~30분이면 체내 시계를 제대로 작동시키기에 충분하다.**

현대인들이 실내에서 많은 시간을 보내기는 하지만 북아메리카와 유럽에 사는 사람들은 대개 여름철에는 충분한 빛을 받고 있다. 날씨가 화창하고 따뜻하며 이른 아침부터 저녁 늦게까지 밖이 환하기 때문이다.

그러나 음울하고 춥고 낮이 짧은 겨울철에는 사정이 다르다. 대부분의 산업 사회에서 사람들은 거의 매일 하루 종일 실내에 틀어박혀 지낸다. 당연히 일반적인 미국인들은 11월부터 3월까지 위험할 정도로 빛이 부족한 환경에서 생활하게 된다. (좀 더 북쪽 지역에 사는 사람들의 경우 빛 부족 상태가 10월부터 4월까지 계속될 수도 있다.)

---

*일출과 일몰 시각이 매일 1~2분씩 달라지기는 하지만 이런 점진적인 변화는 체내 시계가 감지하기 쉽다.
**체내 시계는 매일 일출 시각에 맞춰져 있다. 일출이 언제 일어나는지 알아내기 위해 체내 시계는 깜깜한 어둠(밤)에서 조금 밝은 빛(일출), 그리고 아주 밝은 빛(일출 후 약 30분)으로 이어지는 빛의 패턴을 찾는다. 현대의 실내에서도 첫 두 단계는 가능하다. 잠에서 깨어난 후 실내의 조명을 켜면 어둠부터 조금 밝은 빛까지의 패턴은 볼 수 있다. 그러나 뇌는 세 번째 단계, 즉 일출 후 곧 찾아오는 아주 밝은 빛도 기대한다. 이 부분이 빠지면 체내 시계는 정확하게 재설정될 수 없다.

7장. 빛의 놀라운 치유력

● 계절성 우울증(SAD)

학자들의 말에 따르면 평균적인 미국인들은 겨울철에 행복감을 덜 느끼고 몸도 둔해진다. 임상적인 우울증의 발병률도 증가한다(북쪽 지역일수록 발병률이 더 크게 증가한다). 11월에서 3월 사이에 인구의 약 20%가 적어도 몇 가지 이상의 임상적인 우울증 증상들을 동반한 "겨울 우울증"을 겪는다.

앞에서도 말했듯이 이런 패턴은 광 노출 부족이 그 원인일 수 있다. 빛을 충분히 받지 못하면 체내 시계가 어긋나고 뇌의 세로토닌 분비가 감소해 사교활동이 침체되고 기분이 우울해지고 스트레스 반응이 증가한다.

임상의들은 겨울에 시작되는 우울증 패턴을 '계절성 우울증seasonal affective disorder'* 즉 SAD라 부른다. 진단학적으로 SAD는 우울증의 일종일 뿐이지만 몇 가지 독특한 임상적 특징이 있다.

예컨대 우울증 환자들은 대부분 불면증에 시달리지만 SAD 환자들은 잠을 지나치게 많이(하루에 12시간 이상) 자는 경향이 있다. 그리고 깨어난 후에도 극도의 나른함과 피곤함을 느낀다.

또한 SAD를 앓는 사람들은 몸속에서 곧장 당으로 바뀔 수 있는 단 음식이나 단순탄수화물**을 지나치게 많이 먹어 체중이 증가하는 경우가 많다. 현재 많은 연구자들은 이런 단 것에 대한 갈망을 "자가 치료"의 시도로 보고 있다. 혈당이 급증하면 뇌 내 세로토닌의 활동이 활발해져서 일시적으로 기분이 좋아질 수 있기 때문이다. 그러나 이런 방법에는 커다란 단점이 있다. 당(그리고 다른 단순탄수화물) 섭취는 염증을 유발하고, 제2장에서 봤듯이 만성 염증은 우울증을 일으키는 주범이다. 그러므로 당 섭취를 통한 자가 치료법은 결국 실패할 수밖에 없다.

SAD에 취약한 사람들은 일 년 내내 빛 부족에 극도로 민감하다. 다시 말해, 밝은 빛을 충분히 받을 수 없게 만드는 음울한 날씨가 장기간 계속되면 연중 어느 때든 우울증 증상들이 나타날 수 있다는 것이다.

● 빛 치료법

SAD에 가장 좋은 치료법은 빛 치료법이다. 빛 치료와 관련해서 현재까지 70건이 넘는 연구가 진행되었는데 약물치료보다 빛 치료가 훨씬 더 나은 효과를 보인 경우가 많았다(부작용도 훨씬 적게 나타났다).

뿐만 아니라 빛 치료는 모든 종류의 우울증 치료에 유용하다. 주로 겨울철에 증상이 시작되는 사람들이나 SAD의 특징적인 증상들(지나치게 잠을 많이 자고, 체중이 늘고, 당을 갈망하게 되는 등)을 겪는 사람들에게만 빛 치료가 효과적인 게 아니다.

인간은 본래 규칙적으로 밝은 빛을 받아야 하는 생물이다. 그렇기 때문에 빛을 충분히 받으면 뇌의 스트레스 반응이 감소하고, 체내 시계가 제

---

*DSM-IV에서는 이 용어를 사용하지 않고 대신 일부 주요 우울에피소드가 '계절성 패턴'을 따른다고 말한다.
**단순탄수화물은 감자칩이나 흰 식빵, 면류, 파스타, 감자튀김 등 녹말이 많이 든 음식들을 가리킨다.

대로 작동하고, 사교성이 좋아지는 등 광범위한 효과를 얻을 수 있는 것이다.

자연 일광과 라이트박스

대부분의 우울증 환자들은 매일 30분씩만 빛을 받아도 항우울 효과를 얻을 수 있다. 그러나 30분간의 광 노출이 효과를 발휘하려면 빛이 맑은 날의 햇빛만큼 밝아야 한다(최소한 10,000lx). (흐린 날 야외의 조도는 1,000lx 정도밖에 안 될 때가 많기 때문에 이런 어두운 빛으로 같은 임상 효과를 얻으려면 적어도 몇 시간 동안은 빛에 노출되어야 한다.)

밖에서 시간을 보냄으로써 밝은 빛을 받는 자연적인 방식에는 몇 가지 분명한 이점들이 있다. 우리의 몸과 뇌는 여전히 석기시대에 맞춰져 있기 때문에 야외 환경을 원하게 되어 있다. 연구자들은 전 세계적으로 대부분의 사람들이 인공적인 그 어떤 창조물보다 자연의 아름다움을 더 좋아한다고 말한다. 자연 환경(특히 야외의 풍경과 소리)에 노출되는 것만으로도 스트레스 호르몬 농도가 낮아지고 불안감이 줄어들 수 있다. 도시 공원이나 교외의 뜰 같은 "자연 환경"에서 시간을 보내도 이런 효과를 얻을 수 있다.

야외에서 햇빛을 받는 일의 이점은 또 있다. 운동이나 사교 활동과 같은 다른 항우울적 생활 요소들을 여기에 쉽게 결합시킬 수 있다는 점이다. 예를 들어, 어떤 환자들은 주말에 친구들을 만날 때 야외 좌석이 제공되는 음식점을 약속 장소로 정한다. 또 어떤 환자들은 매일 아침 30분씩 빨리 걷기를 함으로써 광 노출과 유산소 운동을 동시에 실천하고 있다.

한편 라이트박스도 확실한 두 가지 고유의 이점을 지니고 있다. 믿을 수 있고 편리하다는 점이다. 전력 공급이 되는 한 스위치만 누르면 필요한 만큼의 밝은 빛을 손쉽게 얻을 수 있기 때문이다.

물론 일 년 내내 햇빛을 충분히 받을 수 있는 지역에 살고 있다면 굳이 라이트박스가 없어도 될 것이다. 매일 밖에 나가서 밝은 빛을 받는 것이 가장 좋은 방법이다.

그러나 이런 혜택을 누릴 수 있는 사람은 많지 않다. 우리는 때때로 화창한 날씨를 오랫동안 만나지 못한 채 생활하기도 한다. 이곳 캔자스에서 아내와 딸과 나는 매년 겨울마다 장기간 이어지는 흐린 날씨를 견디며 살아간다. 몇 주 동안 해를 전혀 보지 못할 때도 있다.

기후가 그리 쾌적하지 못한 지역에 사는 경우, 특히 연중 가장 날씨가 혹독한 시기에 늘 충분한 양의 빛을 확보하기 위해 선택할 수 있는 방법은 세 가지다. 다른 곳으로 이사하는 방법, 흐린 날에는 (춥거나 비가 오더라도) 최소 2시간 이상 밖에서 지내는 방법, 그리고 라이트박스를 구입하는 방법이다. 첫 번째와 두 번째는 대다수의 사람들에게 반갑지 않거나 비현실적인 방법일 테니, 자연 일광을 받기 어려운 날에 대비해 라이트박스를 마련하는 게 최선책일 것이다.

라이트박스 선택과 이용

현재 구입할 수 있는 라이트박스에는 몇 가지 종류가 있다. 여기에서는 효과를 가장 기대할 수 있는 두 가지 종류를 소개하려 한다.

10,000lx 박스_ 우울증 치료용으로 가장 광범위하게 연구된 라이트박스는 형광 전구를 사용해 10,000lx의 백색광*을 내는 방식이다. 10,000lx의 백색광은 화창한 날 아침에 비치는 햇빛의 조도에 가깝다. 많은 연구에서 이런 형광 라이트박스의 효과가 입증되었으며 나 또한 이 방식을 추천한다.

이 방식을 택했다 해도 중요한 선택사항이 하나 더 남아 있다. 크기나 무게, 디자인, 가격이 각기 다른 여러 가지 형광 라이트박스가 시중에 판매되고 있기 때문이다.

형광 라이트박스의 가격은 100달러 정도에서부터 500달러 이상까지 다양하기 때문에 비용이 중요한 고려사항이 될 수 있다. 하지만 어유 보충제의 경우에서도 그랬듯이 가장 저렴한 제품들 중에도 좋은 제품들이 있다. 그리고 라이트박스를 사용하라는 의사의 권유를 받은 경우에는 현재 많은 보험회사들이 비용의 일부를 지원해주고 있다.

라이트박스를 선택할 때 고려해야 하는 가장 중요한 요소 중 하나는 각도 조절이 가능한 스탠드의 유무이다. 각도가 조절되는 스탠드가 있으면 야외에서 빛을 받을 때처럼 머리보다 약간 위쪽에서 빛이 비치도록 라이트박스의 위치를 설정할 수 있다. 눈의 특수한 광센서를 활성화시키는 최적의 각도에 라이트박스를 위치시킬 수 있는 것이다.

형광 라이트박스 중에는 빛이 깜박거려서 눈의 피로와 두통을 유발하는 제품도 있으니, 깜박거림이 없는(flicker-free) 제품인지 확인해 보고 구

---

*백색광은 가시광선 스펙트럼의 모든 색깔을 포함하고 있다.

입해야 한다.

청색광 박스_ 청색광 박스는 빛 치료에 새롭게 시도되고 있는 수단이다. 눈의 광센서는 스펙트럼의 파란색 끝에 위치하는 빛에 가장 잘 반응하기 때문에, 청색광은 400lx 정도만 있어도 체내 시계를 재설정하기에 충분하다. 형광(백색광) 라이트박스에 비해 필요한 빛이 25배나 적기 때문에 제조사들이 훨씬 작고 가벼운 박스를 만들 수 있다.

그러나 학자들은 최근에 들어서야 청색광 라이트박스의 우울증 치료 효과를 시험하기 시작했다. 현재까지의 연구들을 보면 효과를 기대해 볼 수 있지만 아직 확실한 판정이 나오지는 않았다. 그리고 건강 면에서도 신중히 생각해야 할 부분이 있다. 청색광이 망막*에 안 좋은 영향을 줄 수 있다는 주장이 제기되고 있기 때문이다. (순수한 청색광은 자연 상태에서 발생하지 않기 때문에, 청색광이 눈에 문제를 일으킬 수 있다는 것도 전혀 설득력 없는 이야기는 아니다.) 그러므로 이런 안전 문제가 충분히 다뤄지고 청색광 라이트박스가 실제로 우울증 치료에 효과적이라는 좀 더 확고한 증거가 나올 때까지는 유효성이 입증된 형광 라이트박스를 사용할 것을 권한다.

라이트박스 활용 요령_ 라이트박스의 효과를 최대한 끌어내기 위해 염두에 두어야 할 몇 가지 사항이 더 있다.

· 라이트박스는 눈높이보다 15cm 정도 위에 설치하는 게 가장 좋다.

---

*안구의 뒤쪽에 위치한 망막에는 감광세포들이 있다.

- 가능하면 박스를 한쪽으로 치우치지 않도록 정면 위에 설치하는 것이 좋다.
- 라이트박스는 대개 눈에서 45~60cm 정도 떨어져 있을 때 가장 큰 효과를 발휘한다. 박스가 멀리 떨어져 있을수록 눈의 모든 부분에 빛이 닿는다는 이점이 있지만 도달하는 빛의 조도는 떨어진다는 단점이 있다. 질 좋은 제품들은 대부분 45cm 이상 떨어진 거리에서도 10,000lx의 빛을 전달할 수 있지만, 어떤 제품들은 좀 더 가까이 설치해야 하는 경우도 있다(상품설명서를 확인하기 바란다). 그러나 라이트박스가 30cm보다 가까운 거리에 있으면 눈이 피로해질 수 있다.
- 라이트박스를 똑바로 응시하면 빛이 너무 밝아서 눈에 부담이 된다. 시선은 앞에 있는 컴퓨터 화면이나 책, 신문, 혹은 대화 상대에게 두고 빛이 위쪽에서 눈으로 비쳐 들어오게 해야 한다.
- 사정상 라이트박스를 위쪽에 설치할 수 없다면 박스의 앞면이 몸을 향하도록 옆에 약간 떨어뜨려 놓아도 괜찮다. 단, 노출 시간의 반은 몸의 왼쪽에, 나머지 반은 오른쪽에 두어 균형을 맞춰줘야 한다.

☀ 언제 빛을 받는 게 좋을까

광 노출과 관련해 가장 중요한 점은, 하루 중 가장 적절한 시각에 빛을 받아야 한다는 점이다. 대부분의 경우 이 "적절한 시각"은 아침이겠지만, 오후나 저녁에 빛을 받아야 더 효과를 얻을 수 있는 사람들도 있다. 이상적인 시각은 현재의 수면 습관에 따라 달라진다. 다음의 4가지 수면 패턴 중 자신에게 가장 가까운 패턴을 찾아보자.

- 늦게 일어나는 패턴: 아침에 몸이 무겁고 제 시각에 일어나기가 힘들다. 대개 밤에 잠들기도 어렵다. 이 패턴의 사람들은 종종 취침 시각이 점점 늦어져, 지칠 때까지 깨어 있어야 겨우 잠들곤 한다. 그리고 때로는 10시간 이상 잠을 자도 피곤함을 느낀다.
- 일찍 일어나는 패턴: 잠드는 데 거의 문제가 없지만 아침에 너무 일찍 깨어나는 경향이 있다. 이 패턴의 사람들은 원하는 기상 시각보다 최소 2시간 이상 일찍 깨어나 다시 잠들지 못하는 경우가 많다.
- 조각 잠을 자는 패턴: 밤사이 여러 번 깨어나고 매번 깨어나는 시각도 일정치 않다.
- 건강한 수면 패턴: 별 어려움 없이 잠들고, 도중에 잘 깨지 않고, 아침에도 잘 일어난다.

지금부터는 이 4가지 기본적인 수면 패턴 각각에 맞는 광 노출 지침들을 살펴보자.

늦게 일어나는 패턴

겨울 우울증을 앓는 사람들 중 약 80%가 늦게 일어나는 수면 패턴을 경험한다. 그러면 체내 시계가 느려지기 때문에 좀 더 이른 시각으로 재설정해줄 필요가 있다. 대개는 매일 아침 일어난 직후 30분 동안 밝은 빛을 받으면 된다. 기상 후 1시간 이내가 가장 이상적이다. 그런데 매일 거의 같은 시각에 빛을 받는 것이 중요하다. 즉, 주말도 포함해서 매일 아침 거의 같은 시각에 일어나야 하는 셈이다.

예를 들어 주중에는 보통 (알람시계의 스누즈 버튼을 몇 번 누른 후) 7:30에 잠자리에서 힘겹게 일어나지만 주말에는 오후까지 잔다고 생각해 보자. 이 경우에는 토요일과 일요일도 포함해서 매일 아침 늦어도 8:30부터는 빛을 받기 시작해야 한다. 이때가 평소 기상 시각의 1시간 후이기 때문이다.

내가 만난 환자들 중 이렇게 늦게 일어나는 패턴의 사람들은 대부분 기상 직후 30분 동안 라이트박스 앞에 앉아서 아침식사를 하거나 신문을 읽는 방법을 택했다. 날씨가 좋은 아침에는 테라스나 뜰에 앉아 빛을 즐기는 사람들도 있었다.

물론 아침마다 이렇게 30분 동안 빛을 받으려면 평소보다 일찍 일어나야 한다는 어려움이 있다. 일찍 일어나기가 어렵다면 일할 때 라이트박스 앞에 앉을 수 있도록 위치를 설정하는 것도 한 가지 방법이 될 수 있다. (이런 이유로 컴퓨터 모니터 바로 옆에 라이트박스를 설치하는 사람도 많다.) 잠자리에서 일어난 후 약 1시간 내에 이런 식으로 직장에서 라이트박스를 이용할 수만 있다면 평소의 기상 시각을 그대로 유지할 수 있다.

대부분의 사람들은 일주일 안에 광 노출의 효과를 적어도 어느 정도는 느끼기 시작한다. 대개 밤에 잠들기가 덜 어려워지고, 아침에 일어나기도 조금 수월해지고, 이전보다 기분 좋고 활기 있게 하루를 보내게 된다. 그런데 빛을 30분 이상 받아야 좋은 결과를 얻을 수 있는 사람들도 있다. 첫째 주에 아무런 효과를 느끼지 못했다면 광 노출 시간을 1시간으로 늘

려보기 바란다.

오후 늦게 한 번 더 30분 동안 빛을 받는 것도 도움이 된다. 늦은 오후에 몸이 무거운 사람이라면 특히 그렇다. 그런데 이렇게 오후에 받는 빛은 아침에 받는 빛만큼 밝으면 안 된다. 자칫하면 체내 시계가 더 어긋나 버릴 수도 있다. 두 번째 광 노출 시에는 라이트박스에서 두 배 멀리 떨어져 앉으면 가장 안전하다. 오후에 빛을 바깥에서 받고 싶다면 밖이 너무 환하지 않도록 해 지기 약 30분 전까지 기다리는 게 좋다.

늦게 일어나는 패턴의 사람들 대부분은 빛 치료를 시작하고 2~6주 사이에 점차적으로 수면 패턴이 정상화되고 다른 우울증 증상들도 호전되었다. 이렇게 경과가 순조롭다면 날마다 받아야 하는 빛의 양을 줄여 나가도 된다. 광 노출 시간을 하루에 5분씩 줄여서 최종적으로는 15분으로 유지하는 게 가장 이상적이다. (기분 상승효과를 위해서는 계속 자연 일광을 더 받아야 할 수도 있다.)

일찍 일어나는 패턴

일찍 일어나는 패턴은 임상적인 우울증 환자들에게서 가장 흔히 볼 수 있는 패턴이다. 이런 패턴의 사람들은 밤에 잠드는 데는 문제가 없지만 아침에 너무 일찍 깨어나고 다시 잠들기도 어렵다. 이런 패턴이 나타나는 이유는 체내 시계가 현재 시각을 실제보다 훨씬 늦은 시각이라고 생각하기 때문이다. 그러므로 체내 시계를 좀 더 이른 시각으로 재설정해 줘야 한다.

가장 효과적인 방법은 초저녁에 30분 동안 밝은 빛을 받는 것이다. 첫

째 주에는 평소 취침 시각보다 5시간 전에 빛을 받기 시작하는 게 가장 좋다. 예를 들어 평소 밤 11시에 잠자리에 든다면 저녁 6시부터 밝은 빛을 받기 시작한다. 이렇게 체내 시계를 재설정하는 동안에는 아침에 밝은 빛을 받지 않도록 주의해야 한다. 체내 시계가 잘못 설정될 수 있기 때문이다. 적어도 수면 패턴이 정상으로 돌아올 때까지는 아침에 밖에 나갈 때 늘 선글라스를 착용해야 한다.

일주일 동안 이렇게 지내고 나면 어떤 사람들은 수면 패턴이 훨씬 좋아져 있을 것이다. 그러나 이때까지도 밤새 충분히 잘 수 없다면 밝은 빛을 받는 시각을 30분 늦추는 것이 좋다. 이 새로운 스케줄을 3일 동안 유지한 후, 너무 일찍 일어나지 않게 될 때까지 광 노출 시각을 3일마다 30분씩 더 늦춘다.

그러나 꼭 지켜야 할 한계선이 있다. 잠자리에 들기 2시간 전부터는 밝은 빛을 받아서는 안 된다. 밤에 잠들기가 어려워지기 때문이다. 이 한계선까지 도달해서도 여전히 밤새 깨지 않고 잘 수 없다면(혹은 다른 우울증 증상들이 개선되지 않는다면) 어떻게 해야 할까? 그럴 경우에는 이후 몇 주 동안 광 노출 시간을 30분에서 60분으로 늘리면 도움이 될 것이다.

건강한 수면 패턴을 되찾고 이 패턴이 한 달 동안 유지되었다면 그때부터는 늦은 시간에 빛을 받는 시간을 서서히 줄이기 시작해도 된다. 그러나 갑작스럽게 중단하면 역효과가 나서 증상들이 되살아날 수 있으니 주의해야 한다. 광 노출 시간을 하루에 5분씩 줄여서 최종적으로 15분이 되게 하고, 그 다음에는 아침에 15분씩 빛을 받는 스케줄로 바꿔 나가는 게 좋다.

조각 잠을 자는 패턴

어떤 사람들은 밤사이 자다가 여러 번 깨어나는데, 특별한 패턴이 정해져 있지 않아서 체내 시계가 어떻게 어긋났는지 알기 힘든 경우가 있다. 이런 경우에도 광 노출은 도움이 된다. 실제로 밝은 빛을 받으면 잠이 필요하다는 신호를 보내는 뇌 내 회로의 활동이 활발해져서 밤새 더 깊고 편안한 잠을 잘 수 있게 된다. 뿐만 아니라 밝은 빛은 뇌 속의 세로토닌 기능을 향상시킴으로써 항우울 효과도 가져다줄 수 있다.

밤사이 여러 번 잠에서 깨는 사람은 아침에 밝은 빛을 받는 것이 좋다. 그러나 너무 일찍 빛을 받기 시작하면 뜻하지 않게 체내 시계를 앞당겨 밤에 너무 일찍 졸음이 쏟아지고 아침에 너무 일찍 깨어나게 될 수도 있다. 그러므로 평소의 기상 시각에 일어난 후 30분에서 1시간 정도 기다렸다가 빛을 받기 시작하는 게 좋다.

2주 동안 매일 30분씩 빛을 받고 나서 수면 패턴을 점검해 보자. 여전히 조각 잠을 자게 된다면 아침에 빛을 받는 시간을 60분으로 늘린다. (수면 패턴이 개선된 후에는 광 노출 시간을 하루에 5분씩 줄여 매일 15분으로 유지하면 된다.)

건강한 수면 패턴

건강한 수면 패턴을 지닌 사람이라면 아침마다 15분씩 밝은 빛을 받음으로써 이 패턴을 유지할 수 있다. 평소의 기상 시각에 일어나서 최소한 30분은 기다리되, 기상 후 2시간 이내에 빛을 받는 것이 좋다.

그런데 한 가지 예외적인 경우가 있다. 우울증 증상이 있는 사람이라면 아침에 30분 동안 밝은 빛을 받음으로써 항우울 효과를 얻을 수 있다. 2주가 지나도 여전히 증상의 개선이 보이지 않으면 광 노출 시간을 60분으로 늘린다. (1시간 내내 밝은 빛을 받아야 세로토닌 기능이 항우울 효과를 발휘할 수 있을 만큼 활성화되는 사람들도 있다.)

● 자주 묻는 질문들

지금까지 광 노출에 관한 기본적인 내용을 살펴보았으니 이제는 사람들이 이 요법에 대해 흔히 갖는 의문들을 하나씩 짚어 보도록 하자.

1. *라이트박스를 사용하기 전에 의사와 상담해야 할까?* 전문가들은 라이트박스가 대다수의 사용자들에게 안전하다고 말한다.* 그러나 몸에 영향을 줄 수 있는 새로운 치료법을 시작하기 전에는 언제나 의사와 먼저 상담을 하는 것이 좋다.

일부 질병, 특히 안과질환은 라이트박스 사용으로 인해 악화될 수도 있다. 황반변성이나 망막병증, 망막색소변성증 등 심각한 안과질환이 있는 사람은 라이트박스를 사용해서는 안 된다. 또한 빛에 극도로 민감한 사람도 라이트박스 사용을 피해야 한다. 약물로 인해 일시적으로 빛에 민감해진 사람도 마찬가지다.

조울증이 있는 사람은 임상의의 직접적인 지도 없이 빛 치료를 시작해

---

*라이트박스는 여러 다양한 연구에서 수많은 환자들을 대상으로 평가되었다.

서는 안 된다. 조증에 취약한 사람들의 경우 밝은 빛이 때때로 조증*을 유발하기 때문이다. 발작장애가 있는 사람도, 가능성은 매우 낮지만 라이트박스가 간질 반응을 유발할 위험이 있기 때문에 사용 전에 반드시 의사와 상의해야 한다.

마지막으로, 당뇨병 환자들은 합병증으로 안과질환을 겪는 경우가 많다. 그러므로 당뇨병이 있는 사람은 라이트박스를 사용해도 될지 내과의사와 먼저 상의해야 한다.

2. *라이트박스를 사용함으로써 생길 수 있는 부작용은 없을까?* 부작용을 경험하는 사람은 거의 없다. TLC 연구에 참여한 많은 환자들 중 부작용을 겪었다고 말한 사람은 한 명도 없었다. 그러나 처음 라이트박스를 사용할 때 몇 번은 눈의 자극이나 두통, 약간의 메스꺼움이 있을 수 있다. 이런 불편들은 대개 며칠 안에 눈이 라이트박스에 적응하면서 사라지므로, 가능하면 계속 라이트박스를 사용하는 것이 좋다. 라이트박스를 원래보다 두 배 정도 먼 거리에 옮겨 놓았다가 서서히 원래 위치로 돌려놓는 것도 한 가지 방법이 될 수 있다. 거리를 떨어뜨려 놓아도 효과가 없다면 하루에 빛을 받는 시간을 5분으로 줄였다가 날마다 몇 분씩 늘려서 원래의 노출 시간으로 되돌려 보기 바란다.

3. *밝은 빛을 너무 많이 받게 될 위험은 없을까?* 앞서 말했듯이 밝은 빛

---

*조증의 특징은 고조된 기분, 충동성, 무모한 행동, 망상, 주의산만, 과민, 수면 욕구 감소 등이다.

은 뇌 속의 세로토닌 활동을 촉진한다. 세로토닌 활동의 증가는 대개 좋은 현상이지만, 사람에 따라서는 광 노출을 늘린 후 세로토닌이 지나치게 많이 생성되는 경우도 있다. 그렇게 되면 신경이 과민해지거나 메스꺼움이 생길 수 있다. 이런 경우에는 광 노출을 중단하고 임상의와 상의해서 적정 수준까지 노출량을 다시 서서히 늘릴 방법을 찾아보는 것이 좋다.

또 한 가지 나타날 수 있는 영향은 체내 시계의 변화이다. 아침에 빛을 지나치게 많이 받으면 너무 일찍 깨어나게 되고 밤에는 너무 일찍 졸음이 몰려오게 된다. 이런 변화가 일어나면 광 노출 시간을 반으로 줄이고 노출 시각도 1시간 뒤로 늦춰 보자.

초저녁에 너무 많은 빛을 받으면 반대로 밤에 잠들기가 어려워질 수 있다. 이 경우에는 빛에 노출되는 시간을 줄이고 최소한 1시간 일찍 빛을 받는 것이 좋다.

4. 출근길에 운전하면서 충분한 아침 햇빛을 받을 수는 없을까? 가능하기는 하지만, 외부의 모든 조건이 충족되어야 한다. 예컨대 일출시에는 밖이 그리 밝지 않고(불과 400lx), 해가 뜬 후 약 40분이 지나기 전까지는 대개 조도가 10,000lx에 도달하지 못한다. 그리고 10,000lx가 되었다 해도 차 안에서는 여전히 빛이 부족하다. 색유리로 인해 노출량이 거의 절반으로 줄기 때문이다. 결국 조도가 20,000lx에 이를 때까지 기다려야 하는 셈인데, 그렇게 되려면 아주 화창한 날 일출 후 1시간 정도는 지나야 한다.

퇴근길에 운전하면서 늦은 오후나 저녁의 햇빛을 받으려 하는 경우에도 비슷하다. 해가 지기 약 1시간 전부터 차 안의 조도는 10,000lx 이하로 떨어지기 때문이다.

잊지 말아야 할 점이 또 한 가지 있다. 늦게 일어나는 수면 패턴을 겪는 사람들은 늦은 오후나 이른 저녁에 밝은 빛을 피해야 하므로, 밖이 아직 환하다면 저녁 퇴근길에 선글라스를 쓰고 운전해야 한다. 마찬가지로, 일찍 일어나는 수면 패턴을 겪고 있다면 이른 아침에 빛을 피해야 하므로 출근길에 선글라스를 쓰고 운전해야 할 것이다.

5. 햇빛과 유사한 효과를 낸다는 풀 스펙트럼 전구의 광고를 봤는데, 이런 전구도 일반적인 라이트박스만큼 효과가 있을까? 풀 스펙트럼이란 간단히 말해서 빛에 모든 색의 가시광선과, 적외선이나 자외선 등의 비가시광선이 포함되어 있다는 뜻이다. 그러나 대부분의 풀 스펙트럼 전구에서 나오는 빛은 항우울 효과를 내는 조도(10,000lx)에 훨씬 못 미친다. 혹시 10,000lx의 빛을 내는 풀 스펙트럼 라이트박스가 있다 하더라도, 풀 스펙트럼 광이 (대부분의 라이트박스에 사용되는) 일반적인 백색광*보다 우울증 치료에 좋다는 증거는 없다.

6. 아침에 빛을 받아야 하는데 출근 시간에 늦어서 받지 못했다면, 그

---

*일반적인 백색광은 광역 스펙트럼 광이라 불리기도 한다. (그래서 풀 스펙트럼 광으로 혼동하는 사람들도 많다.)

날 늦게라도 벌충하는 게 좋을까, 아니면 다음날로 미루는 게 좋을까? 대개는 그날 늦게라도 빛을 받는 게 좋다. 뇌 내 세로토닌 활동 증가로 인한 기분 고양 효과는 여전히 얻을 수 있기 때문이다. 그러나 아침에 빛을 받을 예정이었다면 너무 늦지 않게 벌충하는 것이 중요하다. (저녁에 빛을 받으면 체내 시계가 어긋나서 밤에 잠들기가 어려워질 수 있기 때문이다.) 가능하면 잠자리에 들기 5시간 전까지는 광 노출을 끝내야 한다. 그럴 수 없다면 다음날 아침으로 미루는 편이 낫다.

7. *어떤 사람들은 밝은 빛의 영향에 특히 민감하다고 들었는데, 사실일까?* 사실이다. 피부가 희고 눈동자가 파란 사람들 중에는 다른 사람들보다 빛을 덜 받아도 같은 효과를 보는 경우가 종종 있다. 이런 외모를 지닌 사람들은 이 장에 제시된 모든 광 노출 권장 시간을 30% 줄여서 적용해 봐도 좋을 것이다. 예를 들어 내가 권한 광 노출 시간이 30분이라면 15분만 빛을 받아 보고, 15분이라면 10분만 받아 보는 것이다. 이렇게 더 짧은 광 노출로 충분한 효과가 나타나지 않으면 원래 제시된 시간대로 빛을 받으면 된다.

8. *나는 겨울에 태닝베드를 애용하고, 태닝을 하면 기분이 좋아진다. 태닝만으로도 충분한 광 노출이 되지 않을까?* 그렇지 않다. 눈을 뜨고 있어야만 충분한 광 노출이 되는데, 태닝베드 안에서는 눈을 감고 있어야 한다.

그러나 태닝이 기분을 좋게 만든다는 주장에는 일리가 있다. 다만 피부과 전문의들은 태닝을 하지 말라고 충고한다(피부를 노화시키고 일부 암 발병 위험을 높일 수 있기 때문이다). 물론 태닝이 주는 기분 고양 효과는 대개 기본적인 심리에서 비롯된다. 구릿빛 피부를 좋아하는 사람이라면 태닝 후 자신의 피부를 보고 당연히 기분이 좋아질 것이다. 그런데 어떤 사람들은 태닝을 하고 있는 동안에도 엔돌핀 분비가 활발해져서 즐겁고 행복한 기분을 느낀다. 또한 태닝은 자외선 노출을 증가시켜 피부의 비타민 D 생성을 촉진한다. 비타민 D는 강력한 항우울 효과를 발휘할 수 있다.

● 비타민 D 처방

비타민 D는 우리가 살아가는 데 반드시 필요한 물질이다. 비타민 D가 없으면 우리는 모두 죽게 될 것이다. 엄밀한 의미에서 비타민 D는 비타민이 아니라 매우 중요한 호르몬이다. 비타민 D는 뇌와 심장, 면역 세포, 뼈, 피부, 신경, 혈관의 일상적인 기능을 제어하는 수많은 유전자들을 활성화시키는 우리 몸의 핵심적인 화학물질이다. 실제로 비타민 D가 부족할 때 발생할 수 있는 건강 문제는 무수히 많다. 아이들의 뼈를 약화시키고 변형시키는 구루병은 사람들에게 가장 많이 알려진 비타민 D 결핍증이다. 그러나 최근 과학자들은 다발성 경화증, 대장암, 죽상동맥경화증, 크론병, 우울증 등 훨씬 흔한 질병들도 비타민 D 결핍과 연관되어 있다고 보고 있다.*

---

*비타민 D 결핍은 이런 질병들의 유일한 원인은 아니지만 발병 위험을 높인다.

대체로 우울증 환자들은 혈중 비타민 D 농도가 위험할 정도로 낮다. 이런 사람들은 보충제를 복용하면 기분 고양 효과를 얻을 수 있다. 최근의 한 임상 실험에서는 SAD 환자들에게 고용량 비타민 D(종합비타민에 들어 있는 양의 250배)를 한 번만 복용하게 해도 상당한 항우울 효과가 있는 것으로 나타났다.

그렇다면 비타민 D는 어떻게 우울증에 맞서는 것일까? 부분적으로 보면 이 효과는 비타민 D가 뇌를 비롯한 신체 중요 기관 내의 유전자 기능을 조절함으로써 얻어진다. 그러나 그뿐만 아니라 비타민 D는 몸 전체에서 강력한 항염증 효과를 발휘한다. 제5장에서도 봤듯이 만성 염증은 우울증을 일으키는 주범이다. 만성 염증은 세로토닌의 기능을 방해하고 뇌 내 중요한 영역들의 활동을 정지시킨다. 그렇기 때문에 비타민 D의 항염증 효과는 곧 항우울 효과로 이어지는 것이다.

비타민 D가 이렇게 중요한 호르몬이기 때문에 우리 몸은 선천적으로 비타민 D를 필요한 만큼 생성할 수 있게 되어 있다. 그러나 비타민 D 생성을 위해서는 약간의 햇빛이 필요하다. 태양의 자외선*이 피부에 침투하면 콜레스테롤을 비타민 D로 변화시키는 연쇄 반응이 일어난다. 이 과정은 매우 효율적이어서, 겨울을 제외하고는 한낮에 잠깐만 햇빛을 받아도 대부분의 사람들이 하루 분의 비타민 D를 충분히 공급받을 수 있다.

수렵-채집인 선조들은 매일 몇 시간씩 햇빛을 직접 받으며 생활했기 때문에 비타민 D의 결핍을 걱정할 필요가 없었다. 겨울에 비타민 D를 생

---

*멜라닌 생성을 촉진해 피부를 갈색으로 만드는 바로 그 자외선이다.

성할 수 있을 만큼 햇빛이 강하지 않은 북부 지역에서도 여름과 가을에 충분히 생성된 비타민 D가 몸속에 남아 있어서 부족함 없이 한 해를 보낼 수 있었다.

그러나 지금은 산업사회 전역에서 비타민 D 결핍이 큰 문제가 되고 있다. 현재 미국 인구의 절반 이상은 매년 겨울이 끝날 무렵이면 비타민 D가 부족하고, 일 년 내내 혈중 비타민 D 농도가 심하게 낮은 사람들도 많다. 비타민 D를 강화한 우유와 유제품들도 생각만큼 우리의 몸을 보호해 주지 못한다. 우선 사람들이 과거에 그랬던 것처럼 우유를 많이 마시고 있지도 않고 우유 속에 들어 있는 비타민 D의 양이 그렇게 많지도 않다. 더욱 중요한 사실은, 비타민 D 강화 우유에 보편적으로 사용되는 비타민 D_2(에르고칼시페롤)가 우리 몸에서 생성되는 비타민 D와 다르다는 점이다. 우리 몸에 필요한 비타민 D는 비타민 D_3(콜레칼시페롤)이며, 우유나 다른 보충제에 들어 있는 D_2는 대부분 쓸모가 없다.

그렇다면 어떻게 해야 뇌와 몸이 제 기능을 할 수 있도록 충분한 비타민 D를 확보할 수 있을까? 고려해 볼 만한 방법은 두 가지다. 하나는 고용량의 비타민 D_3 보충제를 복용하는 방법이고, 또 하나는 규칙적으로 햇빛을 받는 방법이다. 지금부터 이 두 가지 방법을 각각 간략하게 살펴보자.

비타민 D 보충제

종합비타민제를 복용하고 있다면 그 비타민제에는 FDA의 1일 권장량인 400IU(international unit)의 비타민 D가 함유되어 있을 가능성이 높다.

그러나 앞서 말했듯이 비타민 D는 뼈를 건강하게 성장하도록 도와주는 것 외에도 우리 몸속에서 수많은 역할은 수행하기 때문에, 하루에 400IU로는 턱없이 부족하다.

최근 캐나다의 한 의학 연구팀은 얼마나 더 많은 양의 비타민 D를 섭취해야 하는지 알아보기 위해 연구를 실시했다. 이 연구팀은 자신들이 근무하는 병원에서 지원자들을 모집해 한겨울 동안 모든 지원자의 혈중 비타민 D 농도를 측정했다. 물론 대다수가 결핍 상태였다. 그 후 지원자들은 무작위로 나뉘어 매일 한 그룹은 비타민 D_3 1,000IU를, 다른 한 그룹은 4,000IU를 복용하기 시작했다. 몇 달이 경과한 후에도, 하루에 1,000IU(권장량의 2.5배)를 복용한 사람들 중에는 혈중 비타민 D 농도가 충분히 높아지지 않은 사람이 많았다. 이상적인 범위에 들려면 (길게는 3개월 동안) 하루에 4,000IU씩 복용해야 하는 것으로 나타났다.

이렇게 많은 양의 비타민 D를 매일 복용한다고 말하면 의사들은 놀랄 수도 있다. 그들이 가장 우려하는 점은 칼슘의 균형이 무너질 수 있다는 점이다. 그러나 캐나다의 연구에서 4,000IU를 복용한 사람들 중 칼슘과 관련된 문제가 나타난 사람은 한 명도 없었다(다른 건강상의 악영향도 나타나지 않았다). 또 작년의 한 연구에서는 다발성 경화증 환자들에게 매일 비타민 D_3 40,000IU(1일 권장량의 100배)를 복용하게 했는데, 이들에게서도 건강상의 악영향은 전혀 나타나지 않았다.

미국 의학협회Institute of Medicine가 1997년 발표한 공식적인 최대 복용 허용치는 하루에 2,000IU이다. 이보다 많은 복용량은 잠재적으로 안전하지 못하다고 여겨지고 있다. 이 분야의 수많은 연구자들이 이 허용치를 시대에 맞지 않는다고 말하지만, 의사들이 공식적인 지침을 어기려 하지 않는 것도 이해할 수 있는 일이다.

그렇다면 보충제 복용으로 충분한 비타민 D를 확보하려 하는 사람들은 어떻게 해야 할까? 완벽한 해결책을 찾기는 어렵겠지만 몇 가지 괜찮은 선택지는 있다.

가장 간단한 방법은 하루에 비타민 D_3 보충제를 2,000IU씩 복용하는 것으로 시작하는 방법이다. 이 정도의 복용량이면 대부분의 사람들은 혈중 비타민 D 농도를 이상적인 범위로 끌어올릴 수 있다. 그러나 이 복용량도 허용치의 상한선이기 때문에 복용을 시작하기 전에 반드시 의사와 상의해야 한다. 그리고 몇 달 동안 복용한 후에는 의사에게 혈액 검사를 요청해서 실제로 충분한 농도가 유지되고 있는지 확인하는 게 좋다. 믿을 만한 자료에 따르면 최상의 건강 상태를 위해서는 혈중 비타민 D 농도*가 최소한 30ng/mL(혹은 75nmol/L)는 되어야 한다.

보다 적극적인 방법은 의사를 찾아가 혈중 비타민 D 농도를 측정 받는 것이다. 현재 우울증을 앓고 있거나 계절성 우울증을 앓은 적이 있다면 꼭 이 방법을 고려하기 바란다. 측정 결과 농도가 매우 낮다면(15ng/mL 이하 혹은 37nmol/L 이하), 의사와 상의해서 몇 주 동안 의사의 지도하에 고용량(많게는 하루에 10,000IU까지)의 비타민 D_3를 복용하면서 부작용이 없는지 정기적으로 점검하여 혈중 농도를 좀 더 건강한 수준으로 빠르게 끌어올리는 게 좋다.

---

*혈중 비타민 D 농도는 25(OH)D라는 분자 형태의 농도를 측정함으로써 알 수 있다.

일광 노출

충분한 비타민 D를 확보하는 다른 한 가지 방법은, 태양의 도움을 받아 몸이 스스로 비타민 D를 충분히 생성하게 하는 방법이다. 몇몇 연구에서는, 보충제를 통해 얻은 비타민 D보다 자연적으로 생성된 비타민 D를 우리 몸이 더 효율적으로 사용할 수 있다는 결과가 나오기도 했다.

충분한 비타민 D를 생성하려면 매일 어느 정도 햇빛에 노출되어야 할까? 시각, 계절, 기후조건, 지역, 피부색 등 몇 가지 요인에 따라 답은 달라진다. 우선 최대한 시간이 덜 드는 시나리오를 한번 생각해 보자. 피부가 흰 사람이 수영복 차림으로 화창한 여름 한낮에 마이애미에서 햇빛을 받으면 2분 만에 하루 분의 비타민 D를 얻을 수 있다. 그러나 계절이나 시각, 피부색, 옷차림, 지역 등의 조건이 달라지면 햇빛을 받아야 하는 시간도 달라진다. 정확히 얼마만큼의 시간이 필요한지를 결정하기는 어렵지만, 다음의 3가지 지침을 참고하면 결정이 조금 쉬워질 것이다.

- 미국에서는 5월부터 8월까지 오전 11시에서 오후 3시 사이에 하루 평균 10~15분씩 햇빛을 받으면 충분한 양의 비타민 D를 생성할 수 있다. (자외선 차단제를 바르지 않고 얼굴과 팔이 노출되어 있을 때의 얘기다.)
- 3월과 4월, 9월, 10월에는 하루에 적어도 20~30분은 햇빛을 받아야 한다.
- 피부색이 어두운 사람은 시간을 두 배로 늘려야 한다.

이 정도만 꾸준히 햇빛을 받아도 우리 몸이 겨울에 사용할 비타민 D를 웬만큼 저장해둘 수 있다. 그러나 안전을 기하기 위해서는 11월부터 2월까지도 앞에서 얘기한 대로 햇빛을 보충하는 게 좋다.

직접 햇빛을 받으면 좋은 점도 있지만 나쁜 점도 있다. 일광 노출은 피부를 일찍 노화시킬 수 있을 뿐만 아니라 피부암의 발병 위험도 높일 수 있다. 하지만 피부암에 걸릴 위험은 햇볕에 심하게 탈 경우에 높아진다. 비타민 D 합성에 필요한 비교적 낮은 수준의 일광 노출과 피부암의 연관성을 뒷받침하는 근거는 그리 많지 않다. 실제로 최근 미 국립 보건원의 웹사이트에는 비타민 D의 결핍을 피하는 방법으로 (정기적인) 10~15분간의 일광 노출을 권하는 글이 게재되었다. 그래도 일광 노출 계획을 세우기 전에는 의사와 장단점을 의논해 보는 게 좋다. 피부 타입이나 병력, 가족의 피부암 병력 등을 바탕으로, 일광 노출이 위험하다고 판단되면 보충제 복용과 같은 대안을 선택하면 된다. 어떤 선택을 하든 중요한 점은, 치유 효과와 항우울 효과가 있는 비타민 D를 일 년 내내 부족하지 않게 확보해야 한다는 사실이다.

08
Get Connected
친구와 함께

 선천적으로 혼자 지내기를 좋아하는 동물들이 있다. 일례로 기생말벌은 몇 번의 짝짓기를 제외하고는 이렇다 할 사회적 접촉 없이도 평생을 살 수 있다. 그러나 우리 인간에게 고립은 부자연스러운 상황이다. 장기간 계속되는 고립은 인간을 몹시 괴롭게 만들기 때문에 범죄자에 대한 형벌로도 사용되고 있다.

 사람과 교류하고자 하는 욕구는 우리의 유전자 깊숙이 새겨져 있는 본능이다. 태어나는 순간부터 우리는 타인과 함께 있기를 갈망한다. 그들이 주는 식량이나 보호 때문만은 아니다. 아기들은 호흡과 심장박동 수를 조절하기 위해서도 사회적 접촉이 필요하다. 아기들은 주위 사람들의 생물학적 리듬에 민감하게 반응하고 이 리듬을 모방해서 몸의 조화를 맞춘다. 아기들이 홀로 남겨졌을 때 악을 쓰고 우는 이유가 바로 이 때문이다. 고립이 생물학적인 재앙을 낳는다는 사실을 본능적으로 아는 것이다.

나이가 들면 이런 의존성이 사라진다고 생각하는 사람도 있을 것이다. 하지만 결코 그렇지 않다. 적어도 완전히 사라지지는 않는다. 성인이 되어서도 우리는 타인의 존재에 의존한다. 며칠 동안만 고립되어 있으면 우리 몸속의 스트레스 호르몬 활동이 증가하고, 기분과 활력이 급격히 저하되며, 중요한 생물학적 과정들이 금세 균형을 잃어버린다. 반대로 바로 가까이에 사람들(혹은 애완동물)이 있으면 우리 몸의 리듬이 금세 그들의 리듬에 맞춰진다. (이런 과정은 심지어 우리가 잠을 자고 있는 동안에도 일어난다.)

타인에 대한 우리의 선천적인 의존성은 고대로부터 내려온 유산이다. 먼 옛날부터 우리의 선조들은 작고 친밀한 무리를 지어 살면서 짐승들과 자연력, 적대적인 이웃 부족의 끊임없는 위협에 함께 맞섰다. 무리의 지원과 보호 없이는 생존이 불가능한 환경이었다. 잠시 동안만 고립되어 있어도 엄청난 위험이 닥칠 수 있었다.

이런 씨족 의식은 현대의 수렵-채집인들에게도 여전히 남아 있다. 인류학자들은 이런 무리들에게는 사실상 "혼자만의 시간"이라는 개념이 없다고 말한다. 그들은 하루의 거의 24시간을 친구들이나 사랑하는 사람들과 함께 보낸다. 함께 사냥하고, 함께 걷고, 함께 물과 식량을 구하고, 함께 먹고, 함께 놀고, 함께 잠을 잔다. 심지어는 볼일을 보러 갈 때조차 함께 가기도 한다(짐승이나 적대적인 이웃이 근처에 도사리고 있을지 모르는 환경에서는 매우 현명한 행동이다).

　이런 전통적인 사회에서는 고립이 명백한 고난으로 여겨지고, 며칠간의 고독을 견딜 수 있는 사람들(예컨대 주술사들)은 용감하다고 존경을 받는다. 그러나 산업화된 사회에 살고 있는 우리는 이런 씨족 의식에서 벗어난 지 오래다. 현재 많은 사람들에게 고독은 기본적인 존재 방식이다. 우리는 혼자 일하고, 혼자 밥을 먹고, 혼자 취미 활동을 하고, 혼자 잠을 잔다. 최근의 조사에 따르면 미국인 중 약 25%가 친밀한 사교 활동을 전혀 하지 않고 있으며, 그 외에도 수많은 사람들이 대부분의 시간을 홀로 보내고 있다. 사회적 고립으로 인해 발생할 수 있는 신체적 위험이 줄어들면서 우리는 고독이 불러올 수 있는 심리적인 위험을 점차 망각하게 되었다.

　제1장에서 보았듯이 고립은 우울증을 일으키는 주된 위험 요인이다. 의미 있는 사회적 교류의 혜택을 받지 못하는 사람들은 우울증에 걸리기 쉽다. 심한 스트레스를 받고 있을 때는 특히 그렇다. 그리고 일단 우울증 증상들을 겪기 시작한 사람들은 주변 세상으로부터 더욱 더 고립되는 경향이 있다. 그렇게 되면 우울증이 더 악화되고, 고립과 우울증의 끊기 힘든 악순환이 계속된다.

　그런데 왜 우울증에 걸리면 사회적으로 고립되는 것일까? 주된 이유는, 뇌가 다른 심각한 질병에 반응할 때처럼 우울증에 반응해서, 몸이 회복에만 집중할 수 있도록 우리에게 활동(특히 사회적 활동)을 피하라고 지시하기 때문이다. 이런 반응은 뇌 내 세로토닌 활동 감소에 의해 유발되는데, 제2장에서 말했듯이 세로토닌 활동 감소는 우울증의 주된 특징 중 하나다.

마지막으로 독감에 걸렸던 때를 한번 떠올려 보자. 그때 사람들을 만나고 싶다는 기분이 얼마나 들었는가? 몇 년 전 지독한 독감에 걸렸을 때 나는 구멍 속으로 들어가 독감이 사라지기만을 기다리고 싶은 심정이었다. 이것이 전형적인 반응이다. 흥미롭게도, 이런 반응은 우리가 심한 우울증과 싸울 때의 반응과 흡사하다.

그러나 한 가지 중요한 차이점이 있다. 독감에 걸렸을 때는 사회 활동을 하지 않는 게 빠른 회복에 도움이 되지만 우울증에 걸렸을 때는 오히려 상태가 악화될 뿐이다. 우울증 환자들이 사람들과 떨어져 있어야 회복에 도움이 된다는 생각을 갖게 되는 이유는 단지 뇌의 오해 때문이다. 우울증이 뇌를 속여서 전염병과 비슷한 질병으로 착각하게 만드는 것이다.

이 질병을 물리치기 위해 사회 활동을 회피하다 보면 결국 우울증이 더 악화된다. 반대로 사회적 유대감을 높여주는 활동은 우울증을 이겨내는 데 (그리고 예방하는 데) 큰 도움이 된다.

● 관계는 생각보다 다양하다

물론 사교 활동을 늘린다는 게 말처럼 쉽지는 않다. 우선 몇 가지 현실적인 의문들이 떠오른다. 가까이 지낼 수 있는 사람들이 누가 있을까? 그들과 무엇을 해야 할까? 가족이나 친구들에게 더 집중해야 할까? 직장 동료들은 어떨까? 만날 때마다 기분이 더 나빠지게 만드는 사람들이 있다면 어떻게 해야 할까? 그래도 그들과 더 많은 시간을 함께 보내야 할까?

이러한 복잡하게 뒤얽힌 의문들을 해결하기 위해서는 한 가지 중요한 사실을 염두에 두는 게 좋다. 사회적인 관계는 매우 다양하고 그 모든 관계들이 잠재적으로 유익할 수 있다는 사실이다. 예컨대 파푸아뉴기니의 칼룰리 족과 같은 전통적인 사회의 구성원들은 직계 가족과 친구들의 두터운 친밀감, 친척들의 편안한 익숙함, 그리고 씨족의 일원이라는 사실 자체가 주는 강한 소속감 등 다양한 사회적 유대감의 지탱을 받고 있다.

이렇게 깊고 두터운 사회적 지지를 받을 수 있는 사람들은 우울증에 잘 걸리지 않는다. 그러나 현대 산업 사회 전역을 통틀어 이런 행운을 누리는 사람은 찾아보기 어렵다. 안타깝게도 지난 수십 년 사이에 이런 사회적 유대는 점차 사라져버렸다.

불과 1세대 전과 비교해 봐도, 이웃들을 알고 지내거나 친구들을 저녁 식사에 초대하거나 지역 모임에 참가하는 사람들이 훨씬 줄었다. 결혼을 하는 사람도 줄었고, 그 중에서 결혼 생활을 지속하는 사람도 줄었다. 친분 관계를 발전시키고 유지하는 데 들이는 시간도 적어졌다. 미국인의 사회생활에 관한 최근의 대표적인 한 연구에 따르면, 성인들 가운데 의지할 수 있는 단 한 명의 친구가 없는 사람이 절반에 달한다.

어째서 이렇게 된 것일까? 현재는 많은 사람들이 사람보다 물질을 더 소중히 여기며 살고 있는 것 같다. 우리는 어느 때보다 많은 시간을 일에 할애하며 어느 시대보다 많은 돈을 벌고 있지만, 그 결과 사랑하는 사람들과 함께 보내는 시간은 점점 줄고 있다. 또한 출세를 위해서라면 두 번 생각할 것도 없이 친구나 가족들을 두고 먼 지역으로 떠나는 사람들이 많다. 우리가 힘들게 일해서 구입하는 값비싼 집은 점점 더 세상과의 단절을 위한 도피처로 사용되고 있다. 그리고 바깥세상으로부터 봉쇄된 이 도피처 같은 집 안에서도, 가족들이 각자 개인 컴퓨터 앞에 홀로 앉아 사랑하는 사람 대신 밝게 빛나는 물체와 함께 시간을 보내는 일이 많다.

사람보다 물질이 더 소중하다고 말하는 사람은 없을 것이다. 사랑하는 사람들이 중요하지 않다고 말하는 사람도 없을 것이다. 그러나 많은 사람들이 마치 성공과 출세, 돈, 물질적 부, 오락거리, 지위 등이 더 중요하다는 듯이 살아가고 있다. 안타깝지만 그러한 것들은 우리에게 지속적인 행복을 주지도 못하고 우리를 우울증으로부터 보호해주지도 못한다. 우리를 행복하게 해주고 보호해주는 존재는 사랑하는 사람들이다.

고립이 일반화 된 문화 속에서 살고 있는 우리들에게는 사회적 유대를 개선할 수 있는 여지가 많다. 우울증과 싸우고 있는 사람이라면 더욱 그렇다. 우울증은 인간관계를 좀먹는 특성을 지니고 있기 때문이다.

여기서부터는 친구나 가족들, 직장 동료들, 공동체 구성원들과의 관계를 개선하는 방법들을 살펴보자. 가장 이상적인 형태는, 칼룰리 족의 경우에서 봤듯이 모든 중요한 영역에서 두터운 유대 관계를 형성하는 것이다.

이런 이상을 실현하는 데는 시간이 걸린다. 단기적으로 보면 누구에게나 현실적인 목표는 아닐 수도 있다. 현재 우울증을 겪고 있는 사람에게는 더욱 어려운 일이다. 하지만 사회적인 관계가 조금만 개선되어도 우울중과 싸우는 데 있어서 어느 정도 즉각적인 도움을 얻을 수 있다. 그러니 곧바로 영향을 줄 수 있는 변화들을 중점적으로 살펴보자. (현재 우울증을 앓고 있지는 않지만 앞으로 우울증에 걸릴 위험을 줄이고 싶은 사람들을 위한 장기적인 목표에 대해서도 다룰 것이다.)

친구

시간이 흐를수록 우울증은 우정에 엄청난 타격을 줄 수 있다. 누군가가 처음 우울증에 걸리면 친구들은 곁에 다가와서 어떻게든 도움을 주려 애쓴다. 그러나 시간이 지나고 증상들이 계속되면 우울증이 사회적 고립이라는 독한 주술을 부려 아무리 강한 유대도 흔들리게 만든다.

우울증의 심각성을 이해하지 못하는 친구들은, 왜 갑자기 친구가 자신을 멀리하고 마음의 문을 닫아버리는지 영문을 알 수 없기 때문에 심한 고통과 좌절감을 느낄 수 있다.

사회적인 고립이 우울증의 대표적인 증상이라는 사실을 알고 있는 친구들조차도 거부당했다는 느낌을 받을 수 있다. 인간이라면 누구나 친구가 전화에 답하지 않거나 함께하기를 피하는 등 자신을 밀어내기 시작하면 마음에 상처를 입기 마련이다.

반대로 우울증을 앓고 있는 사람들은 대개 친구들을 멀리하는 게 그들을 돕는 길이라고 생각한다. 내가 만난 환자들은 늘 그렇게 말했다. 우울증이 불러일으키는 부정적인 사고의 영향이다. "내가 없는 편이 친구들에겐 더 좋을 거예요." "나처럼 우울한 사람과 시간을 보내고 싶어 하는 사람이 있을 리 없어요." "친구들은 단지 불쌍해서 나를 부르는 것뿐이에요." 이런 생각들은 크게 왜곡되고 빗나간 인식이지만 우울증에 사로잡혀 있는 사람에게는 진실처럼 느껴진다.

그러니 우울증 환자들은 가장 소중하고 가까운 친구들조차 멀리할 수밖에 없다. 하지만 우울증이 아무리 관계를 위태롭게 만든다 해도 친구들과의 유대를 되살릴 방법은 있다. 내 임상적인 경험으로 볼 때 다음과 같은 단계들이 도움이 된다.

드러내기_ 우울증에 끈질기게 달라붙어 있는 오명 때문에 많은 사람들은 가장 친한 친구들에게도 자신이 우울증에 시달리고 있다는 사실을 알리려 하지 않는다. 당연한 일이다. "정신이 이상한"(혹은 약하거나 게으른) 사람으로 여겨질 위험을 감수해야 하기 때문이다. 그러나 나는 우리가 겪고 있는 일을 우리의 친구들도 알 권리가 있다고 생각한다. 우울증처럼 지독한 적과 싸우고 있다면 더욱 그렇다. 자신이 겪고 있는 고통을 솔직하게 털어놓는 일은 건강한 우정을 유지하는 데 (혹은 되살리는 데) 꼭 필요하다.

교육하기_ 우울증을 앓고 있다는 사실을 알리는 것만으로는 부족한 경우도 종종 있다. 우울증에 관한 교육이 필요한 친구들도 많기 때문이다. 특히 다음의 3가지 사실은 반드시 그들이 알아야 한다. 우울증은 사람이 제 기능을 할 수 없게 만드는 병이다. 다른 여러 질병이 그렇듯 우울증은 환자가 친구들이나 사랑하는 사람들을 멀리하게 만든다. 그럼에도 불구하고 사회적 지지가 회복 과정에서 중요한 역할을 할 수 있다. 이런 점들이 어느 정도 자세하게 요약되어 있는 책*을 친구들에게 읽어 보라고 청하는 것도 좋은 방법이다.

도움 요청하기_ 가장 친한 친구들에게도 도움을 쉽게 요청하지 못하는 사람들이 많다. 하지만 우울증은 매우 고통스러운 병이기 때문에 대다수의 사람들은 친구가 우울증을 앓고 있으면 어떤 식으로든 도움을 주고 싶어 한다. 내가 우울증에 관한 이야기를 하면 사람들이 가장 많이 하는 질문은 이런 질문이다. "우울증과 싸우고 있는 사람을 도우려면 어떻게 해야 하죠?"

가장 좋은 방법은 규칙적으로 함께 같은 활동을 하며 시간을 보내는 것이다. 제5장에서도 봤듯이 걷기, 운동, 간단한 식사, 게임, 콘서트나 연극 관람 등의 활동은 부정적인 생각의 사슬을 끊는 데 특히 효과적이다. 또한 이런 활동들은 뇌의 좌측 전두피질을 다시 활성화시키는 것만으로도 직접적인 항우울 효과를 발휘한다. 그래서 TLC 프로그램에서는 환자들 각자가 친구나 가까운 사람과 이런 활동 일정을 매주 적어도 3번씩 잡도록 목표를 부여한다.

TLC 프로그램에 참여했던 40세 전후의 부동산 중개인 제이미는 이 목표에 대한 두려움을 갖고 있었지만, 가장 친한 (그러나 몇 주 동안 만나지 못한) 친구에게 전화를 걸어 언제 한 번 만나지 않겠냐고 물어보는 일부터 시작해 보겠다고 했다. 거절을 두려워하면서도 그녀는 프로그램에서

---

*피터 크레이머Peter Kramer의 〈우울증에 반대한다Against Depression〉에서 이런 내용을 포괄적으로 다루고 있다. 이 책의 제2장에도 우울증에 관한 간략한 설명이 실려 있다.

배운 대로 뎁에게 몇 가지 사실을 솔직하게 얘기했다. 우울증 때문에 사람들을 멀리하게 되고 그렇게 고립되다 보니 우울증이 악화되고 있다는 얘기, 그리고 이런 파괴적인 패턴을 끊기 위해서는 친구들이나 사랑하는 사람들의 도움이 필요하다는 얘기였다. 친구는 이렇게 대답했다. "필요할 때는 언제든 연락해. 내가 도울 수 있는 일이 있다니 너무 기뻐." 전화를 끊기 전에 두 사람은 매주 한 번씩 점심식사를 같이 하기로 약속을 정해 달력에 표시했고, 돌아오는 주말에는 노래방에 함께 갈 계획도 세웠다.

제이미는 뎁에게 앞으로의 약속을 자신이 실행에 옮길 수 있도록 도와달라는 부탁도 했다. 앞에서도 말했듯이 우울증은 행동을 개시하게 해주는 뇌 영역들의 활동을 정지시킨다. 그렇기 때문에, 친구와 함께 더 많은 시간을 보내기로 계획을 세워도 그 계획이 늘 실행으로 옮겨지는 것은 아니다. 제이미는 이 문제를 뎁에게 터놓고 이야기했다. "진심으로 너와 더 자주 만나고 싶지만, 우울증 때문에 때로는 의욕을 내기가 어려울 수도 있어. 내가 연락이 없으면 언제든 나에게 전화해서 우리가 한 약속을 상기시켜줄래?" 물론 뎁은 이 부탁도 흔쾌히 들어주었다.

부정적인 대화 피하기_ 우울증의 마수에 걸리면 친구들과 함께 있을 때조차도 사고가 부정적인 방향으로 흐르곤 한다. 우울한 생각들은 함께 나눠야 한다고 느껴질 수도 있겠지만, 지나치게 드러내면 금세 역효과가 일어날 수 있다는 사실을 명심해야 한다. 사람들과 함께 시간을 보내면 부정적인 생각의 반복을 막는 데 큰 도움이 되지만, 이런 효과는 어디까지나 대화의 중심이 그 부정적인 생각이 아닌 다른 곳에 있을 때만 발휘

된다. 부정적인 생각들을 친구들과 공유하다 보면 오히려 본격적인 반추로 이어지기 쉽다.

다음의 대화는 내 환자 중 한 명인 베키가 몇 주 동안 사람들을 멀리하다가 친구 조앤과 만나 나눈 대화 내용을 요약한 것이다.

조앤: 이렇게 만나니까 너무 좋다. 정말 보고 싶었어.

베키: 응, 나도 보고 싶었어. (잠시 어색한 침묵) 아, 나 지금 너무 엉망이다. 수다 떠는 것조차 못 하겠어. 나랑 함께 있으면 별로 즐겁지 않을 거야.

조앤: 아니야, 왜 그런 생각을 해. 누구나 안 좋을 때가 있는 거지. 그럴 때일수록 친구가 필요한 거 아니겠어?

베키: 그렇긴 하지만, 늘 사람들한테 이렇게 짐이 되기는 싫어.

조앤: 그게 무슨 소리야? 베키, 넌 짐이 아니야.

베키: 내가 너였다면 나도 그렇게 말했을 거야. 하지만 이런 사람과 누가 같이 있고 싶겠어. 나 정말 바보 같아. 마음이 너무 불안정하고 뜻대로 되질 않아. (그녀는 조용히 흐느끼기 시작했다.)

조앤: (안심시키려는 듯 손을 꼭 잡으며) 네가 그렇게 힘들어 하니 마음이 너무 아프다. 하지만 내가 옆에 있다는 걸 꼭 알아줬으면 좋겠어.

베키: 내가 너의 하루를 다 망치고 있는데도?

조앤: 베키, 그건 말도 안 되는 생각이야! 내 하루를 망치다니.

베키: (한숨을 쉬며) 너도 내가 짜증나지? … 그래도 널 탓할 마음은 없어.

조앤: 짜증내는 건 아니야. 단지 네가 스스로를 괴롭히는 모습을 보기가 힘든 것뿐이야.

베키: 미안해. 나도 이렇게 같이 있기 힘든 사람이 되고 싶지는 않은데. 지금 내가 잘할 수 있는 거라곤 이것뿐이야. 사람들을 화나게 하는 거. 역시 나오지 않는 게 좋았나봐···.

보다시피, 부정적인 생각들을 말로 꺼내 놓을수록 베키는 그 생각들을 더 떨쳐낼 수 없게 되었다. 그녀의 친구가 좀 더 긍정적인 쪽으로 생각을 이끌고 안심시키려 애썼지만 소용없었다. 대화가 일단 이렇게 부정적인 방향으로 기울어버리면 다시 빠져나오기가 어려워질 수 있다. 그러므로 부정적인 생각들을 말로 하고 싶은 충동을 억제하고 대신 함께 할 수 있는 활동들을 최대한 많이 계획하는 게 좋다.

(베키는 다음번에 조앤을 만나 라인댄스 파티에 갔을 때 스스로 이 사실을 깨달았다. 그녀는 내게 나가기가 두렵다고 말했지만 다녀오고 나서는 지난 몇 달 동안 이렇게 즐거웠던 적이 없다고 말했다.)

친구들이나 사랑하는 사람들과 함께할 때 피해야 할 또 한 가지 위험한 함정은 위안의 말을 지나치게 구하는 일이다. 사람들은 위안의 말을 듣고 싶을 때 직접적인 질문("정말 나와 함께 시간을 보내고 싶어?")을 하기도 하지만, 대개는 자신을 깎아내림으로써 상대방이 그런 말을 하게 만든다. 앞의 대화에서도 베키가 자책을 할 때마다 그녀의 친구는 지지와 격려의 말로 답했다. 우울증 환자들처럼 정서적으로 불안정한 사람이 위안의 말을 듣다 보면 그 말에 중독되어 오히려 더 자책하게 될 수 있다. (우울증 환자들이 상대방에게서 좋은 말을 듣기 위해 의도적으로 스스로를 비판하는 것은 아니지만, 자기비판과 위안의 말 사이에 확실한 연결 관계가 형성되어 버리면 뇌에 이 관계가 기록되어 나중에는 무의식적으로 그런 행동을 하게 될 수 있다.)

안타깝지만 다른 사람들이 해주는 위안의 말이 상황을 더 낫게 해주는 일은 드물다. 긍정적인 피드백은 우울증 환자가 자신을 보는 부정적인 가치관과 충돌해 금세 흩어져버린다. 우울한 감정을 물리치는 가장 좋은 방법은, 그런 감정을 무시하고 좀 더 몰두할 수 있는 활동으로 주의를 돌리는 것이다. 이런 활동들은 기분을 고양시켜주고 뇌가 덜 부정적으로 사고할 수 있도록 도와준다.

● 먼 곳에 사는 친구들

TLC 프로그램을 처음 시작했던 무렵에 나는 환자들에게 지리적인 거리와 상관없이 가장 가깝게 느껴지는 모든 사람들을 목록으로 적어 보라고 했다. 예상대로 모든 환자들이 가장 친한 친구들 중 일부는 아주 먼 지역에 살고 있다고 말했다.

또한 환자들 대부분은 그 친구들에게 여전히 깊은 애정을 갖고 있으면서도 거의 연락을 하지 않고 있었다. 물리적인 거리 때문에 그런 관계가 유지되지 못하는 것 같았다. 하지만 비싼 돈을 들이지 않고도 장거리 전화를 할 수 있고 초고속 인터넷도 이용할 수 있는 시대에 단지 물리적인 거리 때문에 친구들과 멀어질 필요는 없다.

그래서 나는 환자들에게 지리적으로 멀리 떨어져 있어도 여전히 가깝게 느껴지는 사람들을 최소한 3명 이상 정하고 다음 주 중으로 그들에게 연락할 일정을 잡으라고 했다. 환자들은 이 과제에 굉장한 열의를 보이는 한편 몇 가지 중요한 질문을 던지기도 했다.

- Q. 그들에게 내 우울증에 관해 말해야 할까요?
  A. 네, 물론 말해야 합니다.
- Q. 부정적인 이야기의 반복으로 넘어가지 않으려면 내 문제에 관해 얼마나 얘기하는 게 좋을까요?
  A. 당신이 겪고 있는 문제를 간략하게 설명해주는 게 좋겠지만, 그러고 나서는 곧 주제를 바꿔서 지금 나아지기 위해 어떤 일들을 하고 있는지 얘기해 보세요. 그게 보호 장치가 되어줄 겁니다.
- Q. 그 외에는 어떤 얘기를 나눠야 할까요?
  A. 부정적인 생각으로 이어지지 않을 만한 주제라면 뭐든지 좋습니다. 과거에 함께 보냈던 좋은 시간들을 회상하거나, 그들의 근황을 물어보거나, 공통의 관심사에 관해 얘기를 나누거나, 공통의 지인들이 어떻게 지내고 있는지 서로 소식을 주고받는 것도 좋겠지요.

환자들은 대부분 옛 친구들과 다시 연락하면서 큰 도움을 받았다. 그들은 연락이 뜸했던 친구들과 이렇게 쉽게 다시 연락하며 지낼 수 있을 거라 생각지 못했고 그 과정이 이렇게 즐거울 줄 몰랐다며 기뻐했다. 그리고 그들의 옛 친구들 중에는 자신이 겪었던 우울증이나 다른 괴로운 경험들을 터놓고 얘기해주는 사람도 많았다. 결과적으로 많은 환자들이 지지와 격려를 받는 동시에 돌려줄 수 있었고, 사랑하는 사람들을 도울 수 있다는 데서 오는 깊은 만족감을 느꼈다.

화상 통화_ 스카이프Skype(www.skype.com)와 같은 무료 소프트웨어 덕분에 이제 우리는 화면을 통해 옛 친구들과 얼굴을 마주보며 대화를 나눌 수 있다. 웹캠과 빠른 인터넷만 있으면 가능하다.

인간은 매우 시각적인 동물이기 때문에 대화 상대를 눈으로 볼 수 있을 때 훨씬 더 깊은 대화를 나눌 수 있다. 그러므로 일반 전화보다 화상 전화로 대화할 때 친구를 더 가깝게 느낄 수 있다.

인터넷 친구_ 인터넷 채팅방이나 게시판을 통해 낯선 사람들과 의미 있는 유대감을 쌓을 수도 있다. 일례로 내 친구 린다는 최근 거식증에 시달렸는데, 자신의 괴로움을 진심으로 이해해줄 사람들을 찾다가 인터넷에서 몇몇 커뮤니티를 발견했다. 식이 장애를 겪고 있는 수많은 여성들이 모여 서로 고통을 나누고 격려의 말을 주고받는 공간이었다. 린다는 온라인상의 친구들이 직접 만나 본 적은 없어도 자신의 회복에 큰 도움을 주었다고 말한다. 우울증을 겪는 사람들도 이런 인터넷 커뮤니티에서 24시간 언제든 만나 서로를 격려할 수 있다.

● 해로운 관계

내 임상 경험으로 볼 때 우울증 환자의 친구들이나 가족들은 최선을 다

해 회복을 도우려 노력한다. 그러나 회복에 큰 장애가 되는 해로운 관계들도 있다.

타인이 미치는 악영향은 고의적이지 않은 경우도 많다. 심리학자들은 감기나 독감이 전염되듯 감정 상태가 다른 사람들에게 확산되는 감정적 전염의 영향력이 매우 강력하다고 말한다. 가까운 두 사람이 동시에 우울증을 앓고 있다면, 두 사람은 함께 시간을 보내는 것만으로도 무심코 서로의 우울한 감정을 증폭시킬 수 있다. 이런 현상은 특히 부부 관계에서 자주 일어나기 때문에, 배우자가 우울증을 앓고 있으면 상대방도 우울증에 걸릴 위험이 높아진다.

하지만 감정의 전염을 꼭 피할 수 없는 것만은 아니다. 심한 우울증을 앓고 있는 사람과 많은 시간을 보내면서도 감정의 전염이 일어나지 않도록 막을 방법은 있다. 단, 두 사람이 함께 부정적인 생각에 빠지지 않도록 주의해야 한다. 함께 부정적인 생각을 곱씹는 일은 우울증에 특히 해롭기 때문이다. 그러므로 서로의 문제나 낙담했던 일, 불평거리 등을 이야기할 때는 먼저 확실한 한도를 정해두어야 한다. 대화를 할 때마다 부정적인 말을 할 수 있는 시간은 5분으로 제한해 보자.

감정의 전염에 관해 알게 되고 나서 내 환자들은 나를 걱정하는 경우가 많았다. 나에게 절망감을 전염시켜 감정의 균형을 무너뜨리고 있지는 않은지 염려된다는 것이었다. 매우 고마운 일이지만 그런 걱정을 할 필요는 없다. 감정의 전염은 양방향으로 일어난다. 긍정적인 감정도 부정적인 감정만큼 빠르게 전파된다. 그래서 나는 늘 환자들과 함께 보내는 시간을 고대한다. 그들에게 회복에 대한 진정한 희망을 전염시킬 수 있는 기회이기 때문이다.

현재 우울증 때문에 고통 받고 있다면 긍정적인 감정 전염의 힘을 활용해 보기 바란다. 지인들 중에 늘 낙천적이고 쾌활한 사람들의 목록을 만들어 일부러라도 그들과 더 많은 시간을 함께 보내도록 노력해 보자. 당장 그럴 만한 사람이 없다면 일주일에 한 번씩 유능한 심리치료 전문가를 만나는 것도 좋은 방법이다.

반대로 늘 부정적인 성향으로 당신에게 영향을 주는 사람과는 함께 보내는 시간을 제한할 필요가 있다. 상대방이 우울하다는 이유만으로 그들과의 교류를 피하라는 얘기는 아니다. 다만 우울한 사람과 함께 시간을 보낼 때는 대부분의 시간을 즐거운 활동과 대화에 쏟아야 한다.

개선 불가능한 관계

어느 정도의 노력을 기울이면 개선될 수 있는 관계들도 있지만, 회복이 불가능할 정도로 파괴적인 관계도 있다. 일례로 내 친구 캐런은 몇 년 전 심한 우울증과 싸우던 중 자신이 지독히 폭력적인 관계에 묶여 있음을 깨달았다. 그녀는 이미 TLC 프로그램의 많은 원칙들을 실천했지만 남자친구의 끊임없는 정신적, 육체적 학대로 인해 그녀의 뇌 속에서는 걷잡을 수 없는 스트레스 반응이 계속 이어지고 있었다. 그녀는 그가 달라질 거라고, 그 없이는 살 수 없다고, 상황이 그렇게까지 나쁜 건 아니라고 스스로를 설득하면서 몇 달을 견뎠지만, 점점 커져가던 절망감은 마침내 그녀에게 진실을 깨우쳐주었다. 이 관계가 우울증을 끝없이 지속시키면서 서서히 자신을 죽이고 있다는 사실을 깨닫게 된 것이다. 심리치료사와 목사, 그리고 사랑하는 사람들의 지지와 격려에 힘입어 그녀는 용감하게 그와의 모든 접촉을 끊었고, 이별의 고통을 이겨내면서 조금씩 건강을 되찾기 시작했다. (지금 그녀는 행복하게 쌍둥이 아들을 키우면서, 그녀의 삶을 앗아갈 뻔했던 우울증과 싸우고 있는 다른 사람들을 돕고 있다.)

비슷한 예로 몇 년 전 내 환자들 중에는 애니라는 21세의 대학생이 있었는데, 그녀는 영화 〈퀸카로 살아남는 법 *Mean Girls*〉에 나올 법한 여학생 클럽의 친구들과 어울리고 있었다. 외모와 지위, 재산, 스타일 등을 까다롭게 따지며 서로를 괴롭히는 속물적이고 비판적인 엘리트주의자들의 집단이었다. 애니는 젊고 예쁜 여성이었지만 깊은 불안감 때문에 친구들을 거부하지 못하고 그들의 인정을 받기 위해 안간힘을 쓰고 있었다. 물론 그들의 인정을 받기란 불가능했다. 매주 그녀는 친구들 때문에 자신이 '형편없는 사람'처럼 느껴진다고 말하면서도 여전히 여가 시간을 모두 그 친구들과 함께 보냈다. 그녀는 내게, 치료를 시작한 후로 우울증 증상들이 많이 나아졌는데 왜 완전히 낫지는 않는지 모르겠다고 말했다.

그래서 나는 그녀에게 간단한 질문을 하나 했다. "애니, 그 클럽의 친구들 중에 함께 있으면 스스로에게 만족감을 느끼게 해주는 다른 친구들은 없나요? 당신을 있는 그대로 받아들여주는 사람들 말이에요."

"있기는 있어요." 그녀는 곧바로 대여섯 명의 이름을 말했다.

"그럼 그 친구들과 함께 보내는 시간은 얼마나 되나요?"

애니는 웃으며 말했다. "거의 없어요."

"이상하지 않나요?" 나는 그녀에게 물었다. "그러니까, 당신을 비판하고 염려조차 하지 않는 것처럼 보이는 친구들과 모든 시간을 보내면서 실제로 당신을 좋아하는 다른 친구들은 외면한다는 게 말이에요. 이해가 잘 안 되는데요?"

"그런 식으로 생각하면 이상하게 느껴질 수도 있겠지만, 저는 누구에게나 잘해주는 사람들이 나를 어떻게 생각하는지는 그다지 신경 쓰이지 않아요. 그러니까, 그런 일은 중요하게 여겨지지 않는다는 거죠."

"그래요, 무슨 말인지 알겠어요." 나는 그녀를 안심시켰다. "하지만 '해로운' 친구들과 함께하는 시간을 제한하고 대신 당신을 있는 그대로 받아들여주는 친구들과 시간을 보내기 시작하면 당신의 기분이 어떻게 달라질지 궁금하네요. 우울증에 어떤 변화가 생기지 않을까요?"

그녀는 어깨를 으쓱하고는 주제를 바꾸려 애썼다. 확실히 그녀는 이런 변화를 원치 않고 있었다. 당연한 일이었다. 해로운 관계는 아무리 파괴적이어도 끊기가 어렵기 때문이다. 이런 관계는 사랑이나 인정, 보호 등을 결코 주지 않으면서 마치 줄 것처럼 계속 기대하게 만든다. 애니는 두 달이 지나고 나서야 '해로운' 친구들이 우울증을 유발하는 스트레스의 주된 근원임을 겨우 시인했고, 아무리 노력해도 그들의 인정을 받을 수 없음을 깨달았다. 이렇게 아픈 깨달음을 얻은 후 그녀는 마침내 그 친구들과의 접촉을 끊을 수 있게 되었다. 애니는 그녀를 진심으로 인정하는 다른 친구들과 교제를 시작함으로써, 완전한 회복의 기초를 다져주는 건강한 우정을 새로이 쌓기 시작했다.

끝내야 할 때

그런데 제한하거나 완전히 끊어야 할 만큼 정신적인 행복에 해로운 관계를 어떻게 구별해야 할까? 안타깝지만 모든 경우에 공통적으로 적용되는 간단한 규칙은 없다. 하지만 오랜 시간에 걸쳐 효과가 입증된 몇 가지 원칙을 참고하면 해로운 관계를 판단하는 데 도움이 될 것이다.

우선 이렇게 자문해 보자. "이 사람과 함께 있을 때 나는 기분이 더 악화되는가?" 만약 그렇다면 (a) 그 사람과의 교제에서 괴로움의 원인이 무엇인지, (b) 그 원인은 개선될 수 있는 것인지 판단해야 한다. 예컨대 부정적인 감정의 전염을 일으키는 관계라면 대화나 활동의 초점을 덜 해로운 곳으로 옮길 수 있는 경우가 많다. 그러나 상대방이 이런 변화를 원치 않거나 할 수 없는 사람이라면 (최소한 우울증이 완전히 회복될 때까지는) 그 사람과 보내는 시간을 제한하는 게 좋다.

캐런과 폭력적인 남자 친구의 관계나 애니와 악의적인 친구들의 관계처럼 개선이 불가능할 정도로 해로운 관계도 있다. 이런 관계는 알아채기가 매우 쉽다. 대개 상대방이 지나치게 비판하거나, 비하하거나, 요구하거나, 지배하려 하는 등 폭력적인 성향을 보이기 때문이다. 그리고 우울증은 이 병에 걸린 사람들을 어쨌든 "자책하게" 만들기 때문에, 이렇게 폭력적인 상대는 우울증 환자의 자기혐오감을 심화시켜 완전한 회복을 불가능하게 만든다.

● 배우자

지금까지 이야기한 원칙들은 거의 모든 관계에 적용될 수 있지만, 여기서는 부부나 연인 관계에 적합한 몇 가지 구체적인 방법들을 소개하려 한다. (이 방법들은 감정적으로 친밀한 다른 관계에도 적용될 수 있다.)

한 사람이 우울증에 사로잡히면 배우자도 고통을 겪게 된다. 사랑하는 사람이 고통 받는 모습을 보는 것은 너무나 괴로운 일이기 때문이다. 배우자는 거의 필연적으로 무력감을 느끼게 된다. 우울증을 앓고 있는 동반자에게 그저 "기운 내"라고 격려할 수 없음을 그들은 잘 알고 있다. 심지어 임상의들은 그들에게 동반자를 돕기 위해 할 수 있는 일이 별로 없다고 말하기도 한다. 곁에서 치료(대개 약물 치료)의 효과가 나타나기를 기다리는 수밖에 없다는 것이다.

하지만 전혀 그렇지 않은 경우가 대부분이다. 배우자는 회복 과정에서 매우 귀중한 존재일 수 있다. 그들이 할 수 있는 일은 크게 두 가지다. 우울증을 앓고 있는 동반자가 TLC의 여섯 가지 요소를 실천하도록 돕거나, 사회적 지지의 확고한 원천이 되어주는 것이다.

TLC 실천 돕기

우울증에 걸리면 전두피질 내의 활동이 감소하기 때문에 대부분의 우울증 환자들은 활동을 시작하는 데 큰 어려움을 겪는다. 간절히 하고 싶은 일들조차도 결국 하지 못하는 경우가 많다. TLC 프로그램의 여러 가지 요소들을 실행에 옮기는 일도 마찬가지다. 최근에 내 환자 한 명은 이렇게 말했다. "가만히 앉아서 '아직 햇빛이 밝을 때 일어나서 산책하러 나가야 하는데' 아니면 '지금 당장 친구에게 전화를 걸어야 하는데' 하고 생각하면서도 그대로 계속 소파에 앉아 있기만 해요."

바로 이런 때에 배우자가 도움을 줄 수 있다. 그들은 사실상 동반자의 전두피질 역할을 대신해서 생각이 행동으로 이어지도록 자극을 줄 수 있다. 몇 달 전 동료 임상의들 앞에서 프레젠테이션을 할 때 이 생각을 이야기하자 나중에 한 동료는 내게 머릿속에서 작은 전구가 켜진 것 같다고 말했다. 그녀는 남편이 얼마 전부터 우울증에 시달리고 있는데 운동이나 일광 노출, 오메가-3 보충제 복용, 사교 활동 등이 도움이 될 수 있다는 사실을 알면서도 실천하는 데 어려움을 겪고 있다고 했다. 그날 밤 그녀는 집으로 돌아가서 남편에게 그가 실천하지 못하고 있는 생활 개선을 시작할 수 있도록 자신이 가볍게 자극을 주면 어떻겠느냐고 상의했다. 남편은 굉장히 좋은 생각이라며 놀라울 정도로 흔쾌히 동의했다.

물론 이런 자극이 결코 잔소리처럼 느껴지지 않도록 하기 위해서는 상당히 조심해야 한다. 가장 좋은 안전장치는, 부부가 이 문제에 대해 솔직하게 대화를 나누고 함께 몇 가지 기본 규칙을 정하는 방법이다. 예를 들어, 자극을 주는 게 좋을 때와 안 좋을 때를 정하거나, 논외로 할 활동과 특별히 관심을 기울여야 할 활동을 정하는 것이다. 이렇게 확실한 규칙을 마련해 놓으면 배우자가 환자의 항우울적인 생활 개선의 훌륭한 촉매 역할을 할 수 있다.

사회적 지지

앞에서도 말했듯이, 사회적인 고립이 지속되면 누구에게든 해롭지만 특히 우울증과 싸우고 있는 사람에게는 더욱 해가 된다. 내가 진료한 대부분의 우울증 환자들은 다른 사람과 함께 보내는 시간이 너무 적었고 긍정적인 감정 전염의 혜택을 받지 못하고 있었다.

배우자는 이런 부분에서 누구보다 도움을 줄 수 있는 위치에 있지만 그런 일이 언제나 가능한 것은 아니다. 우울증 환자들은 다른 사람들을 멀리하는 것과 마찬가지로 배우자도 멀리하고 집 안에서조차 물리적으로 감정적으로 고립된다. 이런 상황에서 배우자는 거리가 벌어지는 대로 놔두고 싶다는 유혹을 받을 수 있는데 결코 이런 유혹에 지면 안 된다.

배우자와 함께 말없이 시간을 보내는 것만으로도 우울증 환자는 어느 정도 도움을 받을 수 있다. 누군가와 단지 함께 있기만 해도 뇌의 스트레스 반응에 제동이 걸릴 수 있기 때문이다. 포옹을 하거나 손을 잡거나 소파에 나란히 앉아 있는 등의 다정한 신체 접촉은 뇌에 강한 스트레스 억제 신호를 보냄으로써 더욱 큰 효과를 발휘한다. 배우자가 환자와 함께 할 수 있는 활동을 계획하고 대화를 부정적이지 않은 방향으로 이끌어가는 것도 좋은 방법이다. (속상한 일들에 관해 이야기하면 안 된다는 의미가 아니라, 그런 대화가 길게 혹은 자주 계속되지 않도록 주의해야 한다는 의미다.)

마지막으로, 배우자가 자신의 감정적인 행복을 각별히 신경 쓰지 않으면 우울증을 앓고 있는 동반자에게도 도움을 줄 수 없다는 사실을 명심해야 한다. 감정의 전염은 양방향으로 일어난다는 점을 기억하자. 배우자가 친구들과 시간을 보내고 규칙적인 운동을 하고 충분한 수면을 취하는 등 스스로의 욕구에 충실할수록 환자의 우울함에 대한 "면역력"이 강해져서 환자에게 더욱 효과적으로 지지와 자극을 줄 수 있다.

🐝 선행이 주는 행복

"받는 것보다 주는 것이 더 행복하다." 이 속담이 모순적으로 들릴 수도 있겠지만, 심리학자들에게는 이 말을 뒷받침해주는 자료가 있다. 예컨대 실험 참가자들에게 큰 액수의 돈을 주고 그 돈을 가지거나 다른 사람에게 쓰라고 했을 때, 그들은 한결같이 다른 사람에게 돈을 쓸 때 더 큰 행복감을 느꼈다고 말했다. 조지메이슨대학교George Mason University의 심리학 교수 토드 카시단Todd Kashdan도 최근 학생들에게서 비슷한 결과를 얻었다. 그는 학생들에게 다음 두 가지 활동이 가져다주는 심리적인 영향을 비교해 보라고 했다: 1) 즐거운 활동(예를 들면 스쿠버다이빙), 2) 다른 사람에게 친절을 베푸는 행동(예를 들면 폭력 피해 여성들의 쉼터에 옷 보내기). 놀랍게도 학생들은 모두 후자에서 더 큰 행복감을 느꼈다.

우울증 환자들에게도 똑같은 일반 원리가 적용된다. 기분을 고양시키는 가장 확실한 방법 중 하나는 어려움에 처한 사람들에게 도움을 주는 일이다. 이런 베풂에는 여러 가지 종류가 있다.

TLC 모임에서 나는 환자들이 서로의 이야기를 들어주거나, 성공을 축하하고 실패를 위로하는 등 진심 어린 지지와 격려를 주고받는 모습을 볼 수 있었다. 많은 환자들은 내게, 다른 사람들에게 무언가를 돌려줄 수 있었던 이 기회가 전체 치료 과정 중 가장 뜻 깊은 일이었다고 말했다.

해비타트에서 집짓기 활동을 하거나, BBBS(Big Brothers Big Sisters)를 통해 결손 가정 청소년들의 친구가 되어주거나, 지역 박물관에서 인솔자로 활동하거나, 무료급식소에서 일손을 돕거나, 유기 동물 보호소의 일을 돕는 등 자원봉사활동을 통해 다른 사람들과 깊은 유대감을 쌓은 환자들도 많다. 봉사활동을 할 수 있는 기회는 거의 무한하다. 그리고 온라인 사이트를 통해서도 자신에게 적합한 봉사활동을 소개 받을 수 있다.

동물 돌보기

　동물을 돌보는 일에 관해서는 앞에서도 잠깐 언급했지만 이 주제는 매우 중요하기 때문에 좀 더 자세하게 살펴볼 필요가 있다. 동물을 키우는 사람이라면 경험을 통해 알고 있겠지만 동물과의 감정적 유대도 인간과의 유대 못지않게 강할 수 있다. 그리고 동물을 돌보다 보면 상당한 치유 효과를 얻을 수도 있다. 우울증 증세가 너무 심해서 밥을 먹거나 옷을 입을 기력도 거의 없던 사람들이 의지할 곳 없는 개나 고양이를 만나 기적적으로 생기를 되찾은 경우가 많다.

　동물에게는 우리의 행복감을 높여주는 마법 같은 힘이 있다. 동물과의 다정한 신체 접촉은 스트레스 호르몬을 감소시키고 도파민이나 세로토닌처럼 기분을 좋게 해주는 뇌 화학물질의 활동을 증가시킨다. 또한 동물은 우리의 믿음직한 친구가 되어주고 우리가 정말 중요한 존재라는 느낌을 받게 해준다. 그야말로 삶 자체를 우리에게 의지하고 있기 때문이다. 누군가에게 자신이 중요한 존재라는 감각은 우리가 원래 가지고 있어야 하는 감각이고 우리에게 꼭 필요한 감각이기도 하다.

공동체 찾기

농업이 출현하기 전인 12,000년 전에는 모든 인간이 공동체에 속해 있었다. 이런 친밀한 수렵-채집 부족 안에서 사람들은 공동의 목적과 강한 소속감을 가지고 함께 생활하며 일했다. 사나운 짐승들과 적대적인 이웃들의 위협이 항상 존재하는 세계에서 각 부족의 구성원들은 운명을 함께하며 단단하게 결속되어 있었다. 부족 없이는 개개인이 생존할 수 없었다. 그리고 모든 구성원이 수렵이나 채집, 물 긷기, 양육, 정찰 등의 활동을 통해 부족 전체의 행복에 기여하고 있었기 때문에, 자신이 다른 사람들에게 가치 있는 존재인지 걱정할 필요가 없었다. 공동체의 일원이라는 사실만으로도 모든 개개인이 본질적으로 중요한 존재였다.

강한 소속감은 오랜 세월 동안 인간의 본질을 구성하는 한 부분이었다. 지금도 우리는 이런 소속감을 갈망하고 있다. 운 좋게 자신에게 맞는 공동체를 찾은 사람들은 그러지 못한 사람들에 비해 (평균적으로) 훨씬 더 행복감을 느끼며 산다.

그러나 현대 세계에서는 소속감을 느끼기가 점점 더 어려워지고 있다. 선조들의 작고 친밀한 사회는 이미 오래 전에 사라졌고, 현재 우리가 살고 있는 마을과 도시는 수백만 명의 사람들로 가득 차 있다. 매순간 서로에게 목숨을 의지하던 평생의 유대 관계는 이제 (시간이 날 때) 여가 활동을 함께 하는 일시적인 유대 관계로 바뀌었다. 그렇다면 우리는 어디에서 진정한 공동체와 그 공동체가 주는 강한 소속감을 찾아야 할까?

교회_ 사회학자들은 그런 공동체에 가장 가까운 곳이 지역 교회나 회당이라고 말한다.* 모든 교회가 친밀하고 뜻깊은 관계를 가능하게 해준다는 얘기는 아니다. 하지만 적어도 일부는 그런 역할을 해줄 수 있고, 그런 교회들 사이에는 다음과 같은 몇 가지 공통점이 있다.

- 규모: 사람들은 일반적인 수렵-채집 부족과 규모가 비슷한 교회에서 가장 건강하게 활동할 수 있다는 연구 결과가 있다. 규모가 커져서 신도 수가 2백 명 이상으로 늘어나면 사람들이 스스로를 중요하지 않은 존재로 느끼기 시작한다는 것이다. 하지만 어떤 대규모 교회들은 신도들을 좀 더 작고 친밀한 그룹에 참여시킴으로써 이런 문제를 효과적으로 해결하기도 한다.
- 목적: 공동의 목적만큼 사람들을 효과적으로 결속시켜주는 것도 없다. 가난한 이들을 돕는 일이든, 신도가 아닌 이들에게 다가가는 일이든, 사회를 더 낫게 변화시키는 일이든, 신도들에게 사명감을 부여하는 교회는 그렇지 않은 교회보다 더 강한 공동체의식을 불러일으킬 수 있다.
- 투자: 시간이나 에너지 등 자신이 가진 것을 많이 쏟아 붓는 사람들이 교회 안에서 강한 소속감을 느끼게 되는 것은 당연한 일이다. 공동체를 가능케 하는 두텁고 친밀한 관계는 다른 사람들과 공동의 목

---

*여기서는 그리스도교, 유대교, 이슬람교, 힌두교, 불교 등 모든 종교의 시설들을 포괄하는 의미로 '교회'라는 표현을 사용하려 한다.

표를 위해 정기적으로 함께 시간을 투자할 때만 형성할 수 있다.

물론 누구나 교회에 가야 하는 것은 아니다. 종교 집단과 연관되기를 원치 않는 사람들이 선택할 수 있는 다른 길도 있다. 비종교 집단의 경우에도 강한 소속감을 갖게 해주는 요소는 작은 규모, 공동의 목적, 그리고 구성원들의 시간과 에너지 투자이다.

자원봉사단체_ 자원봉사단체들은 환경 보호, 노숙자 자활 지원, 폭력 피해 여성 보호, 무료 급식, 정당 홍보, 유기 동물 보호 등 구체적인 목적을 공유하는 사람들을 강하게 결속시켜준다. 자원봉사에 관심이 있다면 가장 중요하다고 생각되는 목적을 한두 가지 생각해 보고, 같은 목적을 추구하는 사람들이 모여 있는 단체를 찾아보자.

사회단체_ 대부분의 지역에는 회원들에게 소속감을 심어주는 사회단체들이 많이 있다. 로터리클럽이나 라이온스클럽 등의 시민단체에서부터 여성기업인협회나 해외전쟁참전군인회 등의 특별이익단체에 이르기까지 종류도 매우 다양하다.

자조집단_ AA(알코올 중독자 갱생회Alcoholics Anonymous), DBSA(우울증 및 양극성장애 지원연합Depression and Bipolar Support Alliance), NAMI(정신장애인연대National Alliance on Mental Illness) 등의 단체에서는 회원들이 다양한 유형의 정신질환 극복을 위해 함께 노력한다. 이런 단체에서 강연을 하면서 나는 회원들 사이에서 단단한 사회적 유대가 형성되는 모습을 자주 목격했다.

취미집단_ 독서나 하이킹, 공예, 사이클링, 달리기, 글쓰기, 래프팅,

사진, 영화, 시각예술, 연극, 역사 등 공통된 취미 활동을 통해 결속력을 다질 수 있는 모임들도 많이 있다.

스포츠 리그_ 나는 소프트볼이나 농구, 축구, 골프, 배구, 볼링, 터치 풋볼 등 다양한 스포츠 리그의 팀원들 사이에서도 끈끈한 소속감이 싹트는 모습을 볼 수 있었다.

직장_ 현대인들은 갈수록 너무 많은 시간과 에너지를 직장에 쏟아 부어서, 이제는 사실상 직장이 공동체의식을 느낄 수 있는 주요 수단이 되었다. 나는 이런 변화에 대해서는 솔직히 판단을 내리기가 어렵다. 일에 투자하는 시간을 줄이고 다른 곳에서 사람들과 관계를 다지는 것이 더 건강한 일이다. 하지만 일중독이 보편화되고 있는 현대인들의 현실을 고려해 볼 때, 소속감을 전혀 느끼지 못하는 것보다는 직장에서라도 소속감을 느끼는 편이 훨씬 낫다.

직장 동료들과 친밀한 유대감을 쌓으려면 업무 외적으로 충분한 시간을 내서 서로의 기쁨과 슬픔을 나누어야 한다. 그러나 모든 직장이 이만큼 친밀한 동료 관계를 맺을 수 있도록 배려해주지는 않기 때문에, 이런 관계를 원한다고 해서 반드시 얻을 수 있는 것은 아니다. 그리고 직장에서 대부분의 시간과 에너지를 써버리면 균형이 무너지기 쉽기 때문에, 나는 사람들에게 가능하면 다른 곳에서 주로 소속감을 찾으라고 조언한다.

결론

　모든 인간은 천성적으로 자신을 알고 사랑해주는 사람들과 함께 살아가야 하는 존재다. 든든한 사회적 지지(가까운 친구, 가족, 공동체의 관심과 염려)를 받을 때 우리는 삶의 고난을 더 꿋꿋이 이겨낼 수 있고 우울증으로부터도 훨씬 더 안전할 수 있다. 사회적인 유대는 뇌 내 스트레스 회로의 활동을 억제하고 도파민이나 세로토닌처럼 기분을 좋게 해주는 뇌 화학물질의 활동을 촉진하여 우리의 뇌를 우울증에 강한 상태로 만들어준다. 그렇기 때문에 우리는 보편화되어 있는 "고립 문화"를 거스르고 사람과의 관계를 최우선 순위에 두어야 한다. 진정으로 삶에서 이보다 더 중요한 것은 없다.

09
Habits of Healthy Sleep
건강한 수면 습관

> 근심이 뒤엉킨 올을 풀어 곱게 짜주는 잠,
> 하루 동안 보낸 삶의 죽음이요, 노고를 씻어주는 목욕물이요,
> 상처 난 마음의 치유약이요, 대자연이 주는 제2의 행로요,
> 삶의 향연에서 최고의 양분인 잠을.
> ―윌리엄 셰익스피어, 〈맥베스〉

우리는 왜 잠을 자는가? 무엇을 위해 잠을 자는가? 수 세기 동안 과학자들은 이 물음에 대한 만족스러운 답을 찾아내지 못했다. 50년 전까지만 해도 많은 사람들은 잠을 쓸모없다고, 생물학적인 휴식 시간일 뿐이라고 생각했다.

그러나 이제는 관점이 달라졌다. 신경과학이 발전함에 따라, 4백 년 전에 셰익스피어가 직감한 것처럼 충분한 잠은 육체와 정신 모두의 행복을 위해 꼭 필요하다는 사실이 밝혀졌다. 실제로, 잠을 자는 동안에만 우리의 몸과 뇌는 수백만 개의 세포가 날마다 입는 미세한 손상을 치료할 수 있고, 신체 기능이 순조롭게 유지되도록 그날그날의 조정 작업을 수행할 수 있다. 잠은 우리가 전력을 발휘할 수 있게 도와준다.

잠은 우리의 행복에 없어서는 안 될 요소이기 때문에, 며칠 밤만 잠을 제대로 못 자도 악영향들이 쌓이기 시작한다. 기억력과 집중력이 떨어지고, 짜증이 늘고, 판단력이 흐려지고, 반응 시간이 느려지고, 몸의 움직임이 둔해지고, 활력이 없어지고, 면역 기능이 감퇴한다.

수면 부족이 계속되면 훨씬 더 심각한 결과가 초래된다. 몸이 제 기능을 하지 못하게 되고 수면 부족이 육체적인 고통으로 느껴지기 시작한다. 그래서 고의로 잠을 자지 못하게 하는 일은 이제 고문의 한 형태로 간주되기도 한다.*

수면장애와 우울증은 밀접하게 연관되어 있다. 수면장애는 우울증의 대표적인 증상일 뿐만 아니라 우울증을 유발하는 주된 요인이기도 하다. 제2장에서도 봤듯이, 원기 회복 효과가 가장 뛰어난 수면 단계인 서파수면을 취하지 못하면 많은 우울증 증상들이 나타날 수 있다. 평균적으로 5명 중 4명은 우울증이 발병하기 전에 어떤 형태로든 수면장애를 겪는다.

여기서 우리는 한 가지 사실을 알 수 있다. 수면 개선을 위해 우리가 할 수 있는 모든 일들은 우울증을 물리치고 재발을 막는 데도 도움이 될 수 있다는 사실이다.

---

*미 육군 야전교범에 이런 내용이 실려 있다.

TLC 프로그램의 몇 가지 요소들은 수면을 개선할 수 있는 잠재력을 지니고 있다. 예컨대 운동은 수면의 질을 상당히 높여준다. 운동은 서파수면을 가능하게 해주고 밤사이 잠에서 깨는 횟수도 줄여준다. 일광 노출은 뇌의 체내 시계 기능을 향상시켜 잠들기를 더 쉽게 해줄 뿐만 아니라 중간에 잘 깨지 않게 해주고 서파수면 시간도 늘려준다. 오메가-3 복용과 반추를 차단하는 활동, 인간관계 회복도 뇌의 스트레스 반응 회로에 제동을 걸어 수면의 질과 양을 개선해준다.

어떤 사람들은 이런 생활방식의 변화를 실천하기만 하면 매일 밤 건강한 수면을 취할 수 있다. 하지만 누구나 그럴 수 있는 것은 아니다. 수면 개선을 위해 다른 도움이 더 필요한 경우가 대부분이다. 그래서 구상된 것이 TLC 프로그램의 여섯 번째(마지막) 요소다. 이 장에서는 장기간의 임상실험을 통해 대중적인 수면제보다 효과가 뛰어나다고 입증된 불면증 치료 프로그램*을 토대로 한 수면 개선 방법들을 소개하려 한다.

● 나에게 필요한 수면 시간 정하기

가장 신뢰할 만한 연구 결과에 따르면, 대부분의 성인은 최상의 신체적 정신적 행복을 위해 매일 밤 8시간 정도 수면을 취해야 한다. 그러나 평균적인 미국인들의 수면 시간은 6.7시간 밖에 되지 않는다. 즉, 우리는

---

*이 치료법이 가장 잘 요약되어 있는 책은 《불면증의 인지행동치료Cognitive Behavioral Treatment of Insomnia: A Session-by-Session Guide, Perlis, Jungquist, Smith, Posner 공저》(2005)이다.

대부분 만성적인 수면 부족 상태에 놓여 있는 셈이다. 그래서 미국인 90% 이상은 카페인 등의 각성 물질을 매일 섭취하고 있다. 카페인은 수면 부족을 감추고 나른함을 줄여 하루를 버틸 수 있게 해준다. 그러나 집단적인 수면 부족으로 인해 높아진 우울증 발병률을 카페인이 낮춰주지는 못한다.

사람마다 필요한 수면 시간은 조금씩 다르다. 하루에 6~7시간 정도 자면 문제없이 생활할 수 있는 사람들이 있는가 하면, 9시간 반을 자야 하는 사람들도 있다. 평균보다 적게 자도 괜찮다고 생각하는 사람들도 있겠지만 대개는 괜찮지 않다. (대부분의 사람들은 자신에게 필요한 수면 시간을 너무 적게 추산하고 있다.)

임상 경험을 통해 나는 환자들 각자에게 지정해주는 첫 목표로 매일 밤 8시간의 수면이 가장 이상적임을 알게 되었다. 오랜 기간에 걸친 경험을 바탕으로 이보다 적게 자도 아무런 문제가 없다는 확신이 들지 않는다면 당신도 매일 밤 8시간을 첫 목표로 잡기 바란다. (몇 주가 지난 뒤에는 몸의 반응을 토대로 목표 수면 시간을 늘리거나 줄여도 된다. 이 문제에 대해서는 이후에 다시 살펴보자.)

물론 수면을 위해 이렇게 많은 시간을 내라고 하면 많은 사람들이 (적어도 처음에는) 그럴 수 없다고 말한다. 가장 흔히 들을 수 있는 대답은, 침대에 누워서 그렇게 많은 시간을 보낼 만큼 여유가 없다는 것이다. 지역의 비영리 단체에서 중역을 맡고 있는 스테이시의 경우가 그 대표적인 사례였다.

"현실적으로 8시간이라는 목표를 채우는 게 가능할지 모르겠어요." 치료 초기에 그녀는 이렇게 말했다. "해야 할 일이 너무 많아요. 그리고 요즘은 예전보다 시간이 더 많이 걸리는 것 같아요. 하루에 6시간 이상씩 자면서 해 나갈 수 있을 것 같지 않아요."

나는 스테이시에게 잠을 더 자지 않으면 우울증을 물리치기 어려울 것이라고 말했지만 그녀는 불가능하다는 생각을 굽히지 않았다. 우리는 교착상태에 빠졌다. 그래서 나는 조금 다른 각도에서 접근해 보았다.

"밤에 잠을 정말 푹 자고 일어나면 일 처리 능력에 어떤 변화가 생기던가요? 예를 들어 8시간을 꽉 채워 잠을 자고 나면 뭔가 달라지는 게 있지 않나요?"

그녀는 불만 섞인 목소리로 마지못해 수긍했다. "잠을 충분히 자고 나면 일을 좀 더 많이 할 수 있는 것 같기는 하지만, 침대에서 낭비한 시간을 전부 벌충할 수 있을지 모르겠어요. 글쎄요, 어쩌면 가능할지도 모르겠네요."

그녀의 수긍에 힘입어 나는 스테이시에게, 2주 동안 매일 밤 8시간씩 잠을 잔 후에 이 투자가 이익인지 손해인지 따져 보면 어떻겠냐고 제안했다. 그때 가서 그녀가 수면 시간을 늘릴 가치가 없다는 결론을 내린다면 나는 이 문제에 대해 다시 언급하지 않겠다고 말했다. 놀랍게도 그녀는 한번 해 보겠다고 대답했다.

스테이시는 이미 TLC 프로그램의 다른 요소들 몇 가지를 충실히 실천하고 있었고, 이 장에서 소개될 건강한 수면 습관 몇 가지도 실행에 옮기고 있었기 때문에, 일단 목표 수면 시간을 일정에서 비우고 나서는 별 어려움 없이 매일 8시간씩 잠을 잘 수 있었다. 일주일 후에 다시 만나 경과를 묻자 그녀는 눈을 동그랗게 뜨고 말했다.

"네, 선생님 말씀이 맞았어요. 잠을 더 자는 게 도움이 되고 있어요. 말로 설명하기는 어렵지만, 머리가 더 맑아진 것 같아요. 이번 주에는 확실히 더 힘이 났어요. 남편은 제가 전처럼 짜증을 내지 않는다고 말하기도 했어요. 신기해요. 일 처리를 더 잘하고 있는 건 전혀 아닌데, 그건 중요하게 느껴지지도 않아요. 어떻게든 시간을 낼 방법을 찾고 있어요. 이제는 잠이 우선 사항이 됐거든요."

우리는 대개 자신에게 정말 중요한 일에는 어떻게든 시간을 내려 애쓴다. 스테이시가 그랬듯이 잠이 우선 사항이 되면 바쁜 생활 속에서도 시간을 만들게 된다. 특히 우울증과의 싸움에서는 잠이 우선순위에서 매우 높은 위치를 차지한다.

● 건강한 수면 습관 10가지

스테이시와 달리, 수면을 위해 충분한 시간을 비워 놓아도 몸이 말을 듣지 않아 잠을 충분히 자지 못하는 사람들이 많다. 지금도 6천만 명에 달하는 미국인이 불면증에 시달리고 있다.

어디에서나 볼 수 있는 이 수면장애에는 세 가지 종류가 있다. 우울증 환자들에게서 가장 흔히 볼 수 있는 형태는 '수면종료 불면증terminal insomnia'으로, 너무 일찍(대개 의도했던 것보다 1~2시간 일찍) 깨어나 다시 잠들지 못하는 증상이 특징이다. 밤사이 자주 깨는 증상을 특징으로 하는 '수면유지 불면증middle insomnia'도 꽤 흔한 불면증이다. '수면시작 불면증onset insomnia'은 계절성 우울증과 여러 가지 불안증의 대표적인 증상으로, 밤에 잠자리에 누워도 잠들지 못하는 증상을 가리킨다.

불면증은 대부분 사람들의 건강하지 못한 수면 습관에서 비롯된다. 여기서부터는 가장 흔한 요인들을 알아보고, 이 문제를 해결하는 데 도움이 될 수 있는 10가지 건강한 수면 습관을 살펴보자.

내 몸을 잠에 길들이기

내 친구 한 명은 집에서 혈압을 측정하면 완벽하게 정상 범위 내의 수치가 나오는데 의사 앞에서 측정하면 엄청나게 높은 수치가 나온다. '백의 고혈압white coat hypertension'이라 불리는 이 현상은 많은 사람들에게서 흔히 나타나는 현상으로, 주위 환경이 우리 몸에 얼마나 큰 영향을 끼칠 수 있는지를 확실하게 보여준다.

파블로프의 개와 마찬가지로 우리는 주위의 광경이나 소리, 맛, 냄새에 반사적으로 반응하도록 길들여질 수 있다. 일례로, 나는 어렸을 때 치과에서 느꼈던 무서움 때문에 지금도 TV에서 치과용 드릴의 날카로운 소리만 들려도 맥박이 빨라진다. 그리고 갓 구운 애플파이 냄새를 맡으면 할머니의 아늑한 부엌이 떠올라 나도 모르게 마음이 편안해진다.

우리의 수면 능력도 주위 환경의 영향을 받을 수 있다. 단지 대부분의 사람들이 그 과정을 의식하지 못하는 것뿐이다. 우리의 뇌는 주변 세계로부터 어떤 힌트가 주어지면 반사적으로 잠이 들도록 조건화될 수 있다. (반대로 어떤 환경에서는 잠들지 못하도록 길들여질 수도 있다.)

항상 건강한 수면 습관을 유지하면 침실(특히 침대) 안의 모습과 소리와 느낌이 수면 활동과 강력한 연관을 맺게 된다. 하루하루 지남에 따라 우리의 뇌는, 침대에 있을 때는 자고 침대에 있지 않을 때는 자지 않는다는 철칙에 길들여진다. 과학자들은 이런 훈련을 계속하면 침실에 들어가 불을 끄고 침대에 눕는 행동만으로도 반사적으로 점점 졸음이 쏟아지게 된다는 사실을 입증했다.

불면증에 시달리는 사람들에게는 다른 종류의 조건화가 일어난다. 이런 사람들은 침대를 잠과 연관시키는 대신, 깨어 있는 채로 누워서 뒤척이는 경험과 연관시키게 된다. 또 TV 시청이나 독서, 야식 먹기, 전화 통화 등 잠 이외의 활동들을 침대와 짝지어 자기도 모르게 침대와 잠의 연관 관계를 한층 더 약화시키는 경우도 많다.

침대와 잠의 연관 관계가 약해질수록 불면증은 심해진다. 하지만 우리는 언제든지 이 연결 프로그램을 다시 짤 수 있다. 한 가지 기본 원칙만 잘 지키면 된다. 그 원칙은 바로 지금부터 소개할 건강한 수면 습관들 중 첫 번째 습관이다.

습관 #1. *침대는 잠을 잘 때만 사용한다.*
침대에서 보내는 시간의 거의 대부분을 잠자는 데만 쓰면 몸이 침대 위에 있을 때 잠에 빠져들도록 길들일 수 있다. 다음의 지침들을 충실히 따르면 실제로 그런 일이 가능해질 것이다.

• 누워서 잠들지 못한 채로 15분이 지나면 일단 일어나서 침대에서 나

온 후, 마음을 편안하게 해주는 일을 하다가 졸음이 오면 침대로 돌아간다. 이 원칙은 매우 중요하다. 침대(그리고 침실)와 깨어 있는 상태가 연관을 맺지 못하도록 막아주기 때문이다. 침대와 깨어 있는 상태가 연결되어 버리면 침대와 잠을 연결시키기가 어려워진다. 잠이 안 올 때 일어나 침대를 벗어나는 일이 번거롭게 느껴질 수도 있겠지만, 그럴 때를 대비해 책이나 DVD를 준비해 놓으면 습관을 들이기가 좀 더 쉬워질 것이다.*

- 잠이 오지 않을 때는 침대로 올라가지 않는다. 침대에 누운 후 잠들기까지의 시간을 15분으로 제한했기 때문에 잠이 오기 전에는 침대로 올라가면 안 된다. 그러지 않으면 금세 다시 원점으로 돌아오게 된다. 그러므로 잠자리에 들기 직전에 운동이나 무서운 영화 보기, 일, 인터넷 서핑 등 자극적인 활동을 하는 것은 금물이다.

- 졸음을 부르기 위한 모든 활동은 침실 이외의 장소에서 한다. 이 원칙은 조금 납득이 안 될 수도 있다. 다른 방에서 책을 읽거나 영화를 보는 동안 잠이 온다 해도 침실로 다시 걸어가다 보면 졸음이 사라져 버리지 않을까? 그냥 침대에서 책을 읽다가 잠이 오면 손만 뻗어서 불을 끄고 눕는 편이 더 낫지 않을까? 그렇지 않다. 정말 졸리면 단지 침실로 걸어가는 행위가 졸음을 쫓을 정도로 자극이 될 가능성은

---

*물론 잠이 안 올 때 침대에 그대로 누워 있지 않고 책을 읽거나 영화를 보면 총 수면 시간이 줄어들 수 있다. 하지만 이 원칙은 매우 중요하고, 장기적으로는 상당한 수면 개선 효과를 가져다준다. 수면 연구자들은 이런 투자가 충분히 가치 있다고 말한다.

거의 없다. 그리고 우리의 목표는 침대와 잠의 연관 관계를 강화하는 것이기 때문에, 잠 이외에 침대에서 행해지는 모든 활동은(독서나 TV 시청도) 훈련에 방해가 된다.
- 성관계는 예외로 할 수 있다. 과학적인 근거는 밝혀지지 않았지만, 수면 전문가들은 침대와 성관계를 연관시키는 일이 침대와 잠을 연관시키는 훈련에 악영향을 끼치지 않는다고 말한다. (한 가지 가설에 따르면, 성관계가 침대와 긍정적인 감정을 연관 짓도록 우리 몸을 훈련시켜서, 많은 불면증 환자들이 침대로 들어갈 때 느끼는 강한 두려움을 완화시켜준다고 한다.) 그러나 예외는 이 한 가지뿐이다.
- 자신의 침대 이외의 장소에서는 자지 않는다. 소파나 안락의자, 혹은 손님방 등 자신의 침대가 아닌 장소와 잠이 짝지어져 버리면, 침대에 있을 때 반사적으로 잠이 오도록 프로그램을 짜는 과정에 방해가 된다.

습관 #2. 매일 같은 시각에 일어난다.

우리의 뇌에 수면 계량기가 내장되어 있다는 사실을 알고 있는가? 뇌 속 깊숙한 곳에 있는 신경세포 다발이 수면 시간을 기록하고 잠이 얼마나 더 필요한지를 추산해서, 이를 토대로 수면 욕구의 수준을 설정한다. 수면 욕구가 높으면 늘 졸음이 쏟아지고 수면 욕구가 낮으면 잠이 오지 않게 되는 것이다. 잠자리에 들 때 수면 욕구가 적당히 높으면 불면증 문제는 최소화된다. 그리고 수면 욕구를 높이기 위해 우리가 할 수 있는 중요한 일들이 몇 가지 있다.

체내 시계가 제대로 작동하고 있을 때는 매일 밤 취침 시각에 수면 욕구가 크게 높아지고 다음 날 아침까지 지속된다. 그러면 별 어려움 없이 잠을 푹 잘 수 있다. 그러나 체내 시계가 제 기능을 못 하기 시작하면 불면증뿐만 아니라 많은 문제들이 발생한다.

체내 시계를 제대로 작동하게 하는 가장 좋은 방법 중 하나는 매일 아침 같은 시각에 일어나는 것이다. 내 개인적인 경험으로 봐도 이런 일이 늘 쉽지는 않지만, 매일 아침 같은 시각에 일어나는 습관은 수면장애와 싸울 때 꼭 필요한 무기다.

대부분의 사람들이 주말이나 휴일에는 늦잠을 자고 싶은 유혹에 빠진다(수면이 부족할 때는 특히 그렇다). 그러나 이렇게 부족한 잠을 보충하고 싶은 자연스러운 충동은 장기적으로 보면 역효과를 낳는다. 결국 수면 욕구가 낮아지기 때문이다. 그러니 좀 더 쉴 수 있는 황금 같은 기회가 아깝더라도, 늦잠 자고 싶은 충동을 억눌러야 한다. 잠깐의 희생을 감수하면 나중에는 수면의 질과 양이 모두 개선되어 큰 만족을 얻게 될 것이다.*

습관 #3. 낮잠을 자지 않는다.

간단히 말해서, 낮잠을 자면 뇌의 수면 욕구가 크게 낮아져서 밤이 되

---

*"늦잠 금지 원칙"에도 한 가지 예외를 둘 수 있다. 건강한 수면 패턴이 완전히 자리를 잡은 뒤에는 가끔 한두 시간 더 잔다고 해도 체내 시계가 쉽게 어긋나지는 않는다. 단, 습관이 되지 않도록 주의해야 한다.

면 불면증에 시달릴 수 있다. 낮잠이 서파수면 시간을 감소시킬 수 있다는 증거도 있다. 그러므로 졸음이 쏟아지는 오후를 보내는 가장 자연스러운 방법이 낮잠이라고 느껴질지라도, 수면장애나 우울증이 있는 사람은 낮잠을 자지 않는 게 좋다.

하지만 수면을 취하는 데 문제가 없는 사람들은 가끔 낮잠을 자도 위험할 일이 거의 없다. 매일 낮잠을 자면서 건강한 수면 패턴을 유지하는 사람들도 있다. (요컨대, 수면장애가 있다면 낮잠을 자면 안 되고, 수면장애가 없다면 낮잠을 자도 문제가 되지 않는다는 것이다.)

습관 #4. 밤에는 밝은 빛을 받지 않는다.

직사일광에 비하면 실내의 조명이 흐리기는 하지만, 그래도 불이 환하게 켜진 방은 해 질 무렵의 맑은 하늘만큼 밝다. 제7장에서 봤듯이, 실내 조명은 밖이 이미 몇 시간 전부터 칠흑같이 어두워도 우리의 뇌를 속여서 아직 밤이 아니라고 생각하게 만들 수 있다. 이런 속임수는 잠을 방해한다. 뇌는 해가 진 지 적어도 한 시간 이상 지났다고 생각되기 전까지는 수면 욕구를 높여주지 않기 때문이다.

수면시작 불면증이 있는 사람들, 즉 밤에 잠들기가 어려운 사람들은 자기도 모르는 사이 이런 현상의 영향을 받고 있다. 베개 위에 머리를 대기 직전까지 불을 환하게 켜놓으면, 잠잘 시간이라는 메시지가 뇌에 전달될 때까지 한 시간 정도는 어둠 속에 누워 있어야 한다.

다행히 간단한 해결책이 있다. 잠자리에 들기 약 한 시간 전에 모든 불을 끄고 이때부터는 촛불이나 아주 흐린 전등만 사용하는 것이다. 늦은 밤에는 컴퓨터도 꺼야 한다. 컴퓨터의 모니터도 (근거리에서는) 해 질 무렵의 빛과 비슷하게 밝기 때문이다. (TV 화면의 경우에는, TV가 멀리 떨어져 있고 다른 불빛이 모두 꺼져 있다면 대개는 상관없다.)

잠자리에 들 때는 모든 빛을 차단한다_ 일단 잠자리에 들면 침실 안을 깜깜하게 유지하는 게 가장 좋다. 작년에 한 환자는 고생 끝에 이 사실을 깨달았다. 다섯 살 된 아들이 몇 번 악몽을 꾼 후 복도의 조명을 밤새 켜둘 수 있게 해달라고 부탁하자 그녀는 아들의 부탁을 들어주었다. 그녀의 침실도 같은 복도에 있었고, 고양이가 드나들 수 있도록 항상 문을 약간 열어두었기 때문에, 밤마다 상당한 양의 빛이 방 안으로 새어 들어왔다. 그녀는 빛이 늘어났다는 사실조차 거의 눈치 채지 못했지만 금세 수면 패턴이 망가지기 시작했고 밤사이 여러 번 잠에서 깨는 일이 많아졌다.

눈을 감고 있어도 아주 약간의 빛만 있으면 뇌는 낮이라고 착각해서 깨어 있어야 한다고 생각한다. 그러므로 잠자리에 들기 전에 모든 조명을 끄고 TV를 비롯한 모든 광원을 차단하는 게 좋다. 평소의 기상 시각보다 일찍 해가 뜨는 시기에는 침실에 차광커튼을 설치하는 것도 좋은 방법이다. (수면용 안대를 착용하면 훨씬 저렴한 비용으로 비슷한 효과를 얻을 수 있다.)

저녁에는 일광 노출을 피한다_ 초저녁에 햇빛을 받으면 수면 욕구가 몇 시간 동안 억제될 수 있다. 그리고 이런 일광 노출이 며칠 내내 계속되면 체내 시계가 어긋나서 평소보다 훨씬 늦게 자고 늦게 일어나게 될 수 있다. 그러므로 체내 시계를 이렇게 재설정하고 싶지 않다면*(제7장 참고) 대체로 저녁 7시 이후에는 규칙적인 일광 노출을 피하는 게 좋다. (여름철에 7시 이후에도 외출을 하고 싶다면 늘 선글라스를 착용하면 된다.)

습관 #5. 카페인 등의 각성 물질을 섭취하지 않는다.

카페인이나 니코틴 같은 각성 물질은 수면 욕구를 강력하게 억제한다. 일반적으로 카페인의 혈중 농도는 약 4시간이 지나야 절반으로 줄어든다. 정오에 카페인 200mg이 들어 있는 커피 한 잔을 마셨다고 가정해 보자. 오후 4시가 되어도 몸속에 카페인 100mg이 남아 있고, 오후 8시가 되어도 50mg이 남아 있다. 심지어 자정이 되어도 25mg의 카페인이 혈관 속에 흐르고 있다. 이 정도면 녹차 한 잔에 들어 있는 카페인의 양과 비슷하며, 수면에 지장을 주기에 충분한 양이다.

아침에 일어나자마자 커피나 홍차 한 잔을 마신다면 잠자리에 들기 전까지 16시간 정도의 여유가 있기 때문에 아마 별 문제가 없을 것이다. 그러나 일어난 후 몇 시간이 지났다면 카페인을 섭취하지 않는 게 좋다. (경구피임약을 복용할 경우 카페인의 반감기가 몇 시간 연장될 수 있으므로 카페인 섭취에 더욱 세심한 주의를 기울여야 한다.)

습관 #6. 밤에 알코올을 섭취하지 않는다.

수면시작 불면증을 겪는 사람들 중에는 잠자리에 들기 전에 졸음을 부

---

*평소에 너무 일찍 깨어난다면 이런 재설정이 도움이 될 수 있다.

르기 위해 알코올에 의존하는 사람이 많다. 이 방법은 효과적일 때도 있지만, 밤사이 여러 번 깨어나고 숙면을 취하지 못하는 등의 역효과를 초래하기도 한다. 그러므로 잠자리에 들기 전 몇 시간 동안은 어떤 종류의 알코올도 섭취하지 않는 게 좋다.

습관 #7. 가능하면 매일 같은 시각에 잠자리에 든다.

매일 밤 같은 시각에 침대에 눕는 습관을 들이면, 매일 그 시각에 수면 욕구가 엄청나게 높아지도록 몸을 훈련시킬 수 있다. 몸이 이렇게 길들여지면 대개 잠자리에 들기 30~45분 전부터 졸음이 몰려오기 시작해서 잠들기가 훨씬 쉬워진다.

그러나 때로는 잠잘 때가 되어도 잠들 수 없는 날이 있을 것이다. 그런 날에는 잠자리에 들기를 잠시 미루고, 침대에 누우면 약 15분 이내에 잠들 수 있을 만큼 졸릴 때까지 다른 편안한 활동을 하는 게 좋다.

습관 #8. 밤에는 실내 온도를 낮춘다.

밤에 온도를 약간 낮추면 수면 욕구를 높이는 데 도움이 된다는 증거가 있다. 조금 의아하게 들릴 수도 있겠지만, 먼 옛날 선조들은 언제나 밤에 온도가 크게 떨어지는 야외에서 잠을 잤다. 우리의 몸은 지금도 대체로 고대 생활에 맞춰져 있기 때문에, 밤에 온도를 낮추면 실제로 잠잘 시간이라는 신호가 우리에게 전달된다. 그러니 잠자리에 들기 1시간 전에 실내 온도를 5도 정도 낮춰 보자.

습관 #9. 고민거리를 잠자리로 끌고 들어가지 않는다.

수면 연구자 낸시 해밀턴Nancy Hamilton은 최근 불면증을 없애는 인상적인 공식을 발표했다. "피곤한 몸과 고요한 마음만 있으면 된다." 지금까지 수면 욕구를 높이기 위한 여러 방법들을 통해 '피곤한 몸'에 관해서는 살펴보았으니 이제 어떻게 하면 고요한 마음을 만들 수 있을지 생각해 보자.

대개 부정적인 생각에 가장 사로잡히기 쉬운 때는 침대에 누워 잠들려 애쓸 때다. 부정적인 생각의 반복은 뇌의 스트레스 반응 회로를 활성화시켜 잠들기를 거의 불가능하게 만든다. 그러므로 침대에 누워 생각을 곱씹는 일은 반드시 피해야 한다.

제5장에서 말했듯이, 반추를 중단하는 가장 좋은 방법은 어떤 식으로든 몰입할 수 있는 활동으로 주의를 돌리는 것이다. 그러나 침대에 누워서 잠들기를 기다리는 동안에는 이 방법을 쓰기가 어렵다. 잠자리에 누워서 할 수 있는 활동이 별로 없기 때문이다.

사실상 '정신활동' 밖에 없다. 문제는, 마음을 사로잡는 동시에 안정시켜주는 활동을 찾기가 어렵다는 데 있다. 어떤 사람들은 마음속으로 양을 한 마리씩 세면 도움이 된다고 말하기도 한다. 그러나 솔직히 나는 이 방법이 효과가 있었다고 말하는 사람을 한 명도 만나 보지 못했다. 환자들은 다음과 같은 정신 훈련 중 한두 가지가 반추를 중단하는 데 큰 도움이 되었다고 말했다.

· 좋아하는 영화의 장면들을 머릿속에 떠올려 본다. 부정적인 생각들

을 떨쳐버리기가 특히 어려운 밤에는 잠자리에 들기 직전에 마음이 편안해지는 영화를 보는 것도 괜찮다. 그러면 침대에 누웠을 때 영화의 자세한 장면들이 생생하게 떠오를 것이다.

- *마음을 편안하게 해주는 풍경을 떠올린다.* 좋아하는 휴양지나 기분 좋은 장소를 떠올리기가 가장 쉽다고 말하는 사람들이 많다. 예컨대 어떤 사람들은 경치 좋은 바닷가나 산길을 걷는 상상을 즐기기도 하고, 또 어떤 사람들은 어린 시절에 놀던 나무 위의 집에 들어가거나 녹음이 우거진 숲길을 거니는 상상을 좋아하기도 한다. 자신이 잘 알고 있고 선명하게 떠올릴 수 있는 장소라면 어디든 좋다.

- *머릿속으로 골프를 한 게임 해 본다.* 모든 페어웨이와 벙커와 그린의 모습을 자세하게 떠올려 보고, 가지런히 깎인 잔디의 냄새를 맡아 보고, 바람을 느껴 보고, 새들의 지저귐과 귀뚜라미의 울음소리를 들어 보자. (나는 타이거 우즈와 같은 실력으로 골프를 치는 상상을 하면서 꽤 도움을 얻었다. 내 불규칙한 스윙 실력으로 게임하는 상상을 했다면 계속 불만이 쌓여서 마음이 안정되지 않았을 것이다.)

- *근육 이완 운동을 해 본다.* 몸의 주요 근육들을 일시적으로 수축시켰다가 이완시키는 동작을 반복하면 마음을 안정시키는 데 큰 효과가 있다. 이 운동은 익히기도 쉽고, CD나 카세트테이프를 이용해 지도를 받을 수도 있다. 근육을 수축시키고 이완시키는 과정은 약간의 집중을 요하기 때문에 반추를 막는 데 도움이 되고, 고민거리로부터 주의를 돌려야 하는 밤에는 특히 유용하다.

- *그 밖의 긴장완화 요법을 활용한다.* '횡경막호흡 diaphragmatic breathing'

은 횡경막(폐 바로 아래 위치한 큰 근육)을 이용해 숨을 천천히 깊게 들이쉬고 내쉬는 호흡법이다. 자율훈련법autogenic training은 자기암시를 이용해 몸의 각 부위에 따뜻한 온기가 돌게 하는 긴장완화 요법이다. 이 두 가지 요법은 몸과 마음을 잠잘 수 있는 상태로 만드는 데 크게 도움이 된다.

이런 방법들도 부정적인 생각을 몰아내는 데 유용하지만, 잠자리에 들기 전에 무언가를 함으로써 효과적으로 반추를 막을 수 있는 경우도 있다. 저녁에 고민거리들이 마음을 괴롭힌다면 다음의 방법들을 이용해 잠자리에서 부정적인 생각에 시달릴 가능성을 줄여 보자.

- 믿을 수 있는 친구에게 고민거리를 이야기한다. 고민거리를 친구에게 이야기하면 마음속의 괴로운 생각들이 밖으로 빠져나와서 나중에 덜 곱씹게 되는 경우가 많다.
- 머릿속에 맴도는 부정적인 생각들을 적는다. 부정적인 생각들을 글로 적으면 그 생각들을 떼어 놓고 잠자리에 들기가 더 쉬워진다.
- 잠자리에 들기 직전에 긍정적인 생각들과 이미지들로 머릿속을 가득 채운다. 인간의 기억은 맥락적인 속성을 지니고 있기 때문에, 긍정적인 정보들을 머릿속에 채우면 일시적으로 괴로운 기억들을 떠올리기가 좀 더 어려워져서 부정적인 생각에 덜 사로잡히게 된다.

습관 #10. 잠들려 애쓰지 않는다.

잠은 본질적으로 역설적이어서, 얻으려 애를 쓰면 쓸수록 얻기가 더 어려워진다. 짐승을 잡듯이 치열하고 집중적인 노력을 해서는 결코 잠을 잡을 수 없다. 오히려 그런 고군분투를 그만두었을 때 잠은 저절로 조용히 우리에게 다가온다.

잠드는 데 걸리는 시간을 걱정하다 보면 언제나 역효과가 생긴다. 이런 걱정은 금세 반추로 이어진다. 그래서 수면 전문가들은 대개 침대에서 시간을 볼 수 없도록 시계를 돌려놓으라고 조언한다.*

마찬가지로, 침대에 누워서 다음 날 수면부족으로 일을 망치면 어쩌나 하는 걱정을 하고 있으면 잠들기는 훨씬 더 어려워진다. 이런 걱정스러운 생각이 떠오를 때는, (물론 괴롭겠지만) 하룻밤 정도 잠을 제대로 못 잔다고 해서 재앙이 닥치지는 않는다는 사실을 스스로에게 상기시켜 보자. 그리고 일시적인 수면 부족은 다음 날 수면 욕구가 늘어나는 데 도움이 된다. 즉, 오늘 밤에 잠을 충분히 못 자면 내일 밤에는 잠들기가 훨씬 더 쉬워질 수 있다는 얘기다. 무엇보다, 일단 잠을 못 자는 것에 대한 걱정을 버리면 오래 지나지 않아 잠이 들 가능성이 높아진다.

---

*앞에서 우리는 침대에 누워 잠들지 못한 채로 15분이 지나면 일단 침대를 벗어나야 한다는 원칙을 이야기했다. 이 원칙을 지키려면 침대에서 보이는 곳에 시계가 있어야 한다고 생각될 것이다. 그러나 가장 좋은 방법은, 15분 정도가 지났다고 '추정'되면 침실에서 나가는 것이다. 이렇게 시간을 짐작하는 데 익숙해지면 밤새도록 시계를 쳐다보지 않아도 된다.

과면증

지금까지는 불면증과 관련된 수면장애에 중점을 두고 건강한 수면 습관들을 살펴보았다. 그러나 우울증 환자 중 약 20%는 과면증을 겪는다. 잠을 지나치게 많이 잔다는 의미다. 이런 사람들은 어떻게 해야 할까?

우울증 환자들의 과면증은 대부분 비효율적인 수면에서 비롯된다. 밤 사이 여러 번 잠에서 깨고 서파수면 시간이 줄어서 수면의 질이 떨어지는 것이다. 이렇게 수면의 질이 떨어지면 하루에 12~14시간을 자도 여전히 피곤한 느낌이 든다.

다행히 TLC의 몇 가지 요소들(특히 운동과 일광 노출)은 서파수면 시간을 늘리는 데 도움이 된다. 그리고 이 장에서 다룬 건강한 수면 습관들도 수면의 질을 상당히 높여줄 수 있다. TLC 프로그램에 참여한 과면증 환자들은 이런 여러 가지 방법들을 실천함으로써 모두 좋은 결과를 얻었고, 마침내 정상적인 수면 패턴을 되찾았다.

그래도 해결되지 않는다면

대부분의 경우 TLC의 항우울적인 요소들과 함께 이 10가지 건강한 수면 습관을 활용하면 우울증의 대표 증상 중 하나인 수면장애가 효과적으로 해결된다. 그러나 예외도 있다. 이런 예외적인 경우들은 대개 약물 부작용, 진단되지 않는 수면장애, 혹은 다른 질병 때문에 발생한다.

이상한 일이지만, 흔히 사용되는 항우울제 중에는 수면을 방해할 가능성이 있는 약들도 있다. 이런 약을 복용하면 종종 주기적으로 팔다리가 움직여 깊은 잠을 자지 못하게 된다. (카페인이나 암페타민 등의 각성 물질도 비슷한 효과를 일으킬 수 있다.) 비슷한 맥락에서, 수면제를 자주 복용하다 보면 약을 먹지 않은 날에는 다시 불면증이 찾아올 수도 있다.

수면장애는 수면의 질을 떨어뜨리는 또 하나의 중요한 원인이 되기도 한다. 예컨대 어떤 사람들은 '수면무호흡증sleep apnea'이라는 심각하고 자칫 위험할 수 있는 질환을 겪는다. 수면무호흡증이 있으면 자다가 수십 번(혹은 수백 번) 깨고 일시적으로 호흡이 정지한다(대개 기도 폐색으로 인해 발생한다). '주기성 사지운동증periodic limb movement disorder'에 시달리는 사람들도 있다. 이 질환이 있으면 밤새 팔이나 다리에 경련이 일어나서 수면의 질이 크게 떨어진다. 이런 수면장애를 겪는 환자들은 대개 무엇이 잘못되었는지 인식하지 못한다. 단지 끊임없는 졸음과 피로감을 느낄 뿐이다.

이외에도 많은 질병들이 수면을 방해할 수 있다. 가장 큰 요인은 만성 통증이다. 심한 신체적 불편이 계속 의식을 침범하면 깊이 잠들기가 거의 불가능하다. 알레르기나 감기를 비롯한 호흡기 질환도 밤새도록 잠을 방해할 수 있다. 갑상선 기능 항진증이나 갈색세포종(부신종양)과 같은 질병도 몸을 끊임없이 활성화시켜서 잠들기를 어렵게 만든다. 수면장애의 의학적 원인은 너무 많고 복잡해서 이 주제만 따로 다뤄도 책 한 권은 족히 채워질 것이다.

그러니 이 장에 소개된 방법들을 실천한 후에도 수면장애가 계속된다면 반드시 최대한 빨리 의사나 다른 의료 전문가의 도움을 받기 바란다.

우리는 몸이 피곤하고 마음이 고요한 상태로 잠자리에 들면 별 어려움 없이 잠들게 되어 있다. 그럴 수 없다면 의학적인 조치가 필요하다는 신호다.

Part 03

Making The Change

실생활에 어떻게 적용할 것인가

10
Putting It All Together
종합적인 실천 방법

지금까지 우리는 우울증을 물리치는 몇 가지 효과적인 전략들을 살펴보았다(오메가-3 보충제 복용, 몰입할 수 있는 활동, 운동, 일광 노출, 사회적 지지, 건강한 수면 습관). 이제 이 전략들을 하나로 종합하는 방법을 알아보자. 어떻게 하면 항우울 전략 여섯 가지를 동시에 실생활에 적용할 수 있을까?

쉬운 일은 아니다. 동료들에게 처음으로 TLC 프로그램에 관해 이야기했을 때 몇 명은 내게 이 프로그램이 너무 의욕적이라고 말했다. 이렇게 많은 변화를 한 번에 행하기는 너무 어렵다는 얘기였다.

사실 나도 그들의 말에 동감했다. TLC는 의욕적인 프로그램이고 상당한 헌신을 요한다. 하지만 나는 걱정하지 않았다. 오랜 경험을 통해 나는 대부분의 우울증 환자들이 이 병의 끊임없는 고통에서 벗어나기 위해서라면 무슨 일이든 기꺼이 한다는 사실을 알고 있었기 때문이다. 분명하고 실제적인 방법과 약간의 지도만 있으면 환자들은 충분히 변화를 일으킬 수 있다.

그래도 TLC 프로그램을 종합할 때 나는 실행 가능성을 최우선 순위에 두었다. 먼저 각 요소들을 실천하기 쉬운 작은 단계로 나누고 몇 주에 걸쳐 한 번에 하나씩 실천하도록 했다. 또한 환자들이 가장 쉬운 변화부터 시작해서, 나중에 자신감이 생기고 탄력이 붙으면 좀 더 어려운 변화를 시도할 수 있게 했다. 이 일주일 단위의 접근법은 내가 예상했던 것보다 훨씬 더 효과적이었다.

이 장에서는 TLC 프로그램의 단계적인 실천 방법을 일주일 단위로 간략하게 소개하려 한다. 여기에 예시된 계획안은, TLC의 여섯 가지 요소들이 아직 하나도 실행되고 있지 않다는 가정을 바탕으로 작성된 것이다. 이미 어떤 단계를 실행하고 있다면 (예컨대 현재 규칙적으로 운동을 하고 있다면) 계획안에서 해당 부분은 무시해도 된다.*

---

*또한 이 계획안은 현재 우울증에 시달리고 있는 사람들을 대상으로 하고 있지만, 우울증을 앓고 있지 않더라도 이 계획안의 내용을 꾸준히 실천하면 앞으로 우울증에 걸릴 위험을 크게 줄일 수 있다.

● 시작하기 전에: 의사와 상의하기

우울증은 당뇨병이나 심장병, 수면무호흡증, 갑상선 질환, 전염성 단핵증, 호르몬 불균형 등의 질병에 의해 유발될 수도 있다. 그리고 일부 정신과 약을 포함한 많은 약물의 부작용으로도 우울증의 증상들이 유발될 수 있다.* 그러므로 우울증을 앓고 있는 모든 사람은 병원에서 종합적인 건강검진을 받아 봐야 한다. 그 증상들이 다른 심각한 질병이나 약물 부작용으로 인한 것이 아닌지 확인하기 위해서다(질병이나 약물 부작용 때문일 경우 즉각적인 치료를 받아야 할 수도 있다).

최근에 내과 진료를 받은 적이 없다면, TLC 프로그램을 시작하기 전에 먼저 내과 의사를 만나 보는 것이 여러 모로 좋다.** 진료를 받는 동안 유산소 운동과 라이트박스 사용, 그리고 TLC 프로그램에 포함된 영양보충제 복용을 시작해도 괜찮은지 의사에게 물어볼 수 있기 때문이다. 맥박을 재는 방법을 모른다면 이 또한 의사에게서 배울 수 있다.

● 호전 상황 점검: 12주 자가진단

계획안에 따라 프로그램을 실천하면서 한 주 한 주 지날 때마다 실제로

---

*질병이나 약물에 의해 우울증이 유발되는 경우에 관해서는 제11장에서 좀 더 자세히 다룰 예정이다.
**면허를 소지한 임상간호사나 의료보조자와 상의해도 괜찮다.

상태가 나아지고 있는지는 어떻게 알 수 있을까?

매주 어림짐작으로 우울증의 정도를 판단해 볼 수도 있겠지만 그러면 정확도가 크게 떨어질 수 있다. 부록A에 있는 우울증 자가진단 척도를 이용하면 매주 증상들을 정확하게 점검할 수 있다. 몇 분만 시간을 내어 질문지에 점수를 매기고 부록B에 있는 표에 그 점수를 표시해 보자.

TLC 프로그램을 시작하기 전에 우선 이 표에 점수를 기록해두기 바란다. 이 점수가 우울증 증상들을 점검하는 기준치가 되어줄 것이다. 매주 이렇게 점수를 기록하면 TLC 프로그램에서 말하는 생활습관의 변화들이 실제로 도움이 되고 있는지 확인할 수 있다.

1주차

보충제_ 첫째 주에는 하루에 몇 분밖에 걸리지 않지만 우리 뇌에 강력한 영향을 주는 간단한 변화부터 시작해 보자. 바로 영양 보충제 복용이다. 구입해야 할 보충제는 다섯 가지다.

- 오메가-3: 어유 캡슐(혹은 액상)의 형태로 섭취하는 방법이 가장 좋다. 오메가-3 총 복용량을 하루에 EPA 1,000mg과 DHA 500mg*으

---

*EPA와 DHA가 2:1의 비율로 함유되어 있는 보충제가 많기 때문에 정확히 EPA 1,000mg과 DHA 500mg을 복용할 수 있다. DHA의 농도가 이보다 높아서 EPA 1,000mg당 DHA가 500mg 이상인 제품들도 있지만, 그래도 상관없다. 중요한 점은 EPA를 1,000mg 복용하고 DHA를 '최소한' 500mg 복용하는 것이다.

로 시작해 보자.

- 비타민 D: 규칙적인 일광 노출을 통해 충분한 비타민 D를 합성하고 있지 못하다면 보충제를 복용해야 한다. 하루에 2,000IU의 비타민 D_3를 복용하자.
- 종합비타민: 오메가-3는 파괴되기 쉽기 때문에, 제 기능을 하기 위해서는 몸속에서 약간의 도움을 받아야 한다. 종합비타민에 들어 있는 산화방지제가 오메가-3를 보호해줄 수 있다.
- 비타민 C: 항산화 효과를 높이기 위해 하루에 비타민 C 보충제 500mg을 복용하자.
- 달맞이꽃 종자유: 고용량의 오메가-3 지방산을 복용하면 GLA라는 필수 지방의 생산량이 감소할 수 있는데, 달맞이꽃 종자유가 뇌에 GLA를 공급해준다. 필요한 양은 아주 적기 때문에 일주일에 500mg 캡슐 하나만 복용하면 된다.* 너무 많이 먹으면 반갑지 않은 염증이 일어날 수 있으므로 이 복용량을 초과하지 않도록 주의해야 한다.

반추_ 첫 주에는 영양 보충제 복용과 더불어, 반추를 막기 위한 첫 단계도 시작해 볼 수 있다. 부정적인 생각들을 곱씹고 있는 순간을 인식해 보자. 앞에서도 말했듯이, 반추가 일어나고 있을 때 감지하는 방법을 모르면 반추를 멈출 수 없다. (우울증이 있는 사람들은 대부분 스스로 인식하지 못한 채 머릿속으로 부정적인 생각을 반복하며 많은 시간을 보낸다.) 반추하는

---

*이 캡슐 하나에는 일주일치인 40~50mg의 GLA가 함유되어 있다.

순간을 인식하는 방법에 관해서는 p.117~135를 참고하기 바란다.

우울증 척도_ 한 주가 끝날 때마다 우울증 자가진단 척도에 점수를 매기고 기준 점수와 비교해서 어떤 변화가 생겼는지 확인하자.

2주차

보충제_ 1주차와 동일.

반추_ 반추하는 순간을 인식하는 데 어느 정도 익숙해졌다면 이제 반추가 일어날 때마다 주의를 돌려 부정적인 생각들을 방해하기 시작하자. 제5장에서 이야기한 방법들을 활용하면 된다. 대표적인 예로, 몰입할 수 있는 활동들의 목록 적기, 반추가 일어나기 쉬운 상황들을 찾아내 피하기, 이런 위험 상황들을 대체할 활동을 매일 최소한 한 가지씩 일정에 넣기 등이 있다.

운동_ 2주차까지는 운동을 시작하지 않지만, 3주차가 되기 전에 몇 가지 준비해 두어야 할 것이 있다. 우선, 심박수 측정기를 하나 마련하자. 당장 구입할 수 없다면 정확한 맥박 측정 방법을 익혀 두자. 두 번째로, 처음에 할 운동을 정하고 필요한 도구를 준비하자. 마지막으로, 평소에 규칙적인 운동을 하고 있지 않다면 적어도 첫 6주 동안은 개인 트레이너를 고용해서 도움을 받는 게 좋을 것이다. (지역 체육관이나 헬스클럽에 문의하면 된다.)

우울증 척도_ 우울증 자가진단 척도에 점수를 매겨 표에 기록하자.

3주차

보충제_ 전과 동일.

반추_ 반추하는 순간을 인식하는 훈련을 계속하면서 시작 지점을 놓치지 않도록 노력해 보자. 반추를 방해할 수 있는 다양한 활동들도 계속 시도해 보자. 그리고 효과가 있는 활동을 발견할 때마다 비슷한 다른 활동도 시도해 보자. 마지막으로, 고위험 상황들을 계속 피하고 더욱 몰입할 수 있는 활동들로 대체하자. 그런 활동을 매일 최소한 한 가지씩 일정에 넣자.

운동_ 한 주 동안 운동할 시간을 1시간씩 3번 정해서 표시해 두자. (1시간 내내 운동을 하지 않더라도 운동 후에 흥분을 가라앉히고 뒷정리를 할 수 있도록 여유를 두는 게 좋다.) 운동을 할 때마다 목표는 30분 동안 심박수를 유산소 운동 범위에 들게 유지하는 것이다. 최근 몸을 많이 움직이지 않았다면 빨리 걷기를 추천한다. 빨리 걷기는 대부분의 사람들에게 가장 쉽고 자연스러운 유산소 운동이기 때문이다.

빛_ 밝은 빛을 받는 데 라이트박스를 이용할 생각이라면 4주차부터 사용할 수 있도록 이번 주에 주문해 두자.

우울증 척도_ 우울증 자가진단 척도에 점수를 매겨 표에 기록하자.

4주차

보충제_ 전과 동일.

반추_ 전과 동일.

운동_ 전과 동일. 지난주에 유산소 운동을 3번 실천하지 못했다면, 운동을 시작할 수 있게 도와줄 개인 트레이너가 필요할지 모른다는 신호다.

빛_ 제7장에서 말한 것처럼 매일 아침 30분간 밝은 빛을 받기 시작하자. (항상 아침에 너무 일찍 깨어난다면 잠자리에 들기 약 5시간 전에 30분간 빛을 받자.) 낮 시간 중 자연 일광에 노출될 다른 기회들도 찾아보자(특히 비타민 D 합성이 가능한 오전 11시~오후 3시 사이가 좋다).

우울증 척도_ 우울증 자가진단 척도에 점수를 매겨 표에 기록하자.

5주차

보충제_ 전과 동일.

반추_ 전과 동일.

운동_ 전과 동일. 선택한 운동이 만족스럽지 못하다면 적어 두었던 목록에서 다른 운동을 시도해 보자.

빛_ 전과 동일.

사회적 지지_ 한 주 동안 최소한 3번의 사교활동 일정을 정해 달력에 표시하자. 친구나 가족, 지인들을 직접 만나 함께 시간을 보내는 것이 가장 좋다. 그럴 수 없다면 먼 곳에 사는 친구나 친척들과 전화 통화나 화상 채팅을 해도 괜찮다. 우울증 관련 온라인 커뮤니티에서 사람들과 교류하는 것도 한 가지 방법이다.

우울증 척도_ 우울증 자가진단 척도에 점수를 매겨 표에 기록하자.

6주차

보충제_ 전과 동일.

반추_ 전과 동일.

운동_ 전과 동일. 일주일에 적어도 3번씩 유산소 운동을 하는 계획이 잘 실천되고 있지 않다면 확실히 개인 트레이너의 도움을 받을 필요가 있다.

빛_ 전과 동일.

사회적 지지_ 한 주 동안 최소한 4번의 사교활동 일정을 정해 달력에 표시하자. 더불어, 자신의 주변에 해로운 관계가 있지는 않은지 생각해 보자. 만약 있다면, 개선할 수 있는 관계는 개선하도록 노력해 보고, 개선 불가능할 정도로 해로운 사람들과는 앞으로 한 주 동안 접촉 횟수를 50% 줄여 보자.

수면_ 매일 밤 충분한 수면을 취하기로 목표를 세우자. 몸의 필요에 따라 7~9시간이 적당하다. 건강한 수면 습관 중 첫 두 가지를 실천하자. 침대는 취침용으로만 사용하는 습관과, 매일 아침 같은 시각에 일어나는 습관이다.

우울증 척도_ 우울증 자가진단 척도에 점수를 매겨 표에 기록하자.

7주차

평가_ 지금까지 6주 동안 TLC의 요소들을 실천했다. 이 시점이 되면 대부분의 사람들이 적어도 어느 정도는 효과를 느낄 수 있을 것이다. TLC 프로그램을 시작하기 전에 처음 매겼던 점수를 다시 보고, 증상들이 점점 나아지고 있는지, 현재의 점수가 처음의 점수보다 25% 이상 낮아졌는지 확인해 보자. 그렇지 않다면 문제 해결에 관해 다루고 있는 제11장을 지금 읽어 보고, 면허를 소지한 임상의를 즉시 만나 도움을 받는 방법도 고려해 보자.

보충제 _ 전과 동일. 단, 우울증 증상들이 처음의 기준치에 비해 50% 이상 줄지 않았다면, 오메가-3 복용량을 하루에 EPA 2,000mg으로 늘리는 방안을 고려해 보자(DHA는 1,000mg 이상).

반추 _ 전과 동일.

운동 _ 전과 동일. 처음의 우울증 증상들이 50% 이상 줄지 않았다면 매주 운동량을 30분씩 최소한 5번으로 늘려 보자.

빛 _ 우울증 척도 점수가 현재 10점 미만이라면 일광 노출 시간을 하루에 15분으로 줄여도 된다.

사회적 지지 _ 한 주 동안 최소한 5번의 사교활동 일정을 잡자. 그리고 개선 불가능할 정도로 해로운 사람과의 접촉 횟수를 50% 더 줄여 보자.

수면 _ 전과 동일. 건강한 수면 습관의 나머지 부분도 실천해 보자.

우울증 척도 _ 우울증 자가진단 척도에 점수를 매겨 표에 기록하자.

8주차

보충제 _ 전과 동일.

반추 _ 전과 동일.

운동 _ 전과 동일.

빛_ 우울증 척도 점수가 현재 10점 미만이라면 아침/저녁 광 노출 시간을 하루에 15분으로 줄여도 된다.

사회적 지지_ 매일 최소한 한 번의 사교활동 일정을 잡자. 그리고 한 주 동안 공동체 모임에 최소한 한 번 이상 참여하자. 마지막으로, 개선 불가능할 정도로 해로운 사람과의 접촉 횟수를 완전히 없애 보자.

수면_ 전과 동일.

우울증 척도_ 우울증 자가진단 척도에 점수를 매겨 표에 기록하자.

9~12주차

보충제_ 전과 동일.

반추_ 전과 동일.

운동_ 전과 동일.

빛_ 우울증 척도 점수가 10점 미만이라면 밝은 빛에 노출되는 시간을 하루에 15분으로 줄여도 된다. 그리고 (가능하면) 낮 시간 중 15~30분 더 빛을 받을 기회도 계속 찾아보자.

사회적 지지_ 전과 동일. 그리고 공동체 활동 참여 횟수를 매주 2회 이상으로 늘려 보자.

수면_ 전과 동일.

우울증 척도_ 우울증 자가진단 척도에 점수를 매겨 표에 기록하자.

평가_ 캔자스대학교의 TLC 프로그램에 참여한 환자들 대다수는 12주(약 3개월)가 지나면 우울증 증상들의 현저한 개선을 경험했다. 대개는 처음에 비해 증상의 정도가 최소한 50% 이상 완화된다. 이때쯤 되면 대부분의 사람들은 더 이상 주요우울장애 진단 기준에 부합하지 않게 되고, 전체적인 궤도가 완전한 회복을 향하게 된다. TLC 요소들을 실천하기 전에 처음 매겼던 우울증 점수와 비교해서 현재 점수가 50% 이상 낮아지지 않았다면 제11장의 문제 해결 방법들을 읽어 보고, 면허를 소지한 임상의에게 도움을 요청하는 방법도 고려해 보자.

우울증 없는 삶

TLC 프로그램의 여섯 가지 주요소를 성공적으로 실천했다면, 우울증 없는 삶이라는 목표를 향해 중요한 한 걸음을 내딛은 셈이다. 그러나 우울증처럼 가차 없는 적과 싸울 때는, 극심한 고통이 사라졌다 해도 결코 안주해서는 안 된다. 앞에서도 말했듯이 우울증의 재발률은 매우 높다. 우울증을 극복한 사람들 중 절반 이상이 재발을 경험한다.

다행히 이런 위험을 크게 줄일 방법은 있다. 지금까지 이야기한 각각의 생활방식 변화를 통해 우울증의 재발을 막을 수 있다는 풍부한 증거가 존재한다. 단, 이렇게 변화된 생활방식을 앞으로 매일 유지하는 게 중요하다.

성인형 당뇨병에 비유하면 이해가 쉬울 것이다. 성인형 당뇨병은 심각한 질병이지만 대개 엄격한 식이 요법과 운동 요법으로 통제할 수 있다. 그러나 당뇨병 환자가 적절한 생활개선 요법을 따르지 않으면 혈당치가 치솟고 주요 신체 기관(심장, 신장, 뇌, 눈 등)의 손상이 뒤따를 수 있다. 그래서 의사들은 당뇨병이 평생 사라지지 않는 질병이지만 제대로 관리하면 건강을 유지할 수 있다고 말한다.

우울증도 거의 비슷하다. 증상들을 없앨 수는 있지만 우울증이 뇌에 새겨 놓은 각인은 재발 위험과 함께 늘 존재한다.* 하지만 항우울적인 생활개선 요법을 타협 불가능한 우선사항으로 삼는다면 건강을 유지할 수 있는 길은 언제나 열려 있다.

더불어 재발 방지를 위한 다음의 두 가지 원칙을 충실히 지키면 우울증은 영원히 과거의 일이 될 수 있다.

스트레스 관리_ 우울증은 뇌의 걷잡을 수 없는 스트레스 반응에 의해 유발되며, 정신적 혹은 육체적으로 힘든 일을 겪으면 곧바로 우울증이 찾아올 수 있다. 그러므로 생활개선 요법이 뇌의 스트레스 반응 회로에 효과적으로 제동을 걸어주기는 하지만 가능하면 스트레스의 주요인들을 제거하는 게 가장 좋다.

예컨대 제8장에서 봤듯이, 이른바 '해로운 관계'들을 찾아내고 제한하는 일은 매우 중요하다. 그런 관계들은 우울증의 완치에 장애물이 될 수 있다. 지속적으로 강도 높은 스트레스를 불러일으키는 관계는 우울증 재발 위험을 증가시킨다는 점을 잊지 말자.

사회적인 스트레스를 일으키는 또 한 가지 중요한 요인은 거주지 이동이다. 현대 사회에서는 거주지를 옮겨야 하는 일이 워낙 자주 일어나기

---

*하지만 절망적이기만 한 것은 아니다. 회복 기간이 한 달 한 달 지남에 따라 우울증이 뇌에 새겨 놓은 각인은 점점 흐려진다.

때문에, 대부분의 사람들은 중요한 사회적 유대를 모두 잃게 된다 하더라도 먼 지역으로의 이주를 망설이지 않는다. 그러나 이렇게 삶의 터전에서 뿌리째 뽑혀 버리면 우리의 정신 건강이 큰 타격을 입게 되고 뇌의 스트레스 회로가 과열된다. 거주지 이동은 우울증을 유발하는 주된 요인 중 하나다. 친구들이나 가족들의 곁을 결코 떠나지 말아야 한다는 얘기는 아니다. 다만 그런 이동이 가져다줄 수 있는 이익(좋은 직장이나 교육 기회)과 손실(스트레스 증가나 일시적인 사회적 지지 상실)을 신중하게 비교 검토해 봐야 한다는 것이다.

직장에서 받는 스트레스를 줄이는 일도 중요하다. 일례로 몇 년 전 내 환자 한 명은 적대적이고 비협조적인 근무 환경 때문에 상당한 스트레스를 받고 있었다. 그녀의 상사는 그녀의 업무 능력을 높이 평가했지만 거칠고 비판적인 말을 쏟아낼 때가 많았고, 동료들은 정치적인 견해 차이로 그녀를 따돌리곤 했다(직원 대다수가 보수파인 사무실에서 그녀는 진보적인 성향을 숨기지 않았다). 직장을 그만두면 그 자체로 스트레스가 늘어날 수 있기 때문에 그녀는 사직서를 내지 않고 직장 내에서 상황을 개선할 방법을 찾기 시작했다. 그녀가 상사에게 솔직한 이야기를 털어놓자 그는 종종 보였던 거친 언행에 대해 사과했고, 앞으로는 그녀를 좀 더 정중하게 대하겠다고 약속했다. 동료 두 명과는 정치와 무관한 공통의 관심사에 관해 대화를 나누면서 조금씩 친분을 쌓을 수 있었다. (또한 내 제안에 따라 그녀는 사무실 라디오에서 보수파 방송이 흘러나올 때 소음 차단 헤드폰을 착용함으로써 스트레스를 줄일 수 있었다.)

경계 _ 건강하고 우울증 없는 삶을 유지하려면 새로운 증상이 나타날 가능성에 늘 대비하면서 무슨 수를 써서라도 미리 싹을 잘라내야 한다. 우울증 발병을 막는 일은 언덕에서 굴러 떨어지는 눈덩이를 멈추는 일과도 흡사하다. 크기가 커지거나 가속도가 붙기 전에 잡으면 도중에 멈춰 세울 수 있지만, 너무 오래 기다리면 막을 수 없을 만큼 거대해져서 진로 내에 있는 모든 것을 부숴버릴 수도 있다.

우울증의 증상들을 되살아나게 할 가능성이 특히 높은 상황들도 있다. 이런 상황에 부딪히면 각별한 주의를 기울여야 한다. 대표적인 고위험 상황으로는 사랑하는 사람의 죽음, 이혼(혹은 결별), 신체적인 질병, 가족이나 친척 간병, 거주지 이동(혹은 그로 인한 가까운 친구와의 이별), 실직, 예기치 못한 재정 문제, 음울한 날씨의 지속(그에 따른 일광 노출 부족) 등이 있다.

우울증의 증상이 되살아나는 느낌이 들기 시작하면 그 증상이 비교적 가볍다 하더라도 즉시 조치를 취해야 한다. 다음의 세 가지 원칙을 참고하자.

· 분명한 고위험 상황이 닥치더라도 적절한 조치를 취하면 스트레스를 덜 받을 수 있는 경우가 종종 있다. 일례로 내 환자 한 명은 노모를 간병하는 일이 너무 힘들었지만 재택 간병인을 고용함으로써 스트레스를 줄일 수 있었다. 그런데 이렇게 짐을 덜 수 있는 기회를 거부하는 사람들도 많다. 도움을 받을 자격이 없다고 생각하는 사람들도 있고, 단지 도움을 요청할 마음이 내키지 않아서 피하는 사람들도

있다. 하지만 스트레스를 관리 가능한 수준으로 유지하는 데 있어서 이런 도움이 엄청난 영향을 줄 수도 있다.
- TLC의 여섯 가지 요소를 매일 얼마나 효과적으로 실천하고 있는지 정직하게 평가하는 일도 중요하다. 어떤 부분을 게을리 하고 있지는 않은가? 만약 그렇다면 TLC 프로그램의 효과를 충분히 얻기 위해 각 요소들을 처음부터 다시 실천하는 게 좋다.
- TLC 프로그램 전체를 충실히 실천하고 있는데도 어떤 증상들이 다시 나타나고 그 증상들이 며칠 이상 계속된다면 의사를 만나 보는 게 좋다. (자살 충동을 느끼고 있다면 즉시 의사에게 상담해야 한다.) 더불어, 생활개선의 강도를 조금 더 높여 뇌의 스트레스 반응을 억제해 보는 것도 좋다. 예를 들면, 괴로울 때 곁에서 힘이 되어줄 수 있는 사람들과 최대한 자주 직접 만나 함께 시간을 보내는 것이다.

다음 장에서는 TLC 프로그램의 항우울 효과를 높이는 방법과 문제가 발생했을 때의 구체적인 해결 방법을 살펴보자.

11

When Roadblocks Emerge: A Troubleshooting Guide

생각만큼 실천이 쉽지 않을 때

이 책을 집어 든 모든 사람이 당장 우울증에서 해방되지는 않을 것이다. 이 책에서 추천하는 모든 변화를 시도한 후에도 여전히 우울증에 시달리는 사람들도 있을 것이다. 그 중 한 사람이 당신이라면 어떻게 해야 할까?

  해답은 전적으로 TLC 계획안을 얼마나 성공적으로 실천했느냐에 달려 있다. 지금까지 내가 지켜본 바로 TLC 프로그램을 시도한 후에도 우울증에 시달리는 사람들은, 필요한 변화를 행하지 못하게 막는 걸림돌에 부딪힌 경우가 대부분이다. 다행히 몇 가지 문제 해결 방법이 이런 장애물을 제거하는 데 도움을 줄 수 있다.

그러나 TLC 프로그램에서 추천하는 생활방식의 변화들을 아주 훌륭하게 수행하면서도 여전히 우울증의 증상들을 겪는 사람들도 간혹 있다.*
그런 경우에는 몇 가지 추가적인 권장 사항을 따르면 도움을 얻을 수 있을 것이다. 그 부분에 관해서는 이 장의 후반부에 가서 좀 더 자세히 살펴보기로 하자.

● 의도와 실천

인간은 습관의 동물이다. 신문을 읽든, 개를 산책시키든, 침구를 정리하든, 우리가 습관적인 행동에 몰두하고 있을 때마다 뇌의 보상경로 reward pathway가 기쁨으로 활성화된다. 그래서 평소의 생활방식을 바꾸기가 그토록 어려운 것이다. 새로운 방식을 받아들이는 것보다 기존의 방식을 유지하는 편이 훨씬 만족스럽기 때문이다. (새로운 행동을 습관으로 완전히 정착시키려면 적어도 몇 주 동안 열심히 노력해야 한다. 그리고 나서야 그 행동은 우리에게 만족을 주기 시작하고 스스로 지속된다.)

요컨대, 생활방식의 변화는 말처럼 쉽지 않다. 해마다 수많은 사람들이 운동을 시작하겠다고, 혹은 건강에 좋은 음식을 먹거나, 담배를 끊거나, TV 보는 시간을 줄이거나, 잠을 더 많이 자겠다고 다짐하지만 성공하는 사람은 드물다. 생활방식을 변화시키는 일이 쉬웠다면 지금처럼 미국의

---

*그러나 나는 TLC 계획안 전체를 활용하고도 우울증 증상들이 크게 개선되지 않은 사람은 아직까지 보지 못했다.

성인 3분의 2가 과체중이 되지는 않았을 것이다.

그뿐만이 아니다. 우울증은 새로운 활동의 시작을 더욱 어렵게 만든다. 앞서 말했듯이 우울증은 우리 뇌에서 의도를 행동으로 옮기게 해주는 영역인 좌측 전두피질의 회로들을 정지시킨다.

이렇게 말하면 TLC 프로그램에서 권장하는 생활방식의 변화들이 마치 허황된 꿈처럼 느껴질 수도 있을 것이다. 그러나 나는 TLC 프로그램을 생활의 중심에 둠으로써 우울증 없는 삶을 살게 된 사람들을 수도 없이 많이 보았다. 그들은 어떻게 성공한 것일까?

그들은 대부분 도움을 받았다. 도움이 필요했다. 지난 수년간 내가 지켜본 환자들 중에는 TLC 계획안을 단지 듣거나 읽고 혼자서 완벽하게 실천한 사람들도 몇 십 명 있기는 했지만, 그런 사람들은 그야말로 예외일 뿐이다. 대개 그들은 우울증의 증상들이 비교적 가벼운 편이어서, 필요한 변화들을 수행할 에너지와 의욕이 있었다.

그러므로 만약 이 책에 소개된 생활방식의 변화들을 혼자서 완수하지 못했다 하더라도, 그런 사람은 당신뿐만이 아니라는 사실을 기억하기 바란다. 임상적인 우울증 환자들이 이런 어려움을 겪는 일은 비일비재하다. 하지만 훌륭한 코치의 도움이 있다면 TLC의 모든 요소들이 가져다주는 혜택을 충분히 얻을 수 있을 가능성은 여전히 존재한다.

의도를 행동으로 바꿀 수 있게 도와줄 누군가가 있으면 된다. 각 단계를 충실히 실천하도록 부드럽게 격려해줄 수 있는 TLC 코치가 있다면 그 사람이 좌측 전두피질의 역할을 대신해줄 수 있는 셈이다.

TLC 코치 찾기

그렇다면 이런 코치를 어디에서 찾아야 할까? 고려해 볼 만한 두 가지 선택지가 있다. 하나는 전문적인 임상의의 지도를 받는 방법이고, 또 하나는 비전문가의 도움을 받는 방법이다.

전문적인 임상의_ 내 경험상 대부분의 우울증 환자들, 특히 TLC 계획안을 실천하는 데 어려움을 겪는 사람들에게는 숙련된 임상의의 전문적인 지도가 도움이 된다. 그런데 면허를 소지한 정신건강 전문가는 그 직종이 매우 다양하다. 정신과 의사, 임상심리학자, 상담심리학자, 사회복지사, 임상간호사, 그 외에도 다양한 상담사나 심리치료사가 있다. 일반적으로, 생활방식의 변화를 돕는 데 있어서 가장 숙련된 사람들은 임상심리학자들이다. (하지만 숙련된 정신과 의사나 임상간호사, 임상 사회복지사도 이런 코치 역할을 효과적으로 해줄 수 있다.)

지난 몇 년 동안 나는 각지에서 TLC 실천을 도와줄 전문가를 찾는 우울증 환자들의 연락을 받을 때마다 힘닿는 대로 그들에게 숙련된 임상의를 소개해주었다. TLC 코치는 (어린 시절을 돌아보는 전통적인 심리치료와는 달리) 이 책에서 말하는 항우울적인 생활개선을 기꺼이 도와줄 수 있는 사람이어야 한다. 또한 행동의 변화에 중점을 둔 치료법인 "행동치료"에 능숙한 임상의를 택하는 게 좋다.

TLC 코치 역할을 해줄 심리학자나 다른 정신건강 전문가를 찾을 때는, 모든 임상의가 다 똑같지는 않다는 점을 명심해야 한다. 가장 신뢰할 만한 연구 결과에 따르면, 대개 한두 번 상담을 해 보면 그 임상의가 나에게 적합한지 직감할 수 있다고 한다. 그러므로 초기에 자신과 잘 맞는다는 느낌이 들지 않으면 다른 사람을 고려해 보는 게 좋다.

비전문가_ 전혀 다른 접근법이지만 때때로 효과를 얻을 수 있는 또 한 가지 방법이 있다. 비전문가를 코치로 삼는 방법이다. TLC 코치 역할을 할 수 있고 기꺼이 해줄 의향이 있는 사람(배우자나 부모, 형제자매, 자녀, 가까운 친구)이 곁에 있다면 이 방법을 시도해 볼 수 있다. 잠재적인 위험 요소가 몇 가지 있기는 하지만 이 방법으로 큰 효과를 본 사람들도 많다. 그러기 위해서는 다음의 조건들이 충족되어야 한다.

- 친밀도: 코치와 도움을 받는 환자 사이에 강력한 신뢰 관계가 있어야 한다. 이 조건은 매우 중요하다. 때때로 TLC 코치가 환자를 안주하고 있는 곳에서 끌어내야 할 때도 있기 때문이다. 아무리 요령 있고 부드럽게 자극을 준다 해도, 처음부터 친밀도가 높지 않으면 잔소리처럼 느껴질 수 있고 두 사람의 관계가 틀어질 수도 있다.
- 지식: 코치는 TLC 계획안 전체를 자세히 알고 있어야 한다. 어려운 일은 아니지만 상당한 시간이 소요된다.
- 헌신: TLC 프로그램을 진행하는 내내 환자의 코치 역할을 하려면 엄청난 헌신이 필요하다. 규칙적으로 환자를 점검해야 하고 TLC의 각 요소들을 충실히 실천할 수 있도록 때맞춰 자극을 주기도 해야 하기 때문이다. 환자가 행동을 시작하는 데 얼마나 어려움을 겪느냐에 따라 초기에는 날마다 몇 번씩 다른 방법으로 자극해줘야 할 수도 있다. (한 주 한 주 지나면서 증상들이 나아지면 대개는 자극이 훨씬 덜 필요

해진다.)

문제 해결 방법

TLC 코치의 도움을 받는 경우에든 받지 않는 경우에든, 기본적인 일련의 문제 해결 방법을 활용하면 프로그램을 실천할 때 가장 흔히 발견되는 장애물들을 뛰어넘을 수 있다. 이 책의 곳곳에서 이런 해결 방법이 하나씩 소개되기는 했지만, 표 11-1을 참고하면 주요 문제들을 해결하는 가장 좋은 방법들을 한눈에 볼 수 있을 것이다.

표 11-1. 문제와 해결 방법

TLC 요소	문제	잠재적인 해결 방법
오메가-3 보충제	매일 보충제를 잊지 않고 복용하기가 어렵다.	눈에 띌 수밖에 없는 시각적 암시 장치를 마련하자. 예를 들어 보충제 병을 베개 위나 칫솔 옆에 보관하자.
	생선 냄새 나는 트림, 혹은 소화불량, 혹은 불쾌감.	분자증류방식으로 제조된 의약품 등급의 어유 보충제로 바꿔 보자.
	어유를 먹지 못한다. (채식주의자, 혹은 해산물 알레르기)	아마인유와 해조류 보충제를 통해 필요한 양의 EPA와 DHA를 섭취하자.
반추를 막는 활동	반추가 일어나는 순간을 (즉시) 인식하기가 어렵다.	날마다 몇 번씩 하던 일을 멈추고 생각을 감시해 보자. 필요할 경우 휴대폰이나 PDA의 알람, TLC 코치의 전화, 혹은 규칙적인 휴식시간(예를 들어 화장실에 가는 시간) 등의 힌트를 이용해 보자.
	반추를 중단하고 싶은 마음이 들지 않는다. (이롭거나 유용하게 느껴져서)	특정 문제에 대해서는 반추를 허용하되, 시간을 하루에 10분 이하로 엄격히 제한하자. (그 이후로는 새로운 생각이 떠오를 가능성이 거의 없다.)

	반추를 멈추기가 어렵다.	가장 몰두할 수 있는 활동 목록을 만들어 반추가 일어날 때마다 각각 시험해 보고 가장 효과적인 활동을 정하자. 또, 곱씹고 있는 생각들을 적은 후 그 자리를 떠나 보자.
유산소 운동	운동을 시작할 수 없다. 혹은 운동 계획을 꾸준히 실천할 수 없다.	개인 트레이너를 고용하거나, 책임을 일깨워주고 격려해줄 운동 파트너를 찾아보자.
	운동하는 도중에 반추가 일어난다.	집중할 수 있는 음악이나 오디오북을 들으며 운동해 보거나, 좀 더 몰두할 수 있고 사교적인 운동으로 바꿔 보자.
	운동이 즐겁지 않다.	운동 파트너(혹은 트레이너)를 찾아보자. 좀 더 게임 같은 신체 활동을 해 보자. 아름다운 자연을 만끽하며 빨리 걷기를 해 보자.
광 노출	자연 일광을 받을 수 없다.(너무 흐리거나 춥거나 낮이 짧아서)	10,000lx 라이트박스를 구입하자.
	눈이 라이트박스의 빛을 견디지 못한다. 혹은 초조함이나 메스꺼움이 느껴진다.	일주일 동안 라이트박스와의 거리를 두 배로 늘린 후 조금씩 거리를 좁혀 보자.
	아침에 빛을 받을 시간적 여유가 없다.	라이트박스 앞에 앉아(혹은 맑은 날 아침 야외에서) 아침식사를 해 보자. 욕실 선반 위에 라이트박스를 안전하게 올려놓고 몸단장을 해 보자. 업무를 시작할 때 15~30분간 라이트박스를 켜 두자.
사교 활동	사람들과 어울릴 의욕이 생기지 않는다. 혼자 있고 싶다.	우울증이 있는 사람에게는 지극히 당연한 현상임을 잊지 말자. 당신의 뇌는 당신에게 신체적인 병이 있어서 혼자 있어야 한다고 생각한다. 그러나 사교 활동은 우울증을 물리치는 데 도움이 된다. 필요하다면 TLC 코치의 도움을 받아 보자.
	우울증 때문에 혼자 있다 보니 사람들과의 관계가 소원해진 것 같다.	우울증 때문에 사람들을 멀리하게 된다는 사실을 친구들과 가까운 사람들에게 설명하고, 관계를 회복할 수 있게 도와달라고 청해 보자.
	어떤 친구나 가까운 사람과 함께 시간을 보내면 기분이 나아지지 않고 더 악화된다.	부정적인 대화를 피하고 대신 함께 할 수 있는 활동들을 계획하자. 또, 해로운 관계가 있는지 찾아보고 그런 사람들과는 함께 보내는

		시간을 줄이기 시작하자.
	함께 시간을 보낼 친구나 지인이 별로 없다.	전화나 화상채팅(스카이프)을 통해 다른 지역에 살고 있는 친구나 지인들과 다시 연락해 보자. 우울증 관련 온라인 커뮤니티에 가입해서 우울증을 앓고 있는 다른 사람들과 교류해 보자. 공동체 활동에 참여해 보자.
수면	매일 밤 8시간씩 잠을 잘 시간적 여유가 없다.	수면을 최우선사항으로 삼고, 건강한 수면을 취하면 침대에서 소비한 시간을 벌충하고도 남을 만큼 모든 일을 훨씬 능률적으로 할 수 있다는 사실을 명심하자.
	잠들기가 어렵다.	잠자리에 들기 한 시간 전부터는 자극적인 활동을 피하고 밝지 않은 조명만 사용하자. 아침 외에는 카페인을 섭취하지 말자. 잠자리에 들 때 실내온도를 낮추자. 아침에 밝은 빛을 더 많이 받고 늦은 시각에는 일광 노출을 피하자. 제9장에 소개된 건강한 수면습관의 모든 원칙을 따르자.
	수면 상태를 유지하기가 어렵다.	이른 아침에 밝은 빛을 피하고 대신 늦은 오후나 초저녁에 빛을 받자. 침실에 차광커튼을 설치하자. 운동량을 늘리자. 제9장에 소개된 건강한 수면습관의 모든 원칙을 따르자.

● TLC로 충분한 효과를 얻지 못했을 때

경우에 따라서는 TLC 프로그램에서 권장하는 주요 생활개선 요소들을 모두 충실히 실천하고도 여전히 심각한 우울증 증상들을 겪는 사람들이 있다. 이런 딜레마를 일으키는 잠재적인 원인이 몇 가지 있는데, 여러 가지 신체질환이나 동시에 발생하는 정신질환이 원인인 경우가 대부분이다. 이 원인들을 제거하려면 숙련된 임상 전문가의 도움을 받아야 한다.

신체적인 문제

우울증은 신체적인 질병의 일종이기 때문에, 다른 심각한 질병으로 인해 우울증이 유발되는 경우도 충분히 있을 수 있다. 여러 종류의 질병이 환경에 따라 임상적인 우울증을 유발할 수 있고, 숨어 있는 질병을 해결하기 전에는 우울증을 치료하기가 매우 어려울 수도 (혹은 불가능할 수도) 있다.

그러므로 TLC 계획안이 우울증을 몰아내는 데 효과적이지 않았다면 즉시 내과 의사를 찾아가 종합적인 건강 검진을 꼭 받아 봐야 한다. 우울증을 유발하는 대표적인 질병들은 다음과 같다.

- 당뇨병
- 갑상선 기능 저하증
- 수면무호흡증
- 전염성 단핵증
- 지속성 감염
- 호르몬 불균형
- 영양실조
- 심장병
- 암
- 뇌졸중
- 뇌 손상
- 파킨슨병

· 알츠하이머병

많은 약물들, 심지어는 정신질환 치료에 흔히 사용되는 약물 중 일부도 우울증을 유발할 잠재성을 지니고 있으며, 또한 우울증을 지속시킬 수도 있다. 이런 가능성을 고려할 때도 내과 의사의 도움을 받을 수 있다. 다음과 같은 종류의 약을 복용하고 있다면 더더욱 의사와 상의해 봐야 한다.

· 벤조디아제핀(클로노핀Klonopin, 아티반Ativan, 자낙스Xanax, 바리움Valium)
· 정신 안정제/진정제
· 베타차단제
· 항히스타민제
· 경구 피임약
· 스테로이드
· 비스테로이드성 소염제(NSAID)
· 항정신병 약물
· 항고혈압제

정신적인 문제

TLC의 여러 요소들이 우울증 치료뿐만 아니라 몇 가지 다른 정신질환의 증상 완화에도 효과적이라는 연구 결과가 있다. TLC는 불안을 줄여주고, 흥분을 가라앉혀주고, 충동적인 행동에 제동을 걸어주고, 중독적인 갈망을 약화시켜주고, 변덕스러운 사고를 다잡아줄 수 있다.

그러나 어떤 정신질환들은 숙련된 임상의에게 치료 받지 않으면 우울증의 완치를 어렵게 만들기도 한다. 이렇게 동시에 발생하는 정신질환들 중 대표적인 몇 가지를 여기에 소개한다.

외상 후 스트레스 장애(PTSD)_ 심한 정신적 외상을 입은 후에는 많은 사람들이 PTSD를 겪는다. PTSD는 괴로운 기억과 악몽, 감정의 마비, 끊임없는 긴장, 극심한 경계, 과도한 경악반사(놀람반사), 정신적 외상과 관련된 사람이나 상황 회피 등을 일으키는 고통스러운 증후군이다. PTSD는 뇌의 스트레스 반응 회로를 계속 과열시킴으로써 우울증으로부터의 회복을 방해할 수 있다. 다행히 이 장애는 제대로 된 심리치료를 받을 경우 치료에 대한 반응률이 상당히 높다.

기타 불안장애_ TLC는 전반적인 불안을 감소시켜주지만, 몇 가지 특수한 불안장애는 대개 좀 더 집중적인 조치를 취해야 완전히 회복된다. 대표적인 예로 강박장애, 공황장애, 광장공포증, 사회불안장애, 특수공포증 등이 있다. 이런 불안장애들은 대부분의 경우 행동치료를 통해 성공적으로 치료할 수 있다.

약물 남용 및 의존_ 알코올과 중독성 있는 약물들은 뇌 기능에 많은 악영향을 끼치고 고도의 생활 스트레스를 일으키며, 인간관계를 엉망으로 만들어 놓기도 한다. 요컨대 약물 남용 장애는 제대로 치료하지 않으면 우울증으로부터 회복을 불가능하게 만들 수 있다.

양극성 장애_ 조울증이라 불리는 양극성 장애가 있는 사람들은 우울증과 조증을 동시에 겪는다. 조증이 발생하면 며칠 이상 기분이 고조되고, 활력이 증가하고, 수면 욕구가 줄고, 말이 빨라지고, 자존감이 높아지고, 행동이 무모해진다. (일부 조울증 환자들은 조증과 비슷하지만 정도가 약한 경조증을 겪기도 한다.) TLC의 요소들이 조울증 환자의 우울 증상들을 완화시켜준다는 증거가 있지만, 조울증을 제대로 치료하려면 라믹탈 Lamictal, 리튬 lithium, 데파코트 Depakote, 트리렙탈 Trileptal 등 기분을 안정시켜주는 약을 복용해야 하는 경우가 많다.

정신병적 장애_ 정신분열증, 망상장애, 분열정동장애와 같은 질환의 특징은 현실과 무관한 생각이나 인식이다. 예컨대 환청을 듣거나, 누군가가 자신을 괴롭힌다는 근거 없는 망상에 사로잡히는 것이다. 이런 증상들은 인간의 여러 기능에 복합적으로 지장을 줄 수 있고 우울증을 유발하거나 지속시킬 수 있다. 정신병적 장애들은 항정신병 약을 복용하면 적어도 부분적으로는 호전되는 경우가 많다.

식이장애_ 가장 심각한 식이장애인 폭식증과 거식증은 영양 상태에 심한 손상을 입혀서 뇌 기능에까지 악영향을 미친다. 폭식증이나 거식증은 여러 가지 심각한 신체질환을 일으킬 수 있으며(거식증을 치료하지 않으면 목숨이 위태로워질 수도 있다), 숙련된 의학, 심리학, 영양학 전문가의 "즉각적인" 도움을 받아야 한다.

성격장애_ 심리학자의 관점에서 볼 때 사람의 성격은 *그 사람이 평소에 생각하고 느끼고 행동하는 방식이다*. 성격은 대개 시간이 흐르고 상황이 바뀌어도 쉽게 변하지 않는다. 우리는 모두 사소한 결점을 지니고 있고 작은 실수를 저지르기도 하지만, 어떤 사람들의 성격적인 특성은 큰 고통을 초래하기도 한다. 심한 경우 정상적인 활동이 불가능해진다.

예를 들어 심한 불안으로 인해 건강한 인간관계를 형성하지 못하는 사람들도 있고, 극심한 완벽주의 때문에 자신이 세운 높은 기준에 미치지 못해 늘 스트레스에 시달리는 사람들도 있다. 또 어떤 사람들은 극적인 상황이나 혼란을 만들어내기를 좋아해서, 우울증을 유발하는 고통스러운 사건을 일으키기도 한다.

정신질환의 진단에 관한 가장 권위 있는 책 "DSM-IV"에서는 이런 여러 가지 기능장애 패턴을 가리켜 성격장애라고 칭한다. 이런 장애들이 치료되지 않으면 TLC 프로그램의 충분한 효과를 얻기가 어려워질 수 있다.

성격장애 치료에 이용할 수 있는 여러 종류의 심리치료에 관해서는 연구를 통해 밝혀진 확실한 증거가 부족하지만, 변증법적 행동치료dialectical behavior therapy(DBT)는 예외다. 이 치료법은 경계성 성격장애 치료에 엄청난 도움이 된다. 경계성 성격장애의 특징은, 격렬하고 통제할 수 없는 감정, 충동적인 행동, 필사적인 애착, 불안정한 자아의식 등이다. DBT는 몇 가지 다른 성격장애 치료에도 유망한 치료법으로 여겨지고 있다.

여러 연구 결과가 뒷받침해주는 또 한 가지 치료법은, 뉴욕인지치료센터의 제프리 영Jeffrey Young 박사가 개발한 심리도식치료schema therapy다. 환자 자신과 타인에 대한 해로운 핵심신념(혹은 심리도식)을 찾아 변화시키는 방법이다. 해로운 심리도식은 엄청난 고통을 낳고 만족스러운 인간관계 형성을 불가능하게 만들 수 있다.

항우울적인 생활개선을 한 단계 더 높이기

앞에서도 말했듯이 수렵-채집인 선조들은 어려운 생활환경에 부딪혀도 놀라운 회복력으로 극복했고 우울증의 습격을 받는 일도 거의 없었다. 그 어떤 항우울제보다 뇌에 이로운 일련의 습관들이 그들을 보호해 주었다. TLC 프로그램은 사람들이 이런 고대의 보호적인 유산을 되찾을 수 있도록 돕기 위해 고안되었다. 이 치료법은 전 세계 임상 연구소의 가장 신뢰할 만한 연구 결과들을 바탕으로 하고 있으며, 이 프로그램을 실천한 대다수의 우울증 환자들에게서 그 효과가 입증되었다.

그런데 TLC 프로그램을 만드는 과정에서 중요하게 고려된 사항이 하나 있다. 나는 이 치료법을 반드시 실행 가능하게 만들고 싶었고, 우울증 환자들이 이 프로그램에서 요구하는 변화들을 실제로 행할 수 있게 만들고 싶었다. 그래서 잠재적으로 도움이 될 수 있는 몇 가지를 기본 프로그램에서 제외하게 되었다. 너무 많은 생활방식의 변화를 한꺼번에 요구함으로써 환자들에게 부담감을 안겨주고 싶지 않았기 때문이다.

기본적인 TLC 프로그램만으로도 대부분의 사람들은 높은 효과를 얻을 수 있지만, 이 프로그램에서 권장하는 생활개선의 요소들을 충실히 실천하고도 우울증의 증상들이 완전히 사라지지 않았다면 몇 가지 추가적인 방법들이 도움이 될 것이다. 회복 과정에 더 많은 시간과 노력을 쏟을 의향이 있다면 항우울적인 생활개선을 한 단계 더 높여 완전한 회복을 꾀해 볼 수 있다는 얘기다. 고려해 볼 만한 몇 가지 선택지를 지금부터 살펴보자.

운동량 늘리기

수렵-채집인 선조들은 매일 몇 시간씩 왕성한 신체활동을 했던 반면 TLC 계획안에서 요구하는 총 운동량은 일주일에 유산소 운동 90분에 불과하다. 솔직하게 말하자면, 신체 활동이 뇌에 미치는 강력한 항우울 효과를 고려할 때 일주일에 90분은 적은 운동량이다. 물론 이 정도의 운동량만으로도 강력한 항우울 효과를 얻을 수 있지만, 운동량을 늘리면 훨씬 더 큰 효과를 경험할 수 있을 것이다.

몇 년 전 나는 운동량을 늘리면 실제로 뚜렷한 차이가 나타나는지 직접 확인하기 위해 스스로 실험을 해 보았다. 처음에는 이틀에 한 번 30분씩 운동하다가 하루에 1시간으로 운동량을 늘려 보니 금세 눈에 띄는 효과가 나타났다. 수면의 질과 체력, 활력, 침착성, 사고의 명확성, 행복감 등이 모두 크게 개선되었다. 시간을 더 투자한 가치가 충분히 느껴졌기 때문에 나는 이 운동량을 계속 유지했다. 이제는 하루만 운동을 걸러도 다음날 상대적으로 몸이 무겁고 불안하고 머리가 맑지 않은 느낌이 든다.

연구자들은 이렇게 높은 운동량이 우울증 치료에 미치는 효과에 관해서는 아직 연구를 진행하지 않았다(사람들이 자발적으로 이렇게 많은 운동을 하도록 유도하기가 어렵다는 것도 하나의 이유일 것이다). 그러나 나는 신체 활동의 증가가 몸의 나머지 부분은 물론 뇌에도 이로운 영향을 미친다고 확신한다. 그러니 이미 매주 90분씩 유산소 운동을 하고 있다면 앞으로 몇 주 동안 조금씩 운동량을 늘리면서 우울증의 증상들이 달라지는지 확인해 보기 바란다. 일주일에 60분씩 추가해서 최종적으로는 운동량을 하루에 1시간(일주일에 약 400분)으로 늘릴 것을 권한다.

오메가-3 복용량 늘리기

TLC 계획안에서 권장하는 초기 오메가-3 복용량(하루에 EPA 1,000mg과 DHA 500mg)은 대부분의 사람들에게 적절한 양이지만, 모든 사람의 혈중 오메가-6 농도와 오메가-3 농도 균형을 맞출 수 있을 만큼 많은 양은 아니다. 이 기준량의 두 배를 복용해도 이상적인 지방산 비율을 얻지 못하는 사람들도 있다. 제4장에서 보았듯이, 이상적인 균형을 확실히 맞출 수 있는 방법은 혈액 검사뿐이다. 혈액 검사를 통해 의사는 혈장 내 오메가-6와 오메가-3 지방산의 비율을 확인할 수 있다. (다시 강조하지만 목표 비율은 2:1이다.) 혈액을 채취하는 과정이 불편할 수도 있겠지만 이 검사 결과를 바탕으로 뇌에 충분한 오메가-3 지방산이 공급되게 할 수 있다.

설탕 섭취량 줄이기

앞서 말했듯이 만성 염증은 우울증의 주요인이다. 만성 염증은 시간이 흐름에 따라 서서히 몸과 뇌를 파괴한다. 오메가-3 지방산 섭취량을 늘림으로써 몸의 염증 반응을 어느 정도 통제할 수 있지만, 염증을 일으키는 원흉이 현대 서구의 식단 속에 숨어 있다. 그 원흉은 바로 설탕이다.

현재 미국인은 평균적으로 매년 약 35kg이라는 어마어마한 양의 가공된 설탕을 섭취하고 있다.* 매일 25티스푼(약 400칼로리)의 설탕을 먹고 있는 셈이다. 어디에서나 흔히 사용되는 이 감미료는 현재 우리의 식단

---

*이 수치에는 액상과당 등의 감미료 섭취량도 포함되어 있다.

에서 무려 20%를 차지하고 있다. 이 작고 하얀 알갱이 하나하나가 우리의 뇌를 건강한 균형 상태에서 더 멀어지게 만들 수 있는 잠재력을 지니고 있다. (과일이나 야채에 들어 있는 천연 당은 뇌에 이런 위험을 초래하지 않는다.)

최근 신경과학자들은 설탕의 중독성이 매우 강하다는 사실을 밝혀냈다. 설탕은 코카인이나 헤로인처럼 뇌의 쾌락중추를 활성화시킬 수 있다. 이런 중독성이 설탕을 섭취하는 습관을 더더욱 버리기 어렵게 만든다. 우리는 대부분 어린 시절부터 설탕에 중독되어 있었다.

그러나 약간의 노력으로 설탕 섭취량을 훨씬 줄일 수 있다. 설탕의 주요 공급원을 대체할 만한 식품을 찾으면 된다. 단순히 인공 감미료가 들어 있는 청량음료나 간식으로 바꾸는 것도 한 가지 방법으로 생각될 수 있겠지만, 이 방법은 추천하기가 꺼려진다. 그보다는 자연적이고 건강에 좋은 대안을 찾기 바란다. 예를 들어 벌꿀은 항염증 성질과 더불어 다른 건강상의 이점도 많이 지니고 있다. (벌꿀은 항생, 항바이러스 성질도 지니고 있으며, 성인형 당뇨병 방지에도 도움이 되는 것으로 보인다.) 그렇다고 해서 엄청난 양의 벌꿀을 먹으면 좋지 않겠지만, 음료나 간식에 단맛을 가미하는 데 벌꿀을 이용하면 설탕을 덜 먹음으로 인해 느끼는 괴로움을 완화하는 데 도움이 될 것이다. 그밖에 고려해 볼 만한 천연 감미료로는, 설탕보다 조금 더 단맛이 나는 남아메리카 산 허브 "스테비아stevia"와, 치과 의사들이 충치 예방에 도움이 된다고 추천하는 식물 생성물 "자일리톨Xylitol"이 있다.

가장 건강에 좋은 설탕 대체물은 모든 과일에 들어 있는 "과당fructose"이다. 과당은 가공된 설탕만큼 달지는 않지만 몸과 뇌에는 훨씬 좋다. 그리고 설탕이 들어간 음식을 먹지 않다 보면 과일이 한층 더 달게 느껴지기 시작할 것이다. (입맛이 금세 바뀌어서 과일이 거의 초콜릿 캔디나 케이크만큼 달게 느껴지기 시작한다.) 그러면 설탕 섭취량을 최소한으로 유지하기가 더 쉬워질 것이다.

트립토판 섭취량 늘리기

뇌 속의 세로토닌은 전부 "트립토판tryptophan"이라는 단백질에서 만들어진다. 우리는 대부분 식사를 통해 충분한 양의 트립토판을 섭취한다. 트립토판은 칠면조나 닭고기, 소고기, 돼지고기 등의 육류와 생선, 치즈, 알류, 우유, 콩류에 풍부하게 함유되어 있다. 그런데 심하게 긴장하면 스트레스 호르몬이 뇌에서 사용할 수 있는 트립토판의 양을 감소시킬 수 있고, 그렇게 되면 뇌 내 세로토닌 활동이 급격히 감소한다. 결국 다음과 같은 악순환이 일어날 수 있다: 우울증으로 인해 스트레스 호르몬이 증가하고, 그로 인해 혈류 내의 트립토판 농도가 감소하고, 그로 인해 뇌 내 세로토닌 활동이 감소하고, 그로 인해 우울증이 더 심화되는 것이다.

이런 악순환을 끊는 데 도움이 되는 한 가지 방법은, 매일 몇 인분의 육류, 알류, 유제품, 콩류를 먹음으로써 트립토판 섭취량을 늘리는 것이다. 또 한 가지 대안은 트립토판 보충제를 복용하는 방법으로, 몇몇 연구 결과들이 트립토판 보충제의 우울증 치료 효과를 뒷받침하고 있다. (일반적으로 권장되는 복용량은 하루에 1~3그램이다.) 그러나 처방전 없이 살 수 있는 트립토판 보충제에서 생명을 위협하는 불순물이 발견되었다는 놀라운 보고가 있었기 때문에, 이 방법은 택하지 말라고 권하고 싶다. 처방전이 있어야 살 수 있는 좀 더 믿을만한 단백질(트립탄Tryptan)도 있지만, 약 85g의 고기나 다른 트립토판이 많이 함유된 음식을 매일 먹으면 보충제에서 얻을 수 있는 만큼의 양을 안전하게 섭취할 수 있다.

(이렇게 많은 양의 단백질을 섭취하면 체중이 늘지 않을까 걱정이 되겠지만, 트립토판이 식욕을 억제한다는 꽤 신뢰할 만한 연구 결과가 있다. 단백질 섭취량이 늘어도 결과적으로 열량이 감소할 수 있다는 것이다.)

비타민 D 섭취량 늘리기

앞서 나는 비타민 D_3를 하루에 2,000IU씩 복용하라고 제안했다. 미국의학협회에서 발표한 최대 복용 허용치를 바탕으로 한 권장량이다. 그러나 이 지침이 발표된 지 이미 10년 이상이 지났고, 그 사이에 더 많은 양을 복용해도 안전하다는 연구 결과들이 발표되었다. 일례로 최근의 한 연구에서는, 비타민 D_3 복용으로 최대한의 효과를 얻기 위해 하루에 4,000IU를 복용해야 하는 사람들(실험 참가자 중 약 25%)도 있다는 결과가 나왔고, 부작용을 경험한 참가자는 한 명도 없었다. 하루에 2,000IU를 복용하고 있는데도 여전히 우울증의 증상들이 나아지지 않는다면, 복용량을 4,000IU로 늘리는 문제에 대해 의사와 상의해 보기 바란다. (복용 허용치보다 많은 양이기 때문에, 의료 전문가의 지도를 받지 않고 이렇게 많은 양을 복용하는 것은 권장할 만한 일이 아니다.)

일광 노출 시간 늘리기

우리 몸이 일광에 노출되면 세로토닌을 이용하는 뇌 회로들의 활동이 촉진되어 항우울 효과가 발생한다.* TLC 계획안에서 추천하는 밝은 빛 노출 시간은 하루에 약 30분이지만, 어떤 사람들은 하루 노출 시간을 60분 이상으로 늘림으로써 더 큰 효과를 얻을 수 있다. 그러나 사람에 따라 결과는 다르게 나타나므로, 며칠 동안 매일 광 노출 시간을 달리해서 각각의 효과를 비교하고, 광 노출 시간 증가로 인해 발생할 수 있는 부작용(예를 들어 초조함이나 메스꺼움)에 늘 주의해야 한다.

스트레스 줄이기

TLC 계획안 전체를 충실히 실천했는데도 여전히 우울증에 시달리고 있다면, 생활 속에서 가장 스트레스를 일으키는 요인들의 목록을 적고 그날그날 정신적으로 부담이 된 정도에 따라 각각의 요인에 (최고점을 10점으로) 점수를 매겨 보자.

각각의 주요 스트레스 요인이 미치는 영향을 줄이기 위해 써 볼 수 있는 방법이 두 가지 있다. 스트레스를 일으키는 상황 자체를 개선해 보는 방법과, 상황에 대한 자신의 대처 능력을 향상시켜 보는 방법이다.

상황 개선_ 제8장에서도 살펴봤듯이, 스트레스를 덜 받는 상황을 만

---

*또한 일광 노출은 체내 시계 재설정과 수면의 질 개선, 그리고 (상황에 따라) 비타민 D 합성 촉진도 도와준다.

들기 위해 시도해 볼 수 있는 방법이 최소한 몇 가지는 있다. 예를 들어 주변 사람에게 도움을 청해 가장 스트레스를 일으키는 짐을 덜어 보거나, 이야기를 들어줄 수 있는 친구를 찾는 것이다. (가까운 사람에게 스트레스 요인에 관해 이야기를 털어 놓기만 해도 상황을 어떻게 개선해야 할지에 대해 새로운 생각이 떠오르는 경우가 많다.)

　대처 능력 개선_ 삶은 모든 이에게 심적 고통을 나눠준다. 죽음과 질병, 실패, 상실은 인간사의 한 부분이다. 아무리 문제 해결 능력이 뛰어난 사람이라 해도 이런 상황들을 개선할 수는 없다. 이런 고통스러운 스트레스 요인을 마주할 때마다, 우리가 얼마나 잘 대처하느냐에 따라 우울증을 막을 수도 있고 막지 못할 수도 있다.

　가장 효과적인 대처 방법은 사랑하는 사람들, 친구들, 혹은 좀 더 넓은 공동체의 사회적 지지에 기대는 방법이다. 앞에서도 말했듯이 물리적으로든 감정적으로든 곁에 누군가가 존재하면 뇌에 강력한 안전 신호가 전달되어, 고통스러운 상황에서도 스트레스 반응 회로에 제동이 걸린다. 결과적으로 사회적 지지는 우울증을 완화시켜주는 강력한 완충제 역할을 한다.

　물론 이런 보호망이 누구에게나 있는 것은 아니다. 하지만 헌신적으로 보살펴주는 사람이 단 한 명만 있어도 상황은 크게 달라질 수 있다. 일주일에 한두 번 만나는 임상의가 이런 역할을 해줄 수도 있다.

　어려운 상황에 대처하는 우리의 능력은 우리가 그 상황을 어떻게 해석하느냐에 따라 달라질 때가 많다. 실제로는 상황이 우리가 생각하는 것만큼 비극적이지 않을 때도 있다. 유능한 심리치료 전문가는 우울증 환자들이 스트레스 상황을 덜 극단적인 시각으로 바라볼 수 있게 도와준다. 때로는 가까운 친구나 사랑하는 사람이 비슷한 역할을 해줄 수도 있다.

나는 종교적인 공동체에 참여함으로써 엄청난 위안과 힘을 얻는 사람들도 많이 보았다. 환자들은 그런 공동체들이 제공해주는 사회적 지지 이상으로 큰 효과를 얻는 경우가 많다. 이 효과 또한 "지금은 이 상황이 고통스럽게 느껴지지만 신의 불가사의한 섭리 안에서는 생각만큼 암울하지 않다"는 상황의 재해석에서 비롯된다. 종교가 없는 환자들 중에서는 마음챙김 명상mindfulness meditation*을 통해 스트레스 상황을 긍정적으로 재해석하게 되는 사람들도 있다. 마음챙김 명상은 삶이 우리에게 선사하는 매 순간을 마음 깊이 받아들일 수 있게 도와준다.

TLC의 원칙들은 환자의 연령과 상관없이 우울증 치료에 탁월한 효과가 있다고 입증되었다. 또 한 가지 중요한 사실은, 이 원칙들이 앞으로의 우울증 발병 위험도 막아준다는 점이다.

다시 한 번 강조하지만 우리는 정신없이 바쁘게 돌아가는 현대의 삶 속에서 사회적으로 고립되고, 잠이 부족하고, 영양 상태가 불균형한 채로 실내에 거의 앉아서만 생활하도록 만들어지지 않았다. 우리의 몸과 마음

---

*마음챙김 명상법은 현재 미국 전역의 주요 도시에서 점점 대중화되고 있는 요법이다. 마음챙김 명상에 관한 훌륭한 교본들도 있다. 대표적인 책으로 존 카밧진Jon Kabat-Zinn의 〈마음챙김 명상과 자기치유Full Catastrophe Living〉, 〈나는 지금 어디에 있는가Wherever You Go, There You Are〉, 그리고 틱낫한Thich Nhat Hahn의 〈거기서 그것과 하나 되시게The Miracle of Mindfulness〉 등이 있다.

은 왕성한 신체 활동과 사회적 교류, 건강한 수면, 균형 잡힌 영양, 자연 일광, 그리고 몰두할 수 있는 활동으로 가득 찬 생활에 맞게 만들어져 있다. 과거의 이런 보호적인 요소들을 되찾아 현재의 삶에 통합함으로써 본래 우리가 영위해야 할 삶을 살아야만 우리는 우울증을 장기적으로 극복할 수 있다. 그렇게 해야 우리는 이 고약한 적을 완전히 물리칠 수 있고, 비로소 치유의 삶을 살 수 있다.

우울증 자가진단 척도

다음은 당신이 경험했을 법한 느낌이나 행동들이다. 이 표를 복사해서 지난 일주일 동안 얼마나 자주 경험했는지 표시하자(각 문항을 읽고 해당 점수에 표시).

지난 일주일 동안…	드물거나 없음 (1일 미만)	가끔 (1~2일)	자주 (3~4일)	거의 항상 (5~7일)
1. 평소에는 신경 쓰이지 않던 일들이 신경 쓰였다.	0	1	2	3
2. 식욕이 없었다.	0	1	2	3
3. 다른 사람들의 도움을 받아도 우울함을 떨쳐버릴 수 없었다.	0	1	2	3
4. 내가 다른 사람들만큼 괜찮게 느껴졌다.	3	2	1	0
5. 어떤 일에도 몰두하기가 어려웠다.	0	1	2	3
6. 기분이 우울했다.	0	1	2	3
7. 모든 일이 힘들게 느껴졌다.	0	1	2	3
8. 미래가 희망적으로 느껴졌다.	3	2	1	0
9. 내 인생은 실패였다는 생각이 들었다.	0	1	2	3
10. 두려움을 느꼈다.	0	1	2	3
11. 잠을 편히 자지 못했다.	0	1	2	3
12. 행복했다.	3	2	1	0
13. 평소보다 말을 적게 했다.	0	1	2	3
14. 외로움을 느꼈다.	0	1	2	3
15. 사람들이 불친절했다.	0	1	2	3

16. 즐겁게 생활했다.	3	2	1	0
17. 울음을 터뜨렸다.	0	1	2	3
18. 슬펐다.	0	1	2	3
19. 사람들이 나를 싫어하는 것 같았다.	0	1	2	3
20. 무언가를 "시작"할 수가 없었다.	0	1	2	3

점수: 각 문항에 표시한 점수를 모두 더한 총점이 당신의 점수다.

역학연구센터 우울 척도 Center for Epidemiological Studies Depression Scale (CES-D). Radloff, LS (1997). CES-D 척도는 일반 대중을 대상으로 한 연구용 자가진단 우울 척도이다. Applied Psychological Measurement, 1, 385-401.
(총점이 20점 이하면 문제가 되지 않지만 20점이 넘으면 주위 사람들이나 전문가의 도움을 받을 필요가 있고, 25점 이상이면 반드시 전문가의 도움을 받아야 한다―옮긴이)

우울증 증상 추적 도표

다음의 표를 복사해서 부록A의 총점을 기록하고, TLC 프로그램을 진행하는 동안 매주 증상의 변화를 추적해 보자.

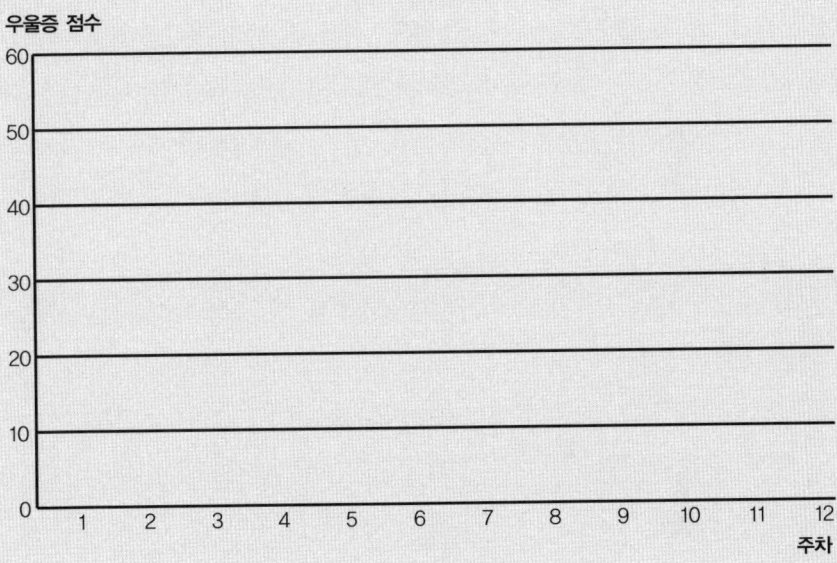

감사의 글

나는 우울증에 관한 거의 모든 것을 환자들에게서 배웠다. 우울증에 맞서 싸우는 그들의 용기와 투지는 내게 말로 표현할 수 없을 만큼 큰 격려가 되었다.

임상 연구는 협동적인 작업인 만큼, TLC 프로그램을 실현할 수 있게 도와준 재능 있는 학생들에게 깊은 감사를 표한다. 먼저 레슬리 카보스키의 무한한 헌신과 지적인 창의력, 그리고 TLC 연구소의 첫 프로젝트 책임자로서 보여준 관리 능력에 고마움을 전하고 싶다. 그녀의 크나큰 기여가 없었다면 TLC 프로그램은 결실을 맺지 못했을 것이다. 혼란에서 질서를 이끌어내는 보기 드문 재능을 지닌 앤디 리먼과, 모든 면에서 맹렬한 노력을 기울여준 브라이언 스타이츠에게도 감사한다. 언제나 꾸준한 발전 의지를 보여주고 프로그램의 이름을 만들어준 데이나 스타이트만에게도 고맙다는 말을 전하고 싶다. 노련하게 프로젝트에 임해준 심리치료사 인턴 학생들 아민 히라니, 챈털 영, 제니 프로하스카, 수전 르노, 브렌다 샘팻, 그리고 우리 연구팀의 중요한 팀원들 에이프릴 미내트리아, 나탈리 스트로프, 유진 보타노프, 맷 갤러거, 브랜든 히커커, 제니 워츠, 크리스 히스, 존 제이콥슨, 애덤 브라질, 사라 톰슨, 마크 브렘, 에이드리엔 벨크, 에이드리언 파렐, 크리스티나 윌리엄스에게도 감사의 뜻을 표한다.

대학원 시절부터 나의 멘토였던 에드 크레이그헤드는 변함없는 지원을 아끼지 않았다. 임상 연구에 관해 내가 알고 있는 지식의 상당 부분은 그에게서 배운 것이다. 그리고 동료들의 솔직한 의견은 TLC 프로그램을 개선하는 데 있어서 소중한 자극이 되었다. 캔자스대학교의 릭 잉그램, 오므리 길라스, 낸시 해밀턴, 존 콜롬보, 폴 애츨리, 레이 히긴스, 루던 애츨리, 사라 커크, 콜로라도대학교의 데이빗 미클로비츠, 텍사스대학교의 데이빗 버스, 에모리대학교의 스콧 릴리엔펠드에게도 진심으로 감사한다.

해리엇 러너는 내가 이 책을 집필하는 동안 아낌없는 우정과 귀중한 조언을 주었고 이 책을 유능한 대행인 조-린 윌리와 그녀의 동업자 조애니 슈메이커에게 추천해주었다. 다카포Da Capo에서 나의 첫 편집자 매튜 로어는 이 프로젝트를 전폭적으로 신뢰해주었고, 웬디 프랜시스는 현명한 편집자로서 이 책을 완성으로 이끌어주었다. 크리스틴 마라는 그녀가 이끄는 편집 제작팀과 함께 수많은 방법으로 원고 개선에 도움을 주었다.

소중한 친구들과 사랑하는 사람들(특히 부모님)은 이 책의 초고를 읽고 귀중한 의견을 제공해주었다. 그들에게 감사한 마음은 말로 다할 수 없다. 나의 사랑하는 딸 애비는 나이답지 않은 성숙함과 이해심으로 한 해 동안 끊임없이 계속된 나의 작업 일정을 참고 기다려주었다. 그녀의 활기찬 성격은 힘들 때마다 나를 지탱해주었다. 애비가 있음에 나는 날마다 감사한다.

마지막으로, 나의 아내 마리아의 사랑과 지지, 우정, 격려, 지혜에 한없는 감사의 마음을 전한다. 또한 그녀는 집필 기간 내내 나의 이야기를 귀담아 들어주었다. 이 책의 모든 페이지에 그녀의 헌신이 배어 있다.

나는 원래 행복하다

1쇄 인쇄 2012년 8월 1일
1쇄 발행 2012년 8월 15일

지은이 스티븐 S. 일라디 · **옮긴이** 채은진
펴낸곳 도서출판 말글빛냄 · **인쇄** 삼화인쇄(주)
펴낸이 박승규 · **마케팅** 최윤석 · **디자인** 진미나
주소 서울시 마포구 서교동 463-3 성화빌딩 5층
전화 325-5051 · **팩스** 325-5771 · **홈페이지** www.wordsbook.co.kr
등록 2004년 3월 12일 제313-2004-000062호
ISBN 978-89-92114-79-0 03180
가격 13,800원

*잘못된 책은 바꾸어 드립니다.